Ulrich Gooß

Sexualwissenschaftliche Konzepte der Bisexualität von Männern

Folgende Titel sind bisher im Psychosozial-Verlag
in der Reihe »BEITRÄGE ZUR SEXUALFORSCHUNG« erschienen:

Gunter Schmidt: Jugendsexualität. Sozialer Wandel, Gruppenunterschiede, Konfliktfelder
BEITRÄGE ZUR SEXUALFORSCHUNG 69

Sonja Düring und Margret Hauch (Hg.): Heterosexuelle Verhältnisse
BEITRÄGE ZUR SEXUALFORSCHUNG 71

Ulrich Gooß: Sexualwissenschaftliche Konzepte
der Bisexualität von Männern
BEITRÄGE ZUR SEXUALFORSCHUNG 72

Bettina Hoeltje: Kinderszenen.
Geschlechterdifferenz und sexuelle Entwicklung im Vorschulalter
BEITRÄGE ZUR SEXUALFORSCHUNG 73

Heinrich W. Ahlemeyer: Geldgesteuerte Intimkommunikation.
Zur Mikrosoziologie heterosexueller Prostitution.
BEITRÄGE ZUR SEXUALFORSCHUNG 74

Carmen Lange: Sexuelle Gewalt gegen Mädchen.
Ergebnisse einer Studie zur Jugendsexualität.
BEITRÄGE ZUR SEXUALFORSCHUNG 75

Gunter Schmidt und Bernhard Strauß (Hg.): Sexualität und Spätmoderne.
Über den kulturellen Wandel der Sexualität.
BEITRÄGE ZUR SEXUALFORSCHUNG 76

Gunter Schmidt (Hg.): Kinder der sexuellen Revolution.
Kontinuität und Wandel studentischer Sexualität 1966–1996.
Eine empirische Untersuchung.
BEITRÄGE ZUR SEXUALFORSCHUNG 77

Eberhard Schorsch und Nikolaus Becker: Angst, Lust, Zerstörung.
Sadismus als soziales und kriminelles Handeln.
Zur Psychodynamik sexueller Tötungen.
BEITRÄGE ZUR SEXUALFORSCHUNG 78

Hermann Berberich und Elmar Brähler (Hg.):
Sexualität und Partnerschaft in der zweiten Lebenshälfte.
BEITRÄGE ZUR SEXUALFORSCHUNG 79

Jannik Brauckmann: Die Wirklichkeit transsexueller Männer.
Mannwerden und heterosexuelle Partnerschaften
von Frau-zu-Mann-Transsexuellen.
BEITRÄGE ZUR SEXUALFORSCHUNG 80

BAND 72

REIHE »BEITRÄGE ZUR SEXUALFORSCHUNG«
ORGAN DER DEUTSCHEN GESELLSCHAFT FÜR SEXUALFORSCHUNG
HERAUSGEGEBEN VON MARTIN DANNECKER,
GUNTER SCHMIDT UND VOLKMAR SIGUSCH

Ulrich Gooß

Sexualwissenschaftliche Konzepte der Bisexualität von Männern

Psychosozial-Verlag

Die Deutsche Bibliothek - CIP-Einheitsaufnahme

Sexualwissenschaftliche Konzepte der Bisexualität von Männern / Ulrich Gooß.-
Gießen : Psychosozial-Verl., 2002
(Beiträge zur Sexualforschung)
ISBN 978-3-89806-143-8

E-Mail: info@psychosozial-verlag.de
www.psychosozial-verlag.de
Unveränderte Neuauflage der Ausgabe
des Enke-Verlags, 1995
Umschlagabbildung: Francis Picabia, »Minos«

Umschlaggestaltung: Christof Röhl nach Entwürfen
des Ateliers Warminski, Büdingen

ISBN 978-3-89806-143-8

Danksagung

Besonderen Dank schulde ich Martin Dannecker für die kritische Begleitung bei der Arbeit an dieser Studie.
Volkmar Sigusch danke ich für die Anregung, mich dem Thema zuzuwenden.
Herbert Gschwind hat mir durch viele klärende Gespräche geholfen.
Agnes Katzenbach besorgte die Korrekturen.
Bärbel Kischlat-Schwalm bearbeitete die Endfassung des Manuskriptes.

Allen, die mich unterstützt haben, danke ich sehr.

Inhalt

Einleitung

Die Doppelgeschlechtlichkeit des Menschen, die Figuren des Androgyn und des Hermaphroditen sind uralte Themen von Riten, Mythologien und Religionen.[1] Die modernen Bisexualitätstheorien jedoch, die in gewisser Hinsicht als zeitgenössische Variationen dieses alten Themas aufgefaßt werden können, sind im wesentlichen ein Produkt jener Verschiebung des gesellschaftlichen Umgangs mit der Sexualität im 19. Jahrhundert, die u.a. zur Entstehung der Sexualwissenschaft führte. Der Zeitraum von der Mitte des 19. Jahrhunderts bis in die Anfangsjahre des 20. Jahrhunderts war eine der wichtigsten Phasen jenes andauernden Prozesses, den Michel Foucault (1977) als "»Diskursivierung« des Sexes" bezeichnete. In diesen Jahren wurden nahezu alle wichtigen Begriffe gebildet, die bis heute den diskursiven Umgang mit den Lüsten bestimmen. Deshalb handelt das 1. Kapitel dieser Untersuchung trotz der langen Geschichte der Idee der Androgynie von der "Konstruktion der Bisexualität".

Ein zentraler Topos in der sich formierenden Sexualwissenschaft war die Annahme einer konstitutionell bisexuellen Anlage des Menschen, die sowohl in Theorien über die Geschlechter und die Geschlechterdifferenz wie auch in solche über die sexuelle Objektwahl einging und diese theoretisch miteinander verknüpfte. Damit bezog sich der Bisexualitätsbegriff seit seiner Einführung in die Sexualwissenschaft auf unterschiedliche Dimensionen: "die der unbewußten Wünsche, die des manifesten Verhaltens und die des Geschlechts" (Sigusch 1990: 171), womit eine begriffliche Schwierigkeit entstanden war, die in der Bisexualitätsforschung bis heute zu Unklarheiten und theoretischen Problemen führt. Um diese zu vermeiden bzw. zu lösen, ist es notwendig, diese verschiedenen Dimensionen begrifflich auseinanderzuhalten.

Gegenstand dieser Studie ist der sexualwissenschaftliche Diskurs über die bisexuellen Männer und ihre Sexualität. Zugleich ist sie ein Beitrag zu diesem Diskurs. Auf die Debatten zum Geschlechterverhältnis, auf Theorien über Männlichkeit und Weiblichkeit, also auf die Dimension des Geschlechts, wird nur insoweit eingegangen, wie es zur begrifflichen Klärung und Abgrenzung erforderlich ist.

[1] Siehe hierzu z.B. Roemer 1953; Baumann 1980; Singer 1977; Prinz 1986

In die Untersuchung werden nicht nur Texte einbezogen, die als sexualwissenschaftliche offiziell approbiert sind, sondern auch außerhalb des institutionalisierten Wissenschaftsbetriebes anzusiedelnde Werke und Arbeiten, sofern sie für die sexualwissenschaftliche Behandlung der Bisexualitätsfrage bedeutsam sind, wie etwa die Schriften von Karl Heinrich Ulrichs. Dies erscheint insbesondere deshalb gerechtfertigt, weil Sexualwissenschaft als theoretische Disziplin methodisch heterogen und nicht durch enggefaßte methodische Ein- und Ausschlußkriterien definiert ist. Sie ist vielmehr durch ihren Gegenstand bestimmt, den sie nicht nur analysiert, sondern notwendig immer auch zugleich konstituiert.

Die aktuelle, etwa Mitte der 70er Jahre aufgekommene Bisexualitätsdiskussion stellt insoweit eine Neuauflage der in den Anfängen der Sexualwissenschaft geführten Bisexualitätsdebatte dar, als sie wie jene wesentlich von den sozialen Bewegungen der Frauen und der Homosexuellen beeinflußt war, vermutlich sogar ohne diese Bewegungen nicht zustande gekommen wäre. In der Thematisierung der *manifesten* Bisexualität ergab sich dabei jedoch eine wichtige Verschiebung. Im Zentrum des frühen sexualwissenschaftlichen Diskurses über die abweichenden Sexualitäten stand die Homosexualität, und zwar insbesondere die des Mannes. Die damaligen Bisexualitätstheorien waren vor allem Theorien zur Erklärung des sogenannten Rätsels der Homosexualität, während die manifeste Bisexualität nicht oder nur am Rande thematisiert bzw. der Homosexualität zugeschlagen wurde. Diese Tendenz setzte sich bis in die gegenwärtige Sexualforschung fort.

Erst seit bisexuelle Männer und Frauen, zunächst in den USA und in den letzten Jahren auch hierzulande, den Versuch unternahmen, sich in einer Emanzipationsbewegung zu organisieren, und vor allem seit sich mit dem Auftauchen von AIDS das öffentliche wie das wissenschaftliche Interesse auf die bisexuellen Männer als sogenannte Risikogruppe richtet, beginnen Sexualforscher die manifeste Bisexualität als eigenständige Sexualform wahrzunehmen und zu untersuchen.

Der Versuch, eine Emanzipationsbewegung Bisexueller zu begründen, ist ein gemeinsam von Männern und Frauen betriebenes Unterfangen. Die vorliegende Studie befaßt sich indes nur mit dem Diskurs über die Sexualität der bisexuellen Männer. Dies zunächst deshalb, weil der überwiegende Teil der sexualwissenschaftlichen Bisexualitätstheorien mit Blick auf den homo- oder bisexuellen Mann entworfen wurde. Außerdem gibt es empirische Hinweise, daß sich bisexuelle Männer und Frauen sowohl hinsichtlich (bi-)sexueller Verhaltensmuster wie auch hinsichtlich der seelischen Verankerung der Bisexualität unterscheiden (siehe Blumstein und Schwartz 1976 b, 1977, 1990; Nichols 1990; Schäfer 1976). Da ferner davon auszugehen ist, daß angesichts der sozialen und psychischen Folgen des Geschlechtsunterschiedes Bisexualität wie auch Homo- und Heterosexualität für Frauen und Männer von unterschiedlicher Bedeutung, gleichsam unterschiedliche Phänomene sind, verbietet es sich, die in bezug auf bisexuelle Männer vorgenommenen theoretischen Überlegungen und Einschätzungen umstandslos auf bisexuelle Frauen zu übertragen. Eine Untersuchung des Diskurses über die Bisexualität von Frauen würde vielmehr eine detaillierte Analyse des Zusammenhangs von sexualwissenschaftlicher Theoriebildung und Frauenbewegung, Feminismus und Lesbianismus und insbesondere des lesbischen Feminismus erfordern. Ferner müßte die sexualpolitische Bedeutung der sexologischen Theorien zur weiblichen Homosexualität und deren Auswirkung auf die weibliche Bisexualität kritisch analysiert werden.[2] Das aber wäre eine eigenständige Arbeit, die von einem anderen als dem hier gewählten Forschungsansatz ausgehen müßte. Auch deshalb befaßt sich diese Abhandlung nur mit dem Diskurs über die Bisexualität von Männern.

Der erste, die Kapitel 1 bis 5 umfassende Teil der Studie bezieht sich auf die theoretische Vorgeschichte der aktuellen sexualwissenschaftlichen Debatte über die manifeste Bisexualität von Männern. Zunächst wird die vor allem mit den Schriften von Karl Heinrich Ulrichs und der Etablierung der Sexualpathologie als psychiatrischer Teildisziplin einhergehende "Konstruktion der Bisexualität" untersucht. Im weiteren wird die Auffächerung des Bisexualitätsdiskurses und die stärkere Akzentuierung der manifesten Bisexualität in der frühen Sexualwissenschaft analysiert, wobei insbesondere auf die zentrale Rolle Hirschfelds und die Positionen seiner wichtigsten Kontrahenten in der Bisexualitätsfrage einzugehen ist. Ferner werden die psychoanalytische Perspektive und die der mit der Publikation der Kinsey-Berichte einsetzenden

[2] Lillian Faderman (1981, 1984, 1986) hat darauf hingewiesen, daß die Pathologisierung der weiblichen Homosexualität in der frühen Sexualwissenschaft und Psychoanalyse vor allem zu einer drastischen Veränderung in der Bewertung der "romantischen Freundschaft und Liebe zwischen Frauen" führte. War diese, wie Faderman behauptet, zuvor eher positiv bewertet und als Lebensform für Frauen möglich, entstand durch den klinischen Blick auf die lesbische Liebe ein größerer Druck zu heterosexuellem und heterosozialem Verhalten, das heißt auch ein größerer Druck, sich entweder als heterosexuell oder als lesbisch zu begreifen, woraus sich unmittelbar Konsequenzen für die Theorie und Praxis der Bisexualität von Frauen ergeben.

empirischen Sexualforschung dargestellt. Das Vorgehen ist dabei einerseits chronologisch, d.h. die jeweiligen Bisexualitätstheorien werden in der zeitlichen Reihenfolge ihrer Entstehung abgehandelt, andererseits werden die sich innerhalb der verschiedenen Forschungsansätze ergebenden Verschiebungen und konzeptuellen Neu- und Weiterentwicklungen, die für die aktuelle Bisexualitätsdiskussion bedeutsam sind, herausgearbeitet. Teil dieser Vorgeschichte sind ferner die inzwischen obsolete Einstufung der Homosexualität als psychische Störung und die sogenannten Homosexualitätstherapien, deren besondere Relevanz und Bedeutung für bisexuelle Männer analysiert werden.

Der zweite Teil der Untersuchung ist der Analyse des diskursiven Umgangs mit den gegenwärtigen Formen der Bisexualität von Männern vorbehalten. Dabei zeigt sich, daß die Einschätzung, es gebe "Bisexuelles ... zwar als Verhalten, nicht aber als gesellschaftliche Sexualform und wohl auch nicht als seelische Struktur" (Sigusch 1990: 173), dem Phänomen der Bisexualität nicht gerecht wird. Dies gilt ebenso für die vor allem von Reiche (1990) prononciert vertretene Auffassung, daß Männer, die sich bisexuell nennen und sich eventuell auch so verhalten, *immer* "Abwehr-Bisexuelle", d.h. homosexuell oder pervers strukturierte Männer seien, die zur bisexuellen Selbstdefinition und Praxis nur aus Gründen der Abwehr gelangten.

Kapitel 6 handelt vom *Hervortreten der Bisexuellen*, von ihrem Versuch, die Bisexualität als eigenständige Sexualform gesellschaftlich zu verankern.

Der Abschnitt *Bisexualitäten* dient vor allem der begrifflichen Klärung, wobei insbesondere die Dimensionen des sexuellen Verhaltens, der sexuellen Orientierung und der sexuellen Identität diskutiert und mit der andauernden Konstruktivismus-Essentialismus-Debatte in der Sexualforschung konfrontiert werden.

In der AIDS-Debatte wurde den bisexuellen Männern eine enorme Bedeutung für den Verlauf der HIV-Epidemie zugeschrieben. Der Thematik *Bisexuelles Verhalten und AIDS* wird daher ein eigenes Kapitel gewidmet. Bei genauerem Hinsehen erweist sich die Einschätzung, daß bisexuelles Verhalten in dramatischem Umfang zur Übertragung des HI-Virus von den schwulen Männern in die sogenannte Allgemeinbevölkerung beiträgt, als empirisch wenig gehaltvoll. Die Konzentration auf diesen Aspekt kann jedoch dazu führen, daß der Blick auf die spezifischen Probleme, die sich durch HIV und AIDS für die bisexuellen Männer und ihre Partner und Partnerinnen ergeben, verstellt wird.

In dieser Studie wird u.a. dargelegt, daß eine an den Monosexualitäten, also an der Hetero- und der Homosexualität orientierte theoretische Perspektive dem Phänomen der Bisexualität nicht gerecht wird. Es erscheint vielmehr theoretisch und empirisch begründet, die Bisexualität als eigene Sexualform zu untersuchen und den Versuch zu unternehmen, sie aus sich heraus zu verstehen, statt sie aus den Monosexualitäten abzuleiten. Im Schlußkapitel wird vor diesem Hintergrund eine Hypothese über die psychische Verankerung der Bisexualität entwickelt, die das Besondere der Bisexualität nicht als eine Addition von Homo- und Heterosexualität begreift, sondern auf eine psychostrukturell verankerte spezifisch bisexuelle Erotisierung der Geschlechter und der Geschlechterdifferenz bezieht.

1 Bisexuelle Seelen und Gehirne. Die Konstruktion der Bisexualität

Der Beginn des Diskurses über die Bisexualität

Die Vorstellung, daß Homo-, Hetero- und Bisexualität sich aus einer konstitutionell bisexuellen Anlage des Menschen entwickeln, spielt bis heute eine Rolle im sexualwissenschaftlichen Diskurs über die Herausbildung sexueller Orientierungen - zum einen in Form von Konzepten, die auf verschiedenen Variationen dieses Gedankens aufbauen, andererseits in theoretischen Ansätzen, die eine Überwindung dieser Sichtweise zum Ziel haben. Die Theorie der konstitutionellen Bisexualität wurde zweimal entwickelt, und zwar mit einem Abstand von etwa 30 Jahren in der zweiten Hälfte des 19. Jahrhunderts. Ausgangspunkt und Anlaß für die im folgenden zu untersuchenden Entwürfe von Karl Heinrich Ulrichs (1825-1895)[3] einerseits und der Sexualpathologen auf der anderen Seite war dabei nicht die manifeste Bisexualität, sondern das "Rätsel" der Homosexualität. Unter diesem Topos wurde zuerst auch die manifeste Bisexualität thematisiert, womit eine brisante Nähe entstand, die der Bisexualitätsforschung lange nachhängen sollte.

Die Geschlechtlichkeit war in der Mitte des 19. Jahrhunderts zum wissenschaftlichen Thema geworden. Sowohl Ulrichs' theoretische Entwürfe wie die der Sexualpathologen basierten in wesentlichen Teilen auf den Erkenntnissen der Hermaphroditismusforschung, die sich von der Verwaltung und Beschreibung einer Monstrositätensammlung zu einer wissenschaftlichen Disziplin gewandelt hatte. Neugebauer (1908: 5) resümierte diese Entwicklung folgendermaßen: "Während die antike und mittelalterliche Literatur nur Beobachtungen registrierte, so begann im 19. Jahrhundert die wissenschaftliche Erforschung des Wesens des Hermaphroditismus ... Heute sind wir soweit, daß die verschiedenen Varianten des sog. Hermaphroditismus alles Übernatürliche und Rätselhafte, Unerklärliche für uns verloren haben. Wir wissen, daß jeder menschliche Fötus ursprünglich eine bisexuelle, im ersten Stadium indifferente Anlage besitzt".

Eine wichtige Voraussetzung für die Entwicklung der Theorie der allgemeinen Bisexualität war die zunehmende Akzeptanz der Evolutionstheorie. Schon Darwin hatte die Vorstellung einer onto- und phylogenetischen Bi-

---

[3] Zu Leben und Werk von Ulrichs siehe Kennedy 1990

sexualität in seinen Schriften formuliert. Darwin nahm an, daß ein "äusserst weit zurückliegender Urerzeuger des großen Wirbelthierreichs hermaphroditisch oder androgyn gewesen" sei (Darwin 1871: 181). Er stützte sich dabei auf anatomische und embryologische Befunde, u.a. auf Waldeyer, der 1870 in seiner Arbeit *Eierstock und Ei* zu dem Resultat gelangt war, "dass die Uranlage der einzelnen Individuen auch bei den höchsten Vertebraten eine hermaphroditische ist" (Waldeyer 1870: 152). Darwin ging es indes nicht um die Erklärung sexueller Orientierungen. Seine Vorstellung, daß "die secundären Charaktere jeden Geschlechtes schlafend oder latent in dem entgegengesetzten Geschlecht ruhen, bereit sich unter eigenthümlichen Umständen zu entwickeln" (Darwin 1868: 68), diente ihm zur Erklärung von Vererbungsphänomenen. Erst mit der Entwicklung der hier untersuchten Bisexualitätstheorie fanden die evolutionstheoretisch orientierten Bisexualitätsvorstellungen Eingang in die sexologische Homosexualitätsforschung.

In der zweiten Hälfte des 19. Jahrhunderts etablierte sich auch die Psychiatrie als wissenschaftliche Disziplin innerhalb der Medizin. In Deutschland war diese Entwicklung vor allem mit der Person Wilhelm Griesingers verknüpft. Griesinger hatte 1867 gemeinsam unter anderem mit seinem Schüler und Nachfolger Westphal das *Archiv für Psychiatrie und Nervenkrankheiten* gegründet und damit, wie Klaus Dörner in seiner Untersuchung *Bürger und Irre* ausführt, eine "nahezu »imperialistische« Expansion des Gegenstandsbereichs der Psychiatrie" eingeleitet: "einerseits in die Richtung der (nicht-geisteskranken) somatischen Hirn- und Nervenkrankheiten, andererseits - noch folgenschwerer - in die Richtung der Gesellschaft überhaupt, d.h. jener zahllosen Individuen, deren »Unvernunft« bisher gar nicht sichtbar werden konnte, da sie nie in die Anstalten kommen, die vielmehr ihr Leiden an der Gesellschaft vor ihr verbergen, in sich einschließen". Damit wurde "das Heer der »reizbar Schwachen«, der »Abnormen«, der »sexuell Perversen«, der Psychopathen, Zwangskranken, Neurotiker, also der Bereich, in dem die Grenze zwischen »Abnorm« und »Normal« zu verschwinden droht" (K. Dörner 1975: 316 f) zum Gegenstand der Psychiatrie. Erst mit dieser Verschiebung psychiatrischer Theorie und Praxis bildeten sich auch die institutionellen und theoretischen Voraussetzungen für das Entstehen und den Aufstieg der Sexualpathologie.

Im *Archiv für Psychiatrie und Nervenkrankheiten*, das nach dem Tode Griesingers (1868) von Westphal weitergeführt wurde, begann 1869[4] mit Westphals

[4] In der Literatur wird häufiger 1870 als Erscheinungsjahr für Westphals Artikel angegeben. Dies hängt damit zusammen, daß die Arbeit zwar 1869 erschien, aber in den

Artikel über die *conträre Sexualempfindung* die psychiatrische Karriere der homo- und bisexuellen Männer und Frauen, die erst vor kurzem ihr Ende erreicht hat, als die Weltgesundheitsorganisation die Diagnose Homosexualität aus der *International Classification of Diseases (ICD 10)* entfernte (vgl. Weltgesundheitsorganisation 1991). Noch bevor die Homosexualität als Krankheit "entdeckt" und erforscht wurde, aber hatte der männerliebende Privatgelehrte Ulrichs mit seinem theoretischen Werk die moderne Homosexualitätsforschung begründet. Der Homosexuelle der psychiatrischen Sexualpathologie stellte bereits eine "Variation" der Figur des männerliebenden Mannes, die Ulrichs entworfen hatte, dar (vgl. Müller 1991: 89). Auf Ulrichs' Schriften wird vor allem wegen ihrer zentralen Bedeutung für den sich formierenden wissenschaftlichen Diskurs über die Sexualität ausführlich einzugehen sein.

Weder Ulrichs noch die Sexualpathologen konnten sich auf einen bereits entfalteten sexualwissenschaftlichen Diskurs stützen. Der Begriff *Sexualität* war in einer nicht nur auf Aspekte der Fortpflanzungsbiologie begrenzten, sondern alle Äußerungen des Geschlechtsleben umfassenden Bedeutung erst Anfang des 19. Jahrhunderts aufgetaucht.[5] *Bisexualität* in der Bedeutung, die neben dem Aspekt der Zweigeschlechtlichkeit auch den der bisexuellen Orientierung umfaßte, wurde in Deutschland erst in den 1890er Jahren im Rahmen der Entwicklung der Theorie der konstitutionellen Bisexualität eingeführt. Für die englische und französische Sprache ist bereits wesentlich früher der vor allem adjektivische Gebrauch von *bisexed* und *bisexual* bzw. *bisexe* verbürgt, allerdings nur zur Bezeichnung der Doppelgeschlechtlichkeit, in jener Bedeutung also, die in Deutschland durch die Begriffe Zwittertum und Hermaphroditismus vertreten war. Nach dem *Oxford English Dictionary* (1989) wurde *bisexed* erstmals 1606 und *bisexuality* zuerst 1859 erwähnt. Unter dem Stichwort *bisexual* heißt es bezogen auf den Erstnachweis von 1824: "The very old tradition of the homo androgynus, that is, that the original man ...

Jahrgangsband 1870 des Archivs für Psychiatrie und Nervenkrankheiten integriert wurde (vgl. Haeberle 1984: XXVI, Anm. 6).

[5] In dem 1823 erschienenen Werk "Eros oder Wörterbuch über die Physiologie und über die Natur und Culturgeschichte des Menschen in Hinsicht auf seine Sexualität" heißt es in der Vorrede: "Wie dieser Trieb im Menschen sich durch alle Zeiten und Völker, durch alle Staats- und gesellschaftlichen Umwälzungen in seiner Macht aufrecht erhalten, und nur unter verschiedenen Umständen sich verschieden modificirt hat, so müssen wir, wo es auf eine genügende Beleuchtung dieses Naturtriebes ankommt, den Menschen durch alle seine Lebensalter, durch alle Länder und Zeiten, durch die Geschichte seiner Cultur hindurch verfolgen, und sehen, wie sich der Geschlechtstrieb in der Physiologie, der Naturgeschichte und in der Culturgeschichte unsres Geschlechtes verhalten hat" (Eros 1823: 11 ff).

was bi-sexual". *Bisexe* wurde erstmals 1814, ebenfalls in der Bedeutung von hermaphroditisch nachgewiesen (vgl. *Trésor de la langue française 1975).*

Kertbeny führte 1869 in seiner berühmten anonymen Denkschrift an den Preußischen Justizminister die Begriffe *Homosexuale* und *Normalsexuale* (Kertbeny 1869: 56) ein und prägte den Begriff *Homosexualität*, der sich jedoch erst nach der Jahrhundertwende allgemein durchsetzen sollte. Der ebenfalls auf Kertbeny zurückgehende Ausdruck *Heterosexualität* wurde nach den bisherigen Forschungen erstmals 1880 publiziert (vgl. Herzer 1985: 6).[6]

Ulrichs wählte - in Anlehnung an die Götternamen Uranos und Dione in Platos Gastmahl - die Bezeichnungen *Urning* für den mannliebenden sowie *Dioning* für den frauenliebenden Mann.[7] Für die Liebe der Urninge führte er den Begriff *mannmännliche Liebe* ein, der, treffender und schöner als Homosexualität, zu Unrecht in Vergessenheit geraten ist (vgl. Ulrichs 1864 a: 2). Die Männer, die Männer und Frauen lieben, nannte Ulrichs *Uranodioninge*; was später als Bisexualität bezeichnet wird, hieß bei ihm *Uranodionäismus*.

Im folgenden werden die verschiedenen, in ihrem Bedeutungsgehalt differierenden Begriffe für die gleichgeschlechtliche Sexualität von Männern wie Uranismus, conträre Sexualempfindung, Homosexualität bzw. der Päderastiebegriff soweit möglich nur auf ihren jeweiligen historischen Kontext bezogen. Der teilweise verwendete Begriff *Männerliebe* soll demgegenüber, wie von Müller (1991: 51) vorgeschlagen, als neutraler Arbeitsbegriff verstanden werden.

Das Dritte Geschlecht und der Uranodionäismus

Ulrichs kann, obwohl seinerzeit das Wort *schwul* noch nicht in seiner heutigen Bedeutung existierte (vgl. Herzer 1985), mit einer gewissen Berechtigung als erster "schwuler Aktivist" bezeichnet werden. Ulrichs tat als Einzelkämpfer das, was ca. hundert Jahre später die Schwulenbewegung fordern sollte: Er

[6] Zum Werk Kertbenys und der Einführung seiner Terminologie siehe Herzer 1985; Féray und Herzer 1990

[7] Ulrichs leitete die Bezeichnung für die Liebe der Urninge ab von der himmlischen Aphrodite, der mutterlosen Tochter des Uranos. Der Begriff Dioning hingegen bezieht sich auf die Dione, die Gattin des Zeus und Mutter der irdischen Aphrodite (vgl. auch Dannecker 1983: 15, Anm. 21).

trat *offen homosexuell* auf, ohne sich dabei allerdings an Mitstreiter oder Vorbilder anlehnen zu können. Bereits in vier 1862 bzw. 1863 verfaßten Briefen (Ulrichs 1899), die an seine Verwandten gerichtet waren, hatte er die Grundzüge seiner Vorstellungen über die gleichgeschlechtliche Liebe dargelegt, die er später weiterentwickelte und zwischen 1864 und 1879 in zwölf Schriften über *mannmännliche Liebe* publizierte.[8]

Ulrichs widersprach der zu seiner Zeit noch weitgehend ungebrochenen Vorstellung, nach der Ziel und Zweck der Sexualität ausschließlich durch die Fortpflanzungsfunktion bestimmt seien, konnte diesen Schritt jedoch nur halb vollziehen.[9] Wie Heinrich Hössli vor ihm, der den allseits verbreiteten "blinden Glauben an die nicht und nie vorhandene Zuverläßigkeit der äußern Kennzeichen im Geschlechtsleben des Leibes und der Seele" (Hössli 1836: 69) erschüttern und unter Bezug auf den griechischen Eros als Verstoß gegen die "reinste Naturauffassung" (ebd.: 70) entlarven wollte, ging es Ulrichs darum, den Beweis zu liefern, "dass die Richtung des geschlechtlichen *Liebestriebes* auf Männer oder aber auf Weiber vollkommen *unabhängig* ist von der (weiblichen oder aber männlichen) Struktur der *Geschlechtsorgane*, dass die Natur in der Erteilung der Richtung des Liebestriebes *sich nicht bindet* an die Struktur der Geschlechtsorgane" (Ulrichs 1899: 59 f). Nicht lösen konnte Ulrichs sich indes von der eng an die Fortpflanzungsfunktion gebundenen Vorstellung, daß Sexualität nur denkbar sei, wenn Männliches und Weibliches aufeinandertreffen. Selbst das Zustandekommen der mannmännlichen Liebe, des geschlechtlichen Begehrens zwischen zwei Männern, war für ihn an die Spannung zwischen einem männlichen und einem weiblichen Pol gebunden. Gleichzeitig war Ulrichs jedoch angetreten, den Vorwurf der Unmoral und Unnatürlichkeit von der mannmännlichen Liebe zu tilgen. Seine Lösung lag in der berühmten Formel der "Anima muliebris in corpore virili inclusa", der im männlichen Körper des Urnings eingeschlossenen weiblichen Seele. Nach viel "innerem Kampf" gelangte er zu der Überzeugung, daß "dem Uranier eine bis in die Wurzeln hinein *weibliche Natur* vom Mutterleibe an innewohnt". Der

---

[8] Ulrichs veröffentlichte zunächst unter dem Pseudonym *Numa Numantius*, ab 1868 jedoch unter eigenem Namen. 1898 erschienen diese Schriften in gering modifizierter Form als Sammelband unter dem Titel *Forschungen über das Rätsel der mannmännlichen Liebe* im Spohr Verlag.

[9] Wie Müller (1991: 88 f) kommentiert, hatte Ulrichs mit seinen Schriften über den Uranismus das "Paradigma einer »Sexualität als Lust «" ausgearbeitet. Ulrichs erreichte dabei freilich nicht die Radikalität des Marquis de Sade, den Hekma (1988: 442) als einen der radikalsten Vorläufer ("forerunner") der Schwulenbewegung einstufte.

Uranier sei "eine Spezies von Mannweib" (Ulrichs 1899: 50). An anderer Stelle heißt es: "Wir sind gar nicht Männer im gewöhnlichen Begriff ... Wir bilden ein drittes Geschlecht" (ebd.: 47).

Das Weib im Mann, die weibliche Seele im männlichen Körper des Urnings begehrt den Mann - gewahrt ist mit dieser Konstruktion der für Ulrichs unumstößliche Geschlechterdualismus in der sexuellen Anziehung. Mit der biologischen Verankerung des Urnings als "drittem Geschlecht" schien darüber hinaus die von ihm selbst erlebte und an anderen beobachtete individuelle lebensgeschichtliche Konstanz der Homosexualität theoretisch gefaßt und gleichzeitig die Natürlichkeit, das heißt für Ulrichs auch Gottgewolltheit der Urningsliebe gegeben. Gegenüber der "Wahrheit der Natur" aber sollte der Vorwurf der Lasterhaftigkeit und Krankhaftigkeit ins Leere gehen.

Ulrichs stützte sein Gedankengebäude auf die der Embryologie seiner Zeit entlehnte Vorstellung, daß "in jedem Embryo ein doppelter geschlechtlicher Keim vorhanden sei, ein Keim der Virilität und neben ihm ein Keim der Muliebrietät" (Ulrichs 1899: 67), wobei es von der allgemeinen Regel, wonach sich nur einer der beiden Keime entwickele, Ausnahmen wie etwa die Zwitter gäbe. Die entscheidende zusätzliche Annahme von getrennten körperlichen und geistigen Keimen, die sich unabhängig voneinander entwickeln können, führte Ulrichs zu einer Vorform jenes Konzeptes, das die Sexologen später als Theorie der konstitutionellen Bisexualität entwickeln und weitgehend akzeptieren sollten. Diese Differenzierung ermöglichte es ihm, auch im vollentwickelten Individuum körperliches und geistiges Geschlecht zu unterscheiden. Die Konzeption des Urnings als eines Wesens männlichen Geschlechts, ausgestattet mit einer weiblichen Seele, schien damit naturwissenschaftlich hergeleitet (vgl. z.B. Ulrichs 1864 b: 9-12 und 1865 a: 40-54). Die voll entwickelten, erwachsenen Urninge waren so deutlich von den Nicht-Urningen unterschieden, nicht aber als obskure Sonderspezies, sondern als biologische Varietät: "Der geschlechtliche Dualismus, welcher ausnahmslos in jedem menschlichen Individuum im Keim vorhanden ist, kommt in Zwittern und Uraniern nur in höherem Grade zum Ausdruck, als im gewöhnlichen Mann und im gewöhnlichen Weibe. Im Uranier kommt er ferner nur in einer anderen Weise zum Ausdruck, als im Zwitter" (Ulrichs 1899: 68).

Ulrichs' Interesse galt vor allem den homosexuellen Männern, den Urningen. Noch 1862 erschienen ihm Überlegungen, ob "Zwischenstufen" existieren oder ob allen Männern neben der Liebe zu Frauen auch in mehr oder minder großem Ausmaß die zu Männern angeboren sei, als "völlig müssige Fragen" (Ulrichs 1899: 46). Die Intensivierung seiner Forschungen brachte es indes gleichsam unvermeidlich mit sich, daß ihm auch die bisexuellen Männer in den Blick gerieten. Nur wenige Jahre später gelangte er zu der Auffassung, daß es "Doppelnaturen" gäbe, "welche für Männer wie für Weiber Liebe empfinden" (Ulrichs 1865 a: 37), und führte für dieses Phänomen den Begriff *Uranodionäismus* (ebd.: 46) ein. Gedrängt zu dieser Erkenntnis sah er sich vor allem, um Berichten über historische Figuren (vgl. Ulrichs 1865a: 56-58) sowie Bekenntnissen solcher "Doppelnaturen", die durch Zuschriften oder Bekanntschaften zu ihm gelangten, Rechnung zu tragen.

Der Uranodionäismus, den Ulrichs auch die "Geschlechtsliebe unentschiedener Richtung" nannte, warf jedoch theoretische Probleme für ihn auf. Gleichwie beim körperlichen Zwitter das Nebeneinander von Hoden und Eierstöcken undenkbar sei, schien ihm die unentschiedene Liebe "in Wahrheit nicht doppelte Geschlechtsliebe" zu sein (ebd.: 47). Für Ulrichs war der Uranodionäismus eher eine mißlungene Mischung der Natur, da, wie er glaubte, "die zur Vollkommenheit entwickelte Geschlechtsliebe", "die himmlische, die leidenschaftliche Liebe" von den "unentschiedenen Naturen" nicht erreicht werde (ebd.). Seine Verwirrung angesichts der Erkenntnis, daß es Männer gibt, die beide Geschlechter erotisieren, dahingehend aufzulösen, daß er diesen Unentschiedenheit unterstellte, erscheint durchaus modern. Auch in der neueren Bisexualitätsdiskussion wird den Bisexuellen häufig Unentschiedenheit attestiert: Einerseits etwa wird ihnen eine im Extremfall als psychopathologisch zu wertende Ambivalenz zugeschrieben, positiv gewendet findet sich die Betonung einer besonderen, die Bisexuellen auszeichnenden Flexibilität.

In seiner theoretischen Hauptschrift *Memnon* nahm Ulrichs eine Unterscheidung der Uranodioninge in "conjunctive" und "disjunctive" vor. Die disjunctiven Uranodioninge brächten jungen Männern "nur die schwärmerisch-zarte Liebe" entgegen; den "sinnlichen Trieb dagegen empfinden sie zu Weibern, aber auch nur diesen, nie zarte Liebe" Ulrichs 1868: 19). Den disjunktiven Uranodionäismus konnte Ulrichs in das theoretische Konzept der Entwicklung der geschlechtlichen Varietäten aus dem Urzwitter problemlos integrieren; nur eine Erweiterung war erforderlich, die Auftrennung des vorher einheitlich gedachten, im Embryo ruhenden unkörperlichen Geschlechtskeimes in "zwei völlig getrennte Einzeltriebe", in den "Keim des sinnlichen Triebes" und den der "sehnsüchtigen Liebe", denen die Natur zwar in der Regel, aber nicht stets die gleiche Geschlechtsrichtung erteile (ebd.: 22). Ulrichs entwickelte damit eine Erklärung des Uranodionäismus, die in ähnlicher Weise, nunmehr jedoch psychoanalytisch formuliert in neueren Überlegungen zur Bisexualität wieder auftaucht. So nahmen Dannecker und Reiche (1974: 302) an , "daß die meisten gegenwärtigen Bisexuellen nur unter der Bedingung der Affekt-Spaltung bisexuell funktionieren. Sie heften bestimmte Affekte oder Affektqualitäten (z.B. Zärtlichkeit, Sehnsucht, Harmonie) nur an heterosexuelle und bestimmte andere Affekte (z.B. "perverse" sexuelle Erregungszustände) nur an homosexuelle Objekte - oder umgekehrt."

"Rätselhaft" aber blieb Ulrichs das Phänomen des conjunctiven Uranodionings, des Unentschiedenen, der "sowohl die zartschwärmerische, als auch die sinnliche Liebe in doppelter Richtung" fühle (Ulrichs 1868: 18). Dieser war durch die Lehre des Urzwittertums nicht hinreichend erklärt, er stellte die für Ulrichs zentrale Annahme der Geschlechterpolariät in der sexuellen Anziehung in Frage. Denn für den conjunctiven Uranodioning träte "subjektiv" ein: "Unterschiede zwischen den Geschlechtern sind nicht vorhanden" (Ulrichs 1898: Memnon 46). An anderer Stelle präzisiert Ulrichs dies, wenn er über die "extrem männlichen" unter den Urningen und die Uranodioninge sagt: "... von den weiblichen-passiven Uen. (Urningen, U.G.) weichen sie so sehr ab, dass sie sogar der *kastrierte* junge Mann anzieht, der doch bekanntlich zugleich ohne allen männlichen Habitus ist. Ihnen gegenüber scheinen am jungen Manne also die *männlichen Liebesorgane* ... wie auch *Männlichkeit überhaupt, ohne alle Wirkung zu sein*" (Ulrichs 1898: Formatrix 89 f).[10]

Dies aber stellte das Fundament, auf dem Ulrichs' gesamtes theoretisches Gebäude ruhte, seine These von der weiblichen Seele im männlichen Körper, in Frage. Denn daß "in den Liebesorganen des Geliebten die erotische Anziehung, die er auf uns ausübt, sich concentrirt" (Ulrichs 1865 a: 11), liefere gerade den Beweis, daß der Liebestrieb des Urnings nicht ein "irregeleiteter männlicher" (ebd.) sei, sondern ein "weibliches Liebeselement" enthalte, "weil beider Herz eben von männlichen Körpern angezogen wird" (ebd.: 59).

Um die Möglichkeit geschlechtlicher Anziehung zwischen Urningen zu erklären, führte Ulrichs eine Unterscheidung der Urninge in *Mannlinge* und *Weib-*

[10] Die letzten beiden Zitate finden sich in der 2. Auflage von *Memnon* bzw. *Formatrix* im Sammelband *Forschungen über das Rätsel der mannmännlichen Liebe* (Ulrichs 1898), nicht aber in den jeweiligen Erstpublikationen.

linge ein, die einander ähnlich verschieden gegenüberstünden wie Mann und Frau (vgl. Ulrichs 1868: 16). Der Unterschied liege in der "Art des geschlechtlichen Begehrens" (ebd. 63); beim Mannling sei dies aktiv, das heißt für Ulrichs männlich, beim Weibling passiv gleich weiblich. Der Liebestrieb beider aber sei weiblich, das heißt auf den männlichen Körper gerichtet, nur mit unterschiedlicher Färbung. Zwischen Mannling und Weibling sei demzufolge auch eine "vollkommene gegenseitige geschlechtliche Anziehung" möglich (ebd.: 16). Ulrichs, der sich selbst als Weibling verstand, bezweifelte jedoch, daß die Liebe eines Weiblings zu einem Urning "jemals eine so feurige sein könne" wie zu einem Dioning, nämlich deshalb, weil "auch der männlichste U ja stets doch ein Stück Weiblichkeit in sich trägt und dieses einigermaßen störend wirken wird" (Ulrichs 1865 a: 63), denn der Weibling liebe den Burschen, den echten Mann. Das Begehren des Mannlings hingegen richte sich vor allem auf den Jüngling, im Extremfall gar auf den Kastraten und im Übergang zum Uranodioning schließlich auf die Frau.

Am Ende seiner Schrift *Critische Pfeile*, der letzten vorliegenden über die mannmännliche Liebe, faßte Ulrichs seine Vorstellungen noch einmal zusammen, erweitert um einen Gedanken, den Hirschfeld später zur Zwischenstufenlehre weiterentwickeln sollte. Es bestehe "ein allmälig und regelmäßig fortschreitender Uebergang, d.i. eine *Stufenleiter von Übergangsindividuen*, vom Weibling, durch die verschiedenen Phasen des *Zwischenurnings* hindurch, bis zum *Mannling* ... und durch fernere Uebergangsphasen hindurch, ganz bis zum *echten Manne*, d.i. bis zum weibliebend gebornen (Ulrichs 1879: 95). Entsprechende Übergänge bestünden auch im "*Urniginnenthum*, nämlich von der männlich angehauchten, weibliebenden *Mannlingin*, der typischen Erscheinung des Urniginnenthums, durch die Phasen der Zwischenurnigin und der Weiblingin hindurch, bis zum mannliebenden, echten Weibe" (ebd.).

Noch bevor die psychiatrische Sexualpathologie sich zu voller Blüte entwickelte und lange bevor die Sexualwissenschaft diese einseitig klinische Perspektive auf die Sexualität zumindest dem Anspruch nach überwand, hatte Ulrichs damit die Grundzüge eines nicht durch psychopathologische Ausgrenzung konstituierten Modells der sexuellen Varietäten formuliert.

Die conträre Sexualempfindung und die psychosexuelle Hermaphrodisie

Im medizinisch-psychiatrischen Diskurs über die Männerliebe ergab sich ab etwa 1870 eine bedeutsame Verschiebung. An die Stelle der gerichtsärztlichen Begutachtung der Päderasten trat die sich entwickelnde forensische Psychiatrie. Während der gerichtsmedizinische Blick vor allem auf die homosexuelle Handlung, und zwar insbesondere auf den Analverkehr gerichtet war, wandte sich die Psychiatrie dem inkriminierten handelnden Subjekt zu (vgl. Müller 1991: 91 ff). Erst mit dieser Veränderung gerieten auch die Männer, die sowohl mit Männern wie mit Frauen sexuelle Kontakte hatten, ins Visier der Medizin. Die homosexuell Handelnden galten nun nicht mehr nur als lasterhafte und/oder verbrecherische "Individuen", die sich perverse Akte hatten zuschulden kommen lassen, sondern als leidende, "unglückliche Mitmenschen" (Krafft-Ebing in: Moll 1891: V). Und erst dadurch, daß sie Gegenstand ausführlichster Exploration in der psychiatrischen Sprechstunde bzw. Klinik wurden, das Interesse sich also nicht mehr dem begangenen Akt, sondern der Person zuwandte, konnte eine reichhaltige und differenzierte Sammlung von Fallgeschichten entstehen, nach der es offensichtlich nicht nur ausschließlich mannliebende, sondern auch solche "unglücklichen" Mitmenschen gab, die zu beiden Geschlechtern sexuelle Beziehungen unterhielten oder sich dies wünschten. Damit ging es den Medizinern nicht anders als zuvor Ulrichs. Vom sich schärfenden Blick des Forschers wie des psychiatrischen Klinikers wurden die Bisexuellen gleichsam hervorgezwungen.

Schon der Gerichtsarzt Johann Ludwig Casper, der mit der Begutachtung von "Päderasten" befaßt war, hatte bemerkt, daß es bei "solchen Subjecten ... nichts Unerhörtes" sei, "sie in ihren grobsinnlichen Neigungen zwischen den Geschlechtern wechseln zu sehn!" (Casper 1858: 174). Er vertrat auch bereits die Ansicht, daß das "Laster" "gleichsam wie eine geistige Zwitterbildung" (ebd.) angeboren sei.[11] Doch Caspers Aufgabe war noch nicht die Exploration von Biographien, sondern der Nachweis von Spuren der päderastischen Akte an den Körpern der Delinquenten zum Zwecke der gerichtlichen Überführung. Das asservierende Auge richtete sich dabei, neben der Untersuchung des Penis, vor allem auf den Anus der Penetrierten. Als das "sicherste Kennzeichen für passiv erduldete Männerschändung" (ebd.: 179) machten Casper und

[11] Herzer (1987) wies darauf hin, daß nicht, wie meist angenommen wird, Casper als erster diese These formulierte, vielmehr habe schon 1849 der Pariser Arzt C.F. Michéa die Idee vom Angeborensein der Männerliebe vertreten.

andere eine "dutenförmige Einsenkung der *nates* nach dem After zu" sowie eine "faltenlose Beschaffenheit der Haut in der Umgebung des *anus*" aus (ebd.: 179). Überführen konnten die Gerichtsärzte so allenfalls diejenigen, die rezeptiven Analverkehr getrieben hatten. Aussagen über Bisexualität konnten mit dieser Methode nicht begründet werden. Für gänzlich inkompetent mußte sich Casper schließlich hinsichtlich der Begutachtung von "Tribaden" erklären, da deren Tun für den Gerichtsarzt spurenlos blieb.

Etwa dreißig Jahre später sollte der Gerichtsmediziner Tarnowsky die zumindest theoretische Abdankung der Gerichtsärzte in der "Frage über die Perversität der Geschlechtsthätigkeit" (Tarnowsky 1886: 2) formulieren. Der Gerichtsarzt habe es mit Angeklagten zu tun, die vor allem straffrei ausgehen wollen und daher kaum Anlaß zur Schilderung der inneren Beweggründe und Motive ihrer Handlungen hätten. Zum Kliniker hingegen, und Tarnowsky denkt vor allem an die "Irrenärzte und die Specialisten für Geschlechtskrankheiten", komme "auf eigenen Antrieb ein Leidender, der um Rath fragt" (ebd.: 3). Lüge und Betrug seien dadurch ausgeschaltet. Die Ärzte könnten so über Beginn, Verlauf und Entwicklung der "Krankheit" ein "vollständiges, wahrheitsgetreues und abgeschlossenes Bild" (ebd.) gewinnen.[12]

Einen Fortschritt stellte diese im Interesse der "Wahrheit" vorgenommene gerichtsärztliche Abdankung für die in die Reichweite der Medizin und Psychiatrie gelangten mannliebenden Männer insofern dar, als damit aufgehört wurde, sie buchstäblich herumzudrehen. Der ärztliche Blick richtete sich nicht mehr in erster Linie in und auf den Anus, sondern wandte sich der Person zu. Die "Perversen" wurden als Subjekte anerkannt, zugleich aber einem Geständnis unterworfen. Der Preis für diese Wendung in der Auseinandersetzung mit den abweichenden Sexualitäten war die Zuschreibung von Krankheit und Leiden. In der Rolle als Kranke und Leidende wurde den sexuell Abweichenden Gehör geschenkt. Dies drückte sich auf der Ebene des wissenschaftlichen Diskurses unter anderem darin aus, daß Ulrichs' Schriften nun als "Beichte eines psychopathischen Subjects" (Tarnowsky 1886: 14) rezipiert wurden.

[12] Gleichwohl aber sah Tarnowsky die forensische Autorität der Gerichtsärzte durch diese Überlegungen nicht eingeschränkt, war er doch überzeugt, die passive Päderastie ausschließlich anhand von "äusseren Anzeichen" nachweisen zu können, wobei er insbesondere die Anusuntersuchung durch eine seitenlange akribische Darstellung gleichsam zu höchster Blüte entwickelte (vgl. Tarnowsky 1886: 108 ff).

Tarnowskys Schrift erschien siebzehn Jahre nach der Einführung der Homosexualitätsthematik in den psychiatrischen Diskurs. Nachdem schon Griesinger 1868 auf das Phänomen des "sexualen Trieb(es)" zum eigenen Geschlecht als Ausdruck hereditärer Belastung hingewiesen hatte (vgl. Griesinger 1868/69: 651), führte Westphal (1869: 73) die "angeborene Verkehrung der Geschlechtsempfindung" als Krankheitssymptom in die Psychiatrie ein.[13] In seinem schon erwähnten Aufsatz im *Archiv für Psychiatrie und Nervenkrankheiten* publizierte er 1869 die ersten beiden Fallgeschichten der medizinischen Weltliteratur und prägte den Begriff *conträre Sexualempfindung*, der in den folgenden drei Jahrzehnten von den meisten Sexologen verwendet werden sollte. Bis Mitte der 1890er Jahre folgten nur wenige Kasuistiken zu dieser Thematik in den psychiatrischen Fachzeitschriften (vgl. Müller 1991: 123). Erst mit der Etablierung der Sexualpathologie als psychiatrische Disziplin, insbesondere durch die Arbeiten von Krafft-Ebing, nahm die Literatur über die conträre Sexualempfindung rasch an Umfang zu. Nur auf die wichtigsten und einflußreichsten Arbeiten wird im folgenden eingegangen. Dabei sind vor allem drei Aspekte zu beachten: zunächst die Frage, ob und welche Berücksichtigung die manifeste Bisexualität in diesem Expertendiskurs fand, zum zweiten die Formulierung der Theorie der konstitutionellen Bisexualität zur Erklärung der conträren Sexualempfindung und letztlich die Prozeduren und Praktiken, die den Ergebnissen dieses neuen Forschungsgebietes ihre Kontur verliehen.

Krafft-Ebings *Psychopathia sexualis*, in rasch aufeinanderfolgenden Auflagen zu einer monumentalen Fallsammlung anschwellend, war lange Zeit das Hauptwerk der Sexualpathologie. In der 1. Auflage von 1886 nahm die Behandlung der conträren Sexualempfindung nur einen relativ kleinen Raum ein. Der Fragenkomplex Bisexuelle und Bisexualität fand weder begrifflich noch thematisch Erwähnung. Auch bei Krafft-Ebing zeigt sich indes, daß mit anwachsender Kasuistik neben den homosexuellen auch die bisexuellen Männer in den klinischen Blick geraten. So sprach er 1889/90 in einem Zeitschriftenaufsatz von "psychosexualen Zwittern" (Krafft-Ebing 1889/90: 56) und gelangte schließlich zu seiner in der Folge nicht mehr geänderten klinischen Klassifikation der conträren Sexualempfindung, in der den Bisexuellen, wenn auch

[13] Westphal war jedoch zurückhaltend in der Frage der generellen Krankhaftigkeit der Homosexualität: "Schliesslich will ich, um allen Mißdeutungen von vorn herein vorzubeugen, ausdrücklich erklären, dass es mir nicht in den Sinn kommt, alle Individuen, welche sich widernatürlicher Unzucht hingeben, für pathologische Naturen zu erklären! Ich weiss sehr wohl, dass dies nicht der Fall ist" (Westphal 1869: 108).

nicht unter diesem Begriff, sondern unter dem des *psychischen Hermaphroditismus* nunmehr ein Platz eingeräumt wurde. Der Terminus *conträre Sexualempfindung* war nicht in erster Linie bezogen auf das Begehren eines "verkehrten" Objektes, auf die "Abweichungen in Bezug auf das Sexualobjekt", wie Freud (1905/20: 34) es später formulieren sollte, sondern hob ab auf eine die ganze Person umfassende Abweichung von ihrem biologischen, durch die Geschlechtsorgane bestimmten Geschlecht.[14]

Vier Stufen der conträren Sexualempfindung wurden unterschieden, und zwar nach dem Grade, in dem der Kliniker körperliche und geistige Anteile des Gegengeschlechtes im Conträrsexuellen festzustellen meinte. Die erste Stufe, die *psychische Hermaphrodisie*, sah Krafft-Ebing charakterisiert dadurch, "dass neben ausgesprochener sexueller Empfindung und Neigung zum eigenen Geschlecht solche zum anderen vorgefunden wird" (Krafft-Ebing 1894: 243). Als noch "verhältnismässig milde Stufe conträr sexualer Entartung" (Krafft-Ebing 1895: 15) folgt die *einfache Homosexualität*, als dritte Stufe die *Effeminatio*, bei der der Mann sich weiblich und passiv dem anderen gegenüber fühle, bei der auch "das ganze psychische Sein ... der abnormen Geschlechtsempfindung entsprechend geartet" sei (Krafft-Ebing 1894: 231). Als vierte und letzte Stufe schließlich komme es zu - seltenen - Veränderungen des Körperbaus (*Androgynie und Gynandrie*).

Albert Moll diskutierte in seiner 1891 erschienenen Monographie *Die conträre Sexualempfindung* Krafft-Ebings Klassifikation, deren erste beiden Stufen er übernahm. Moll plädierte jedoch für eine Ausweitung des Begriffes der *psychosexualen Hermaphrodisie.* Gegen Krafft-Ebing, der die Auffassung vertrat, daß bei den psychosexuellen Hermaphroditen der homosexuelle Anteil wesentlich

---

[14] Diese Sichtweise hatte unter anderem auch zur Aufnahme von Transvestiten und Transsexuellen in die Fallsammlung zur conträren Sexualempfindung geführt. So enthielt schon Westphals (1869) Erstbeschreibung der conträren Sexualempfindung neben der Fallgeschichte einer lesbischen Frau die Schilderung eines heterosexuellen Transvestiten. Chauncey (1982/83) hat in einer Analyse von vorwiegend angloamerikanischen sexologischen Texten von 1880 bis 1930 herausgearbeitet, daß die theoretische Behandlung homosexueller Frauen in noch stärkerem Maße als die der Männer dieser Konzeption folgte. Prototyp der invertierten Frau in diesen Schriften war das "Mannweib"; deren Partnerin erfuhr zunächst kaum Beachtung bzw. wurde als feminine und passive, gewissermaßen heterosexuelle "Ehefrau" der maskulinen Invertierten angesehen. Mit zunehmender Erweiterung des klinischen Blicks erwies sich das an der Geschlechtsinversion orientierte Konzept der Homosexualität als immer weniger geeignet, die Beobachtungen schlüssig zu erklären. Als auch die "Frauen der Mannweiber" Aufmerksamkeit erfuhren, wurde offensichtlich, daß Aktivität und Passivität nicht in der postulierten Weise dem Mann/Frau-Schema entsprechen.

überwiege und der heterosexuelle nur in Rudimenten, unbewußt oder episodisch, aufträte, wandte Moll unter Verweis auf seine Kasuistik ein, auch genau entgegengesetzte Mischungen gesehen zu haben. Darüber hinaus schlug er vor, der psychosexuellen Hermaphrodisie auch die Männer zuzurechnen, "bei denen entweder in einem bestimmten Zeitabschnitt bald Neigung zum Manne, bald zum Weibe auftritt, oder bei denen in einer grösseren Lebensperiode nur Neigung zum Mann, in einer anderen grösseren Periode nur Neigung zum Weibe sich zeigt" (Moll 1891: 151), worunter man sich ein Phänomen vorzustellen hat, das in der neueren Bisexualitätsdiskussion gelegentlich als sequentielle bzw. serielle Bisexualität bezeichnet wird (vgl. Paul 1983/84: 56; Zinik 1985: 9).

Mit den Schriften der beiden führenden Sexologen ihrer Zeit war so den manifest Bisexuellen als Unterform der conträren Sexualempfindung ein fester Platz in der Psychopathia sexualis zugewiesen, wodurch sie in der Tendenz aus ihrem marginalen Status herausgelöst wurden. Bedeutsamer für die weitere Thematisierung der Bisexualität als die auf Fallbeispielen basierende Anerkenntnis der Existenz von Bisexuellen war freilich die von Krafft-Ebing 1894 vorgenommene Modifikation der theoretischen Erklärung der conträren Sexualempfindung, die ausführlich dargestellt werden soll.

Die konstitutionelle Bisexualität

Krankheitstheoretisch war Krafft-Ebing einer der wichtigsten Exponenten der Entartungs- oder Degenerationstheorie, die, in Frankreich von Morel (1857) formuliert und u.a. von Magnan und Charcot weiterentwickelt, im damaligen psychiatrischen Denken vorherrschenden Einfluß hatte.[15] Krankheitsträger waren in dieser Sicht erblich belastete Individuen, und die Aufgabe des Diagnostikers bestand im Aufspüren von körperlichen und psychischen Degenerationszeichen zum Nachweis einer neuropathischen Konstitution. Als Sexualpathologe sah Krafft-Ebing sich "einer Nachtseite menschlichen Lebens und Elends gegenübergestellt, in deren Schatten das glänzende Götterbild des Dichters zur scheusslichen Fratze wird und die Moral und Aesthetik an dem »Ebenbild Gottes« irre werden möchten" (Krafft-Ebing 1886: V). Diesen Zumutungen mußte der Forscher Krafft-Ebing standhalten, nicht zuletzt wegen

[15] Eine ausführlichere Diskussion der Entwicklung der Degenerationstheorie und ihres Einflusses auf die Sexualpathologie findet sich bei Wettley (1959: 39 ff).

der außerordentlich großen und weitreichenden Bedeutung, die er dem "Geschlechtsleben" als dem "gewaltigsten Factor im individuellen und socialen Dasein" zuschrieb (ebd.: 2). Als "Trost" und gleichsam als Entschädigung stellte er in Aussicht, daß die Psychopathia sexualis "auf krankhafte Bedingungen vielfach zurückzuführen vermag, was den ethischen und ästhetischen Sinn beleidigt" (ebd.: V).

Mit der heterozentrischen Bestimmung der Fortpflanzung als natürlichem und einzigem Zweck und Ziel des Geschlechtstriebes - Krafft-Ebing (1886: 13) faßte diesen Zusammenhang als "physiologische Thatsache" mit Gesetzescharakter - war der Gegenstandsbereich der Sexualpathologie bestimmt. Alle Abweichungen von diesem "Gesetz" galten als "Funktionsanomalien", als "Zeichen einer meist erblichen krankhaften Veranlagung des Centralnervensystems" (ebd.: 21). Zu diesen "funktionelle(n) Degenerationszeichen" (ebd.) rechnete Krafft-Ebing neben dem Fehlen des Geschlechtstriebes (Anästhesie), seiner krankhaften Steigerung (Hyperästhesie) und seinem Auftauchen bei Kindern und Greisen (Paradoxie) vor allem die Parästhesien oder Perversionen, die, da in ihnen die postulierte "Naturwidrigkeit" schärfer als bei den anderen Funktionsanomalien zutage trete, besondere Betonung verdienten. "Als pervers" erklärte Krafft-Ebing "jede Aeusserung des Geschlechtstriebs ..., die nicht den Zwecken der Natur, i.e. der Fortpflanzung entspricht" (Krafft-Ebing 1894: 56). *Perversionen* als "Krankheiten" aber unterschied er von *Perversitäten*, als bloß lasterhaft begangenen perversen Handlungen, so "monströs" diese auch sein mochten (Krafft-Ebing 1886: 35). In dieser begrifflichen Differenzierung findet die bereits angesprochene Ablösung der Gerichtsärzte durch die Sexualpathologen ihren Ausdruck. Der "Schlüssel der Diagnostik", der gewissermaßen die Differentialdiagnose zwischen Krankheit und Laster ermöglichen sollte, lag in der Ausrichtung des klinischen Blicks auf die "Gesamtpersönlichkeit des Handelnden und auf die Triebfedern seines perversen Handelns" (ebd.), und es war ebendiese Veränderung der klinischen Perspektive, die unter anderem zur Folge hatte, daß innerhalb der conträren Sexualempfindung zwischen Homosexuellen und psychischen Hermaphroditen unterschieden wurde.

Lokalisiert war der Sexualtrieb, wie alle Seelentätigkeit, für Krafft-Ebing in der Hirnrinde. In seinen sexualphysiologischen Überlegungen nahm er die Existenz von zerebralen Zentren an, die "als Entstehungsort all der complicierten psychisch somatischen Vorgänge, die man als Geschlechtsleben, Geschlechtssinn, Geschlechtstrieb zu bezeichnen pflegt", den Geschlechtsdrüsen und "spinalen Centren" übergeordnet waren (Krafft-Ebing 1895: 5). Die conträre Sexualempfindung mit ihren verschiedenen Unterformen konnte so als Ausdruck von "Anomalien der cerebralen Organisation" (Krafft-Ebing 1894: 235) aufgefaßt werden. Seinen theoretischen Gegnern in der damaligen Anlage/Umwelt-Kontroverse[16] hielt Krafft-Ebing gerade die vermeintliche Schwere dieser degenerativen Erscheinung entgegen, die zu erklären seines Erachtens psychologische Kräfte nicht ausreichten.[17]

In der 9. Auflage der *Psychopathia sexualis* revidierte Krafft-Ebing die Erklärung der conträren Sexualempfindung. Nach einer knappen Zurückweisung der These Ulrichs' von der weiblichen Seele im männlichen Körper und der Auffassungen Gleys (1884) und Magnans (1885), die ein weibliches Gehirn im männlichen Körper annahmen, verwarf er alle bisherigen Erklärungsversuche einschließlich seines eigenen nur auf Vererbung und Entartung gegründeten Ansatzes als nicht befriedigend. Die Lösung des "Räthsel(s) der conträren Sexualempfindung" (Krafft-Ebing 1895: 3) sah er nun in den von einer ursprünglichen onto- und phylogenetischen Bisexualität des Menschen ausgehenden Theorien, die in den USA von Kiernan (1888 und 1891) und Lydstone (1889), in Frankreich von Chevalier (1893) erstmals vertreten worden waren.[18] Kiernan (1888) hatte geschrieben: "Die ursprüngliche Bisexualität der Vorfahren unserer Rasse, wie sie sich in den rudimentären weiblichen Organen des Mannes zeigt, konnte nicht umhin, funktionale, wenn nicht sogar organische Atavismen auszulösen, wenn psychische oder physische Manifestationen durch Krankheit oder kongenitalen Defekt beeinträchtigt wurden. Es scheint sicher, daß ein weiblich funktionierendes Gehirn in einem männlichen Körper stecken kann und umgekehrt" (zitiert n. Sulloway 1982: 407 bzw. Krafft-Ebing 1894: 237). Gemeinsam war den Theorien von Kiernan, Lydstone und Chevalier die Annahme, daß sich die Monosexualität des Menschen erst aus einer embryologischen Bisexualität entwickele. Kiernan betrachtete Abweichungen von der Entwicklung zur Monosexualität als

[16] Für eine detaillierte Darstellung dieser Kontroverse siehe Sulloway (1982: 397 ff); vgl. auch Müller (1991: 141 ff)

[17] In diesem Zusammenhang verwarf Krafft-Ebing insbesondere Binets assoziationspsychologischen Ansatz sowie die Auffassungen Schrenck- Notzings, der angetreten war, die Homosexuellen mittels hypnotischer Suggestion und Verordnung von Bordellbesuchen zu heilen (vgl. Ellis und Symonds 1896: 250 ff).

[18] Eine Analyse der Entwicklung der evolutionistischen Theorien der Sexualentwicklung in der amerikanischen Psychiatrie und der Stellung von Kiernan und Lydstone innerhalb dieses Diskurses findet sich bei Sulloway (1982: 404-409).

Atavismen, als "Rückschläge in frühe hermaphroditische Formen des Thierreichs" (Krafft-Ebing 1894: 237). Lydstone und Chevalier dagegen sahen Perversionen als Ausdruck von Fehlentwicklungen an, als "Störungen in der Evolution zur heutigen Höhe" an (ebd.: 238). Krafft-Ebing schloß sich dieser zweiten Auffassung an und schrieb mit der Übernahme dieser Bisexualitätsvorstellung auch den von ihm angenommenen zerebralen "psychosexualen Centren" eine ursprünglich bisexuelle Anlage zu. Empirisches Gesetz aber sollte sein, daß "normaliter, das der Geschlechtsdrüse entsprechende cerebrale Centrum sich entwickelt" (Krafft- Ebing 1895: 5). Dieses "Gesetz der den Geschlechtsdrüsen homologen Entwicklung des cerebralen Centrums" (Krafft-Ebing 1894: 239) sei bei der Homosexualität verletzt, gewahrt aber bliebe zumindest das Gesetz "der monosexuellen Artung". Krafft-Ebing erläuterte dies folgendermaßen: "Unter einem monosexualen psychischen Geschlechtsapparat in einem monosexualen Körper, der dem entgegengesetzten Geschlechte angehört, hat man sich natürlich nicht etwa »eine weibliche Seele im männlichen Gehirn« oder vice versa vorzustellen, was allem monistischen und allem wissenschaftlichen Denken überhaupt widerspricht; ebensowenig ein weibliches Gehirn im männlichen Körper, was allen anatomischen Thatsachen widerspricht, sondern nur ein weibliches psychosexuales Centrum im männlichen Gehirn, oder vice versa" (ebd.).

Bei der *psychischen Hermaphrodisie* hingegen sei auch die monosexuelle Artung nicht mehr gewahrt, vielmehr werde die Bisexualität des zerebralen Zentrums beibehalten. Krafft- Ebing wertete dies als einen wichtigen Beweis für die "Autonomie" der zerebralen Zentren, für die Unabhängigkeit ihrer Entwicklung von den Geschlechtsdrüsen, die ja auch bei Bisexuellen in aller Regel monosexuell und nicht hermaphroditisch differenziert seien (vgl. Krafft-Ebing 1894: 239).

In dem Jahrzehnt, das auf die 1894 von Krafft-Ebing vorgenommenen Einführung der Bisexualitätstheorie folgte, wurde die dem evolutionsbiologischen Denken entlehnte Vorstellung einer ursprünglichen onto- und phylogenetischen Bisexualität des Menschen von den meisten zeitgenössischen Sexualforschern akzeptiert. So unterschiedliche Forscher wie z.B. Ellis, Freud, Hirschfeld und Moll, deren theoretische Positionen erhebliche Divergenzen bis hin zu Gegensätzen aufwiesen, integrierten den Gedanken der konstitutionellen Bisexualität in ihre jeweiligen Homosexualitätskonzepte. Mit der Akzeptanz dieser Betrachtungsweise verlor zugleich das Degenerationsmodell an Bedeutung. Obwohl Krafft-Ebing (1894: 238) zunächst darauf beharrte, daß die *psy-*

chische Hermaphrodisie und die anderen Unterformen der *conträren Sexualempfindung* nur bei "organisch belasteten Individuen" aufträten, hatte er mit der allgemeinen Bisexualitätstheorie einen Aspekt zugelassen, der es erlaubte, Perversionen als Entwicklungsstörungen aus normalen Teilkomponenten der das Geschlechtsleben bestimmenden konstitutionellen Faktoren aufzufassen (vgl. Sulloway 1982: 411). Damit aber war zugleich die Möglichkeit geschaffen, über die Differenzierung von Anomalie und Krankheit, das Pathologische von den Homo- und Bisexuellen zu tilgen, ohne die Kompetenz der "Naturforscher" in dieser Frage anzutasten. Havelock Ellis wie auch Magnus Hirschfeld sollten diese Position einnehmen.

Ellis charakterisierte Krafft-Ebing anerkennend, aber nicht ohne eine Spur Ironie als "den großen Kliniker der sexuellen Inversion, nicht als ihren Psychologen" (Ellis und Symonds 1896: 31).[19] Letzteres beanspruchte er selber zu sein, wie der Titel seiner mehrbändigen *Studies in the Psychology of Sex* zeigt. Ellis bestritt die generelle Krankhaftigkeit der Invertierten, ohne sich aber vollständig vom Degenerationsdenken lösen zu können. Die Entwicklung zum "homosexuellen Wesen" und zum "psychosexuellen Zwitter" (ebd.: 239) erklärte er sich wie Krafft-Ebing evolutionistisch als Entwicklungsstörung aus der embryonalen Bisexualität. Dabei verwendete er eine allerdings nur grob skizzierte, von ihm selbst als "Bild" bezeichnete Vorstellung von männlichen und weiblichen "Keimen", die bei der Konzeption in gleicher Zahl und Stärke angelegt seien. Während in der Entwicklung normalerweise eine Hälfte dieser Keime verkümmere und entweder nur die männlichen oder nur die weiblichen sich zur Reife entwickelten, sollten bei den Invertierten Keime beiderlei Geschlechtes erhalten bleiben (vgl. ebd.: 239). Dabei komme es zu einer - biologisch entstandenen - "Disposition" (ebd.: 240); geboren werde ein Wesen, "dessen ganzer Organismus mehr für die Bethätigung des konträren als für die des normalen Triebes geartet oder zu beiden Trieben gleich veranlagt ist" (ebd.: 239). Diese Disposition bestimme schließlich die Richtung des Geschlechtstriebes, dessen endgültige Ausformung Ellis in die Zeit der Pubertät terminiert. Die Inversion als "Variation" sei zwar eine Anomalie vergleichbar zum Beispiel mit der Farbenblindheit, aber nicht notwendig eine Krankheit. Die Lehre von den Anomalien, die "Teratologie" (ebd.: 242), sei vielmehr von

[19] Die Arbeit von Ellis und Symonds wurde 1897 unter dem Titel: *Sexual Inversion* in England publiziert. Die von Hans Kurella besorgte deutsche Übersetzung war bereits 1896 unter dem Titel: *Das konträre Geschlechtsgefühl* in Deutschland erschienen. Kurella verwendet in seiner Übersetzung die Begriffe *Inversion* und *konträres Geschlechtsfühl* bzw. *konträre Sexualempfindung* synonym.

der Krankheitslehre zu trennen. Ellis räumte zwar ein, daß die Inversion als Degenerationszeichen aufgefaßt werden könne; jedoch rechtfertige ein einzelnes Zeichen noch nicht die Annahme der "Entartung", vielmehr könne die Inversion "bei im übrigen gesunden und normalen Individuen vorkommen" (ebd.: 243 f). Dieser Auffassung näherte sich schließlich auch Krafft-Ebing an. In seiner letzten größeren Arbeit über die conträre Sexualempfindung, die 1901 im *Jahrbuch für sexuelle Zwischenstufen* unter dem Titel *Neue Studien auf dem Gebiete der Homosexualität* erschien, rückte er von der generellen Pathologisierung der conträren Sexualempfindung ab und stufte sie nunmehr als "Funktionsstörung" ein, die mit "normaler geistiger Funktion verträglich" sei (vgl. Krafft-Ebing 1901: 7). Mit der Einordnung der conträren Sexualempfindung als "Mißbildung" (ebd.) wählte er den Begriff, den auch Hirschfeld, der unermüdliche Kämpfer gegen die Pathologisierung der Homosexuellen, in seiner ersten, noch unter einem Pseudonym veröffentlichten Schrift *Sappho und Sokrates* akzeptiert und mit dem Vergleich zur "Hasenscharte" (Hirschfeld 1896: 17) illustriert hatte.

Vom Conträrsexuellen zum Homo- und Bisexuellen

Obwohl Krafft-Ebing die embryologisch-evolutionäre Erklärung der Homosexualität durch Ulrichs bereits seit Jahren kannte, übernahm er diesen Gesichtspunkt erst, nachdem dieser durch die amerikanischen Sexologen in den psychiatrischen Diskurs eingeführt worden war. Der Historiker Sulloway interpretierte dies dahingehend, daß der "stets vorsichtige" Krafft-Ebing die "Reife der Zeit" abgewartet habe (Sulloway 1982: 409). Doch nicht nur "Vorsicht" dürfte hier eine Rolle gespielt haben, sondern auch der Umstand, daß Ulrichs' Theorien von einem "Perversen" vorgebracht wurden und damit wissenschaftlich nicht hoffähig waren. Ulrichs' Schriften, die sowohl von den Gerichtsmedizinern wie den Sexualpathologen rezipiert worden waren, hatten trotz der heftigen Widerstände gegen seine Vorstellungen den medizinisch-psychiatrischen Diskurs über die conträre Sexualempfindung stark beeinflußt.[20] Krafft-Ebing etwa hatte 1879 in einem Brief an Ulrichs erklärt, daß "nur die Kenntnis Ihrer Schriften allein" ihn zum "Studium in diesem hochwichtigen Gebiet" (zit. n. Hirschfeld in: Ulrichs 1898: Vorwort) veranlaßt hätten. Zugleich aber galt Ulrichs als "psychopathisches Subjekt" (Tarnowsky 1886: 14), oder es war die Rede von "einem gewissen Assessor Ulrichs, selbst

[20] Siehe hierzu auch Müller (1991: 55-151)

mit diesem perversen Trieb behaftet" (Krafft- Ebing 1886: 58). Dies führte dazu, daß seine Schriften über mannmännliche Liebe nicht als wissenschaftliche anerkannt, sondern gewissermaßen als Fallgeschichte behandelt wurden (vgl. Müller 1991: 129 ff). Erst als sich die Thematisierung der Männerliebe im offiziellen wissenschaftlichen Diskurs änderte, als mit der Bisexualitätstheorie und der Aufgabe der generellen Pathologisierung der Homosexualität Positionen erreicht wurden, die denen Ulrichs' nahestanden, änderte sich auch dessen Einschätzung durch die Wissenschaft. Krafft-Ebing räumte nun ein: "Mit dieser Erkenntnis nähert sich die wissenschaftliche Auffassung des Problems den Anschauungen, welche Ulrichs u.A., selbst Effeminierter, s. Zeit dem Wesen des Uranismus entgegenbrachte, indem er von einer »Anima muliebris in corpore virili inclusa« allen Ernstes sprach. Als Laie vermoche er sein weibliches Empfinden nicht anders zu deuten. Hätte er erklärt, dass das Geschlechtsgefühl, überhaupt das ganze Empfinden des Mannes (als Scheinmann, re vera Weib) weiblich sein könne und dadurch Personen des eigenen Geschlechts zugewendet, so wäre man eher zu einem gegenseitigen Verständnis gelangt und hätte die Schriften Ulrichs' gelesen, die als Anschauungen, Erfahrungen, Gefühle eines Weibmannes, dazu eines gebildeten und wahrheitsliebenden, für die Forschung auf diesem Gebiet nicht gering veranschlagt werden dürfen" (Krafft-Ebing 1901: 4).

Mit der Klassifikation der Conträrsexuellen und der Formulierung der Bisexualitätstheorie waren die medizinischen Experten der Sexualpathologie also nicht wesentlich über Ulrichs' Gedanken hinausgelangt. Hier wie dort handelte es sich um Theorieentwürfe, in denen Hypothesen und Spekulationen, die der damaligen Biologie entlehnt waren, das Begriffsgerüst lieferten, das es erlaubte, den Diskurs über die Homosexualität mit naturwissenschaftlicher Dignität zu führen. Die entscheidende Differenz lag in der Funktion, die diese, bei Ulrichs und seinen Gegnern im Kern gleiche theoretische Operation innerhalb des jeweiligen politischen und diskursiven Kontextes zu erfüllen hatte.

Die Sexualpathologen sahen sich als Forscher einem rätselhaften wissenschaftlichen Problem gegenübergestellt. Ulrichs' Problem und das der homo- und bisexuellen Männer seiner Zeit war profaner. Es bestand in dem ungebrochenen Tabu und der gesellschaftlichen Geringschätzung der Homosexualität.

Das theoretische und politische Ziel Ulrichs' war die Verteidigung und die Rechtfertigung der Urningsliebe. Nur durch die biologische Erklärung der Männerliebe war es ihm möglich, eine konsistente Position zu entwickeln, die es erlaubte, gleichzeitig die auf den Urningen lastenden Vorwürfe der Sündhaftigkeit, des Verbrecherischen und der Krankhaftigkeit zurückzuweisen. Mit zunehmender Kenntnis der sexuellen Varietäten erhielten neben den homosexuellen Männern auch lesbische Frauen und männliche Bisexuelle einen Platz in seinem Klassifikationsmodell. Die bisexuellen Frauen, die "Uranodioninginnen" blieben jedoch - Ulrichs' persönliche Erfahrungsgrenze wird hier deutlich - mit einem Fragezeichen versehen (vgl. Ulrichs 1868: 21).

Die Konzeptualisierung der Perversion als ein dem Individuum eingeborerer, unauslöschlich im Hirn verankerter Bestandteil der Persönlichkeit konstituierte den Gegenstand der Psychopathia sexualis. Die neue Praktik der Aufbereitung und Untersuchung des Forschungsgegenstandes bestand, neben dem Aufspüren von Zeichen der Entartung an den Leibern der Patienten, vor allem darin, die Perversen zum Sprechen zu bringen. In dem Bewußtsein, eine gewaltige Aufgabe im Dienst der Wahrheit zu erfüllen, lauschten die Forscher den Lebensbeichten der sich ihnen öffnenden "Verirrten". Die Protokolle dieser Vernehmungen, die minuziöse Aufzeichnung dieser Nachrichten von der "Kehrseite des Lebens" (Krafft-Ebing 1886: V) wurden zu Daten der neuen Wissenschaft. Konstituiert hatte sich, wie Foucault es formulierte, "diese unglaubliche Sache: Eine »Geständnis-Wissenschaft«" (Foucault 1977: 83).

Getragen von ihrem Selbstmißverständnis als Naturforscher transformierten die Sexualpathologen die Geschichten der Perversen in eine skurrile Taxonomie. In dieser eigentlichen Geburtsstunde der Sexualwissenschaft wurde die *Sexualität* im Moment ihrer Konstituierung als Gegenstand der Wissenschaft in eine Vielzahl von *Sexualitäten* gegliedert.

Ein bedeutsamer Augenblick für die Geschichte der *Sexualität*, aber auch für die vielen "Perversen", denen in den Sprechzimmern Gehör geschenkt wurde: Einen Moment lang hatten sie Gelegenheit, sich zu formulieren, alles zu sagen, bevor sie mit einem Namen versehen in den Katalog der Monstrositäten aufgenommen wurden. Mit den Fetischisten, den Sadisten, den Masochisten, den Exhibitionisten, den Hypersexuellen, den Anästhetischen, den Paradoxen usw. waren die Conträrsexuellen säuberlich von jenen geschieden, denen supponiert wurde, daß ihre Sexualität der

Fortpflanzungsmechanik und nur dieser gehorcht. Gleichsam als Ausgleich für die Abtrennung von dieser "Normalform" der Sexualität wurde ihnen ein naturgegebener Sonderstatus zuerkannt, der zwar eine volle Resozialisierung ausschloß, dafür aber die Rolle des schuldlos Beschädigten anbot. Die Perversen waren zu "Spezies" geworden. Foucault faßte diesen Zusammenhang für die Homosexuellen mit dem inzwischen berühmt gewordenen Satz: "Als eine der Gestalten der Sexualität ist die Homosexualität aufgetaucht, als sie von der Praktik der Sodomie zu einer Art innerer Androgynie, einem Hermaphroditismus der Seele herabgedrückt worden ist. Der Sodomit war ein Gestrauchelter, der Homosexuelle ist eine Spezies" (Foucault 1977: 58). Notwendig verknüpft mit dieser Veränderung aber war, daß der Sodomit bzw. der Päderast nicht nur zum Homosexuellen transformiert, sondern über die Aufspaltung des Begriffs der conträren Sexualempfindung in die Figuren des *Homosexuellen* und die des zunächst noch als *psychischer Hermaphrodit* bezeichneten Bisexuellen differenziert wurde.

2 Bisexualität und manifest Bisexuelle in der frühen Sexualwissenschaft

Die wichtigsten Bisexualitätstheorien in der frühen Sexualwissenschaft wurden nahezu zeitgleich entwickelt und innerhalb nur weniger Jahre publiziert. Hierzu zählen insbesondere die Arbeiten von Hirschfeld und Bloch, ferner diejenigen von Friedländer, Blüher, Weininger und Fliess sowie nicht zuletzt auch Freuds *Drei Abhandlungen zur Sexualtheorie*.

Als erster hat Magnus Hirschfeld die manifeste Bisexualität als eigenständige Sexualform beschrieben, wenn auch anfangs unter einer anderen Kategorie. 1896 hatte er in seiner Schrift *Sappho und Sokrates* noch den Begriff "Seelenzwittertum" (Hirschfeld 1896: 15) verwendet. Die "seelischen Zwitter" oder "geistigen Hermaphroditen", die "für beide Geschlechter in verschiedener oder auch gleicher Stärke empfinden können" (ebd.: 8), galten ihm als "dritte Gruppe" neben den normalen Männern und Frauen auf der einen und den "Urningen" und "Urninden" auf der anderen Seite. In den folgenden Jahren begannen sich die Begriffe Homo-, Hetero- und Bisexualität weitgehend durchzusetzen und verdrängten sowohl die in der Sexualpathologie wie die von Ulrichs entwickelte Terminologie.[21] Hirschfeld hatte schon 1899 jene, die "zu beiden Geschlechtern inklinieren", als "Bisexuelle" bezeichnet (1899: 23). Als er 1906 seine Abhandlung *Vom Wesen der Liebe. Zugleich ein Beitrag zur Lösung der Frage der Bisexualität* vorlegt, erscheinen *Bisexuelle und Bisexualität* als bereits etablierte Begriffe - *Uranodioning, Seelenzwitter, geistige* bzw. *psychische Hermaphroditen* werden nur noch als begriffsgeschichtliche Vorläufer referiert.

Hirschfeld suchte die "Frage der Bisexualität" zunächst begrifflich und theoretisch zu gliedern. Zum einen gehe es um das "Problem der menschlichen Doppelgeschlechtlichkeit überhaupt", zum anderen um das "des sich auf beide Geschlechter erstreckenden sexuellen Triebes" (Hirschfeld 1906a: 112). Drittens sei schließlich der (Hirschfeld besonders interessierende) Zusammenhang zwischen Doppelgeschlechtlichkeit und "bisexuellem Geschlechtstrieb" zu überprüfen.

---

[21] Vgl. hierzu auch Hirschfelds immer noch lesenswerte Ausführungen über "Name und Begriff der männlichen und weiblichen Homosexualität" (Hirschfeld 1914: 1 - 39); siehe auch Herzer 1985

Theoretische Fassungen des "Problems der menschlichen Doppelgeschlechtlichkeit", moderner ausgedrückt, Theorien über den Geschlechterdimorphismus, sind immer auch Stellungnahmen zum Verhältnis der Geschlechter und dazu, was ein richtiger Mann und eine richtige Frau sei. Die *conträre Sexualempfindung* als neuropsychiatrische Störung war pathogenetisch als Abweichung von einem als naturgewollt verstandenen, strikt polaren Geschlechterdualismus aufgefaßt worden. Problematisiert wurden der feminine Mann und die maskuline Frau, der *Weibmann* und das *Mannweib*, als leibhaftige Verstöße gegen die soziale Geschlechterordnung. Durch ihre Pathologisierung wurde die von ihnen ausgehende Irritation gleichsam neutralisiert. Analog reagierte die (fast ausschließlich von Männern betriebene) Sexualwissenschaft auf die sich Ende des 19. Jahrhunderts formierende Frauenbewegung, insoweit diese, obwohl sie die Geschlechterpolarität in anderer Weise in Frage stellte, häufig dem gleichen Denkschema folgend als Ausdruck einer Vermännlichung von Frauen aufgefaßt wurde, womit wiederum die Figuren des *richtigen Mannes* und der *richtigen Frau* zumindest theoretisch unangetastet blieben.[22]

Die theoretische Behandlung der Frage des "bisexuellen Geschlechtstriebes" (Hirschfeld 1906a: 112) war vor allem bestimmt von den wissenschaftlichen und politischen Auseinandersetzungen über die Homosexualität. Ziel der ersten homosexuellen Befreiungsbewegung, in deren Zentrum Hirschfeld und das *Wissenschaftlich-humanitäre Komitee* (WHK) standen, war in erster Linie die Entpönalisierung der Homosexualität, die Abschaffung des § 175, von dem, weil das Gesetz homosexuelle Handlungen bestraft, nicht nur Homo-, sondern auch Bisexuelle betroffen waren. Zwar stand die Homosexualitätsfrage weiter im Vordergrund der Diskussionen, gleichzeitig wurde jedoch die Bisexualität stärker akzentuiert. In der Sexualpathologie waren die *psychische Hermaphrodisie* und die *Homosexualität* als nur durch ihren Schweregrad unterschiedene Verlaufsformen der Krankheit *conträre Sexualempfindung* konzipiert worden. Mit der Entwicklung der Sexualwissenschaft und der damit einhergehenden, zumindest teilweisen Überwindung des klinisch verengten Blickes auf die Sexualität zugunsten einer empirisch und methodisch breiteren Perspektive wurden manifeste Bisexualität und manifeste Homosexualität stärker differenziert und zum Teil unterschiedlich bewertet.

[22] Zur Geschichte der ersten Frauenbewegung und ihrer Verknüpfung mit der Sexualwissenschaft siehe z.B. Kokula 1981, 1985

Da Theorien, und insbesondere sexualwissenschaftliche, immer auch mit der Subjektivität des Forschers vermittelt sind, ist der sexualwissenschaftliche Diskurs häufiger als der Diskurs in anderen wissenschaftlichen Disziplinen personalisiert. Die Debatten über die Bisexualität in den ersten zwei Jahrzehnten des 20. Jahrhunderts kristallisierten sich vor allem um Hirschfeld, was mit seiner herausgehobenen Rolle als Sexualforscher und Sexualreformer und seinem unermüdlichen Publizieren zusammenhing. In diesen Debatten ging es vor allem um unterschiedliche Bewertungen von Homo- und Bisexualität oder, anders ausgedrückt, um den Streit der Protagonisten über den richtigen Gebrauch der Homosexualität. Eines der Hauptthemen war dabei die umstrittene theoretische Verknüpfung von Weiblichkeit und mannmännlichem Begehren. Hirschfeld, der eine Vorstellung davon besaß, daß es "andere als die gängigen Möglichkeiten, weiblich und männlich zu sein" (Dannecker 1983: 14) gibt, sich diese aber nur als biologisch verankerte vorzustellen vermochte, wurde immer wieder der Vorwurf gemacht, zu sehr an der Weiblichkeit zu hängen bzw. die Feminität der homo- und bisexuellen Männer überzubewerten. Seine Kontrahenten, wie z.B. Friedländer und Blüher, denen Hirschfelds Position zu unambivalent homosexuell war, versuchten demgegenüber Weibliches bzw. die Phantasmagorien des Weiblichen abzuwehren, um ein von jeder "Kontamination" mit Weiblichkeit freies Bild des bisexuellen Mannes entwerfen zu können. Auf diese Kontroversen, die in abgewandelter Form bis heute die Theoriebildung über Bi- und Homosexualität berühren, wird noch einzugehen sein.

Hirschfelds empirische Untersuchungen zur manifesten Homo- und Bisexualität

Die Bisexualität wurde in der Sexualwissenschaft zunächst als Epiphänomen der Homosexualität behandelt. Als wichtiges, aber völlig ungeklärtes (und auch bis heute nicht gelöstes) Problem galt den Sexualforschern um die Jahrhundertwende die Frage nach der Zahl der Homosexuellen - wichtig, weil davon die Einschätzung der sozialen Bedeutung des "Urningtums" abhing (vgl. Bloch 1908: 558), wichtig auch, weil Anhaltspunkte für das Verhältnis von Verurteilungen nach dem § 175 und der Zahl der "Begehung homosexueller Handlungen" fehlten (vgl. Hirschfeld 1904: 1). Die Schätzungen über die Zahl der homosexuellen Männer in der seit der medizinisch-psychiatrischen "Entdeckung" der conträren Sexualempfindung angehäuften Literatur lagen zumeist im Promillebereich. Ulrichs hatte ebenfalls eine solche Größenordnung vermutet. Kertbeny hingegen nahm für Berlin auf 700 000 Einwohner ca. 10 000 Homosexuelle an (vgl. ebd.: 2).

Hirschfeld publizierte 1904 die Ergebnisse eigener Untersuchungen über den "Prozentsatz der Homosexuellen". Im Namen des Wissenschaftlich-humanitären Komitees hatte er zwei "Enqueten", eine bei 3000 Studenten der Technischen Hochschule Charlottenburg, die andere bei 5700 gewerkschaftlich organisierten Berliner Metallarbeitern durchgeführt. In diesen fragte Hirschfeld auch nach bisexuellen Präferenzen. Bei der Berliner Studentenenquete waren die Befragten aufgefordert worden, auf einer Postkarte durch Unterstreichung von W, M oder M+W anzugeben, ob sich ihr "Liebestrieb" nur auf weibliche, männliche oder auf Personen beiderlei Geschlechts richte (vgl. ebd.: 27). Die zweite Enquete hingegen bezog sich nicht nur auf die gegenwärtige sexuelle Präferenz. Die Metallarbeiter sollten vielmehr die Frage beantworten, ob sich ihr Geschlechtstrieb "immer nur auf weibliche (W.), immer nur auf männliche (M.) oder sowohl auf weibliche wie auf männliche (W.+M.) Personen" (ebd.: 47 f) gerichtet habe. Diese Modifikation sollte es erlauben zu überprüfen, ob die Ausweitung der Fragestellung auf die gesamte Sexualgeschichte der Befragten zu einer höheren Quote von M+W-Antworten führen würde, was insbesondere jene annahmen, die - wie Hirschfeld es ausdrückte - "der Bisexualität eine besonders große Rolle zuschreiben" (ebd.: 44).

Bei beiden Enqueten ergab sich in etwa das gleiche Verhältnis von Homo- zu Bisexuellen (nämlich 1,5 % Homo-, 4,5 % Bi-, 94 % Heterosexuelle bei der Studentenbefragung; gegenüber 1,1 % Homo-, 3,2 % Bi-, 95,7 % Heterosexuelle bei den Metallarbeitern) (vgl. Hirschfeld 1904: 50 ff) Diese Übereinstimmung des Anteils der Bisexuellen, die noch dadurch Gewicht bekam, daß sich trotz geänderter Fragestellung bei den deutlich älteren Metallarbeitern kein höherer Anteil von Bisexuellen ergab, wertete Hirschfeld als Beweis dafür, "daß auch die bisexuelle Richtung des Geschlechtstriebes eine eingeborene, nicht durch äußere Einflüsse bestimmbare Eigentümlichkeit darstellt, daß auch die Bisexualität durch einen konstitutionellen Komplex von Eigenschaften gebildet ist, welcher seine Ergänzung eben in Typen findet, die in mehr oder minder großer Ähnlichkeit unter dem männlichen und weiblichen Geschlecht vorkommen" (ebd.: 52).

Mit der Zahl von durchschnittlich 95 % Heterosexuellen sah er ferner Theorien, die behaupteten, daß "ubiquitäre äußere Ursachen" Homosexualität erzeugen können, ebenso als widerlegt an wie die Behauptung, "die Bisexualität sei das eigentlich Normale" (ebd.: 54). Hirschfeld antwortete damit auf eine laufende Debatte, wobei sein empirischer Einspruch insbesondere gegen die Theorien Weiningers (1903) und Friedländers (1904) gerichtet gewesen sein dürfte, die, wenn auch in unterschiedlicher Weise, von der Annahme einer ubiquitären Bisexualität des Menschen bzw. im Fall Friedländers zumindest des Mannes ausgingen.

Hirschfeld differenzierte streng zwischen sexuellem Verhalten und der angeborenen Richtung des Triebes. In der Abhandlung *Vom Wesen der Liebe. Zugleich ein Beitrag zur Lösung der Frage der Bisexualität* hatte er diese Frage ausführlich diskutiert und konstatiert, "das Können und Wollen ist dem Sehnen und Drängen, dem Triebe, nicht gleichzusetzen" (Hirschfeld 1906a: 17). Demzufolge liege "im sexuellen Akt keine absolute Beweiskraft für die Richtung des sexuellen Triebes", weshalb "man aus der bloßen Möglichkeit, mit beiden Geschlechtern sexuell zu verkehren, nicht ohne weiteres, weder beim Weibe noch auch beim Manne, auf einen bisexuellen, auf beide Geschlechter gerichteten Trieb schließen" (ebd.: 27) könne. Hirschfelds Befragung war dementsprechend ausdrücklich darauf gerichtet, "ob Sie eine wirkliche sinnliche *Zuneigung* empfunden haben, und nicht darauf, ob und inwieweit Sie derselben nachgegeben haben" (Hirschfeld 1904: 48). Die Fragestellung, insbesondere der zweiten Enquete, aber mußte dazu führen, daß auch passagere homosexuelle Kontakte oder sogar passagere homosexuelle Phantasien dazu führten, daß ein Subjekt als bisexuell klassifiziert wurde.

Hirschfeld sah die vorher nur theoretisch vorgenommene Dreiteilung in Homo-, Bi- und Heterosexuelle, die er schon in seiner Schrift von 1896 vorgenommen hatte, nunmehr auch empirisch als belegt an. Damit war die manifeste Bisexualität als eigenständige Sexualform neben Homo- und Heterosexualität anerkannt.

Bisexuelle als Zwischenstufe

Die Einteilung der sexuellen Variationen in Homo- und Bi- und Heterosexualität stellte indes nur eine Verkürzung bzw. einen Ausschnitt aus Hirschfelds Zwischenstufenmodell dar. Die Idee zur Zwischenstufenlehre verdankte er, wie so vieles andere, den Schriften Ulrichs'. Im Unterschied zu Ulrichs, dessen Interesse nur den Zwischenstufen im Gebiet der Seele galt, ging es Hirschfeld, seinem monistischem Weltbild folgend, auch darum, die körperlichen Unterschiede zwischen Homo- und Heterosexuellen dingfest zu machen. 1899 hatte er die erste Ausgabe des *Jahrbuches für sexuelle Zwischenstufen* mit einer Arbeit unter dem Titel *Die objektive Diagnose der Homosexualität* eröffnet. Um diese Diagnose sozusagen zu sichern, vermaß er, später unterstützt von Mitarbeitern des 1919 von ihm gegründeten Instituts für Sexualwissenschaft in Berlin, Tausende von Körpern. So hatte beispielsweise Weil sich der "Körpermaße der Homosexuellen" angenommen und gefunden, daß sie "in dem Verhältnis von Ober- zur Unterlänge von dem heterosexuellen Durchschnitt abwichen" (Weil 1921: 117), und geschlossen, man könne "jetzt also die Diagnose »Homosexualität« objektiv neben den subjektiven Angaben über die Triebrichtung auch durch die Körpermaße stützen" (ebd.: 119), und Hirschfeld selbst berichtete 1923 über eine Untersuchung der Gebisse von Homosexuellen, die "deutliche Annäherungen an den intersexuellen Typus" gezeigt hätten (Hirschfeld 1923: 10).

Das Grundprinzip der Zwischenstufenlehre war die Klassifikation aller sexuellen Varietäten nach dem Grad ihrer Abweichung vom "absoluten Weib" und "absoluten Mann" als nur theoretisch konstruierbaren Idealtypen. Hirschfeld differenzierte bei der Einteilung der Geschlechtsunterschiede und der sich als unterschiedliche Mischformen ergebenden Zwischenstufen nach vier Gesichtspunkten: "I. die Geschlechtsorgane, II. die sonstigen körperlichen Eigenschaften, III. den Geschlechtstrieb, IV. die sonstigen seelischen Eigenschaften" (Hirschfeld 1910: 122). Die Bisexuellen zählten danach zur Gruppe der "hinsichtlich ihres Geschlechtstriebes abweichenden Personen" (ebd.: 124), und zwar als "Frauen, die nicht nur weiblich geartete Männer, sondern auch männlich geartete Frauen lieben", bzw. als "Männer, die ausser Frauen von männlicher Art auch Männer von femininer Art lieben" (ebd.: 125). Bisexuelle erhielten so neben den Transvestiten, den Metatropen, Androgynen, Hermaphroditen und schließlich den Homo- und Heterosexuellen ihren Ort im "Intersexuellen Konstitutions- und Variationsschema" (vgl. Hirschfeld 1923: 24).

Mit Nachdruck betonte Hirschfeld immer wieder, daß es sich bei der Lehre von den sexuellen Zwischenstufen nicht um eine Theorie, sondern lediglich um ein "Einteilungsprinzip" (Hirschfeld 1910: 116) handele, dem kein Erklärungscharakter zukomme. Diese Beteuerungen stellen jedoch eher defensive Konzessionen an seine Kritiker dar. Denn Hirschfeld hat in der Tat in allen Darlegungen der Zwischenstufenlehre die Erklärungen, die das Einteilungsprinzip zur Theorie machen sollten, mitgeliefert. In seinen frühen Schriften zog er vor allem die Theorie der konstitutionellen Bisexualität heran, um festzustellen, daß die sexuelle Eigenart in körperlicher und geistiger Beziehung angeboren sei, "abhängig von der ererbten Mischung männlicher und weiblicher Substanz, unabhängig von aussen" (ebd.: 135). Begeistert begrüßte er in den Folgejahren die Ergebnisse der sich entwickelnden endokrinologischen Forschung. Neben dem Bezug auf die "Bipotenz alles Lebendigen" (Hirschfeld 1923: 25) setzte er nun auf den "psychoinkretorische(n) Parallelismus, die Uebereinstimmung zwischen Geschlechtsdrüse und Geschlechtstrieb" (ebd.: 22). Insbesondere lobte er die Kastrationsexperimente Steinachs, die diese Übereinstimmung "nicht nur als Zusammentreffen sondern als Zusammenhang" (ebd.) erwiesen hätten. Mit dem wissenschaftlichen Beifall für Steinach stand er keineswegs allein. Die Versuche, Homosexuelle durch Einpflanzung von "heterosexuellen" Hoden in Heterosexuelle zu transformieren, hatten nicht nur bei konstitutionsbiologisch orientierten Forschern Anerkennung gefunden, selbst Freud hatte angemerkt, daß die Arbeiten Steinachs "ein helles Licht auf die organischen Bedingungen der Homoerotik sowie der Geschlechtscharaktere überhaupt" geworfen hätten, wobei er insbesondere erwartete, daß "diese schönen Versuche" und entsprechende weitere Untersuchungen die Annahme einer bisexuellen Anlage experimentell bestätigen würden (Freud 1905/25: 46, Zusatz von 1920).

Hirschfeld war nicht nur unermüdlich gegen alle psycho- oder soziotherapeutischen "Heilungs"-Versuche eingetreten, die das Ziel hatten, Homo- und Bisexuelle in Heterosexuelle zu transformieren, sondern er lehnte auch alle nichtbiologischen Ätiologien der Homosexualität ab. Wie Dannecker hervorgehoben hat, war sein Beharren auf der biologischen Verankerung der sexuellen Varietäten und die damit verbundene Ablehnung psychoanalytischer Erkenntnisse auch in "praktisch-taktischen Überlegungen" (Dannecker 1978: 43) begründet. Weniger kritisch und standhaft war Hirschfeld indes gegenüber jenen normalisierenden Zugriffen auf die abweichenden Sexualitäten, denen seine Zwischenstufentheorie letztlich den Weg ebnete. In der 1926 erschienenen *Geschlechtskunde* meldete er zwar "schwere Bedenken" an angesichts der Frage, "ob und inwieweit wir berechtigt sind, das, was wir an der Konstitution ändern können, zu ändern" (Hirschfeld 1926: 636). Diese Bedenken, die vielleicht auch selbstkritisch waren, hatten ihn jedoch, wie Schmidt (1984) gezeigt hat, nicht gehindert, vorübergehend mit den Kastrateuren zu kollaborieren (siehe auch Herzer 1992: 78 ff).

Die Stärke von Hirschfelds Position beruhte auf seinem Gespür für die Besonderheiten und Unterschiede der von ihm beschriebenen *sexuellen Zwischenstufen*, deren Differenzen zugunsten allgemeiner Prinzipien einzuebnen er sich unter Verweis auf die "wirklichen Erfahrungstatsachen" (Hirschfeld 1906a: 110) standhaft weigerte. In dieser Hinsicht war Hirschfelds Zwischenstufenlehre eine subtile Kritik und zugleich ein Versuch der Neuformulierung der sexuellen Normalitätsvorstellungen. In der biologischen Verankerung der sexuellen Variationen, die ihm diese Sicht erleichterte oder gar erst ermöglichte, lag zugleich die Begrenzung seines Beitrags zur Bisexualitätsfrage wie der Zwischenstufentheorie überhaupt. Sie beschränkte sich auf die Beschreibung und Klassifikation der von der heterosexuellen Norm abweichenden Sexualitäten, ohne die praktischen und theoretischen Manöver, die für die Grenzziehung zwischen dem Normalen und dem Pathologischen konstitutiv waren, grundlegend zu kritisieren. Deshalb mußte Hirschfelds Appell an jene, die, wie die Ärzte immer schon, Pathologisches und Gesundes trennten, beides aber als natürlich begriffen, letztlich stumpf bleiben.

Trotz Hirschfelds kurzschlüssiger biologischer Verankerung von Homo- und Bisexualität zielte die Zwischenstufenlehre, wenn auch undurchschaut, auf eine Auflösung aller starren Typologisierungen des Geschlechtlichen. Hirschfeld war der Auffassung, daß sich in jedem Menschen "eine verschiedene Mischung männlicher und weiblicher Substanz" finde, weshalb die "*Zahl der denkbaren und tatsächlichen sexuellen Varietäten ... nahezu unendlich*" (Hirschfeld 1910: 129) sei. Damit war seine Typologie offen für weitere Sexualformen.

Bisexualität und Evolution

In wesentlicher Weise an der Bisexualitätsdebatte beteiligt hatte sich auch Iwan Bloch, einer der führenden Sexualwissenschaftler, der nicht nur den Kampf des Wissenschaftlich-humanitären Komitees für die Abschaffung des § 175 unterstützte, sondern - im Gegensatz zu anderen namhaften Sexualwissenschaftlern wie etwa August Forel und Max Marcuse - auch die Pathologisierung der Homo- und Bisexuellen ablehnte. Das hinderte ihn freilich nicht daran, die Zwischenstufentheorie und die Wertung von Homo-, Bi- und Heterosexualität als gleichrangige sexuelle Varietäten entschieden zurückzuweisen.

Bloch argumentierte evolutionsbiologisch - heute würde seine Theorie als eine soziobiologische bezeichnet werden - und hatte dabei eine klare Vorstellung von Richtung und Ziel des evolutionären Prozesses. Die Geschlechtertrennung, d.h. die Verteilung der Keimzellenbildung auf "zwei voneinander *getrennte* Individuen" (Bloch 1908: 13), sah er als höhere Entwicklungsstufe an, die im Verlauf der Phylogenese hervorgegangen war aus einer ursprünglichen Bisexualität des Menschen als einer stammesgeschichtlich frühen Stufe der Zwitterbildung. Der Geschlechterdimorphismus und die immer weitere Differenzierung der Geschlechter galten Bloch als Voraussetzung und Agens allen kulturellen Fortschrittes der Menschheit. Die größten geistigen Werte seien Hetero-, nicht Homosexuellen zu verdanken, die Kultur habe so "gewissermaßen heterosexuellen Charakter" (vgl. ebd.: 591). Diese Heterosexualität sei durch Vererbung in der höheren Tierwelt und beim Menschen immer schärfer zum Ausdruck gebracht worden (vgl. ebd.: 13). Folgte der Gang der Evolution der von Bloch postulierten Richtung, würden somit sowohl Homo- und Bisexualität wie auch alle anderen Verwischungen des "Unterschied(es) zwischen dem spezifisch Männlichen und spezifisch Weiblichen" (ebd.) allmählich verschwinden.

Die Widerlegung derartiger Vorstellungen, freilich ohne dabei auf Bloch einzugehen, ist das Ziel der seit Mitte der 70er Jahre vorgelegten soziobiologischen Homosexualitätstheorien.[23] Während Bloch Homo- und Bisexualität als dysteleologische Erscheinungen verwarf, sucht die neuere Soziobiologie deren Sinn als Naturphänomene nachzuweisen und damit zugleich die Existenzberechtigung von Homo- und Bisexuellen zu belegen. Hinsichtlich des evolutionären Schicksals der Bisexualität wird eine der Einschätzung Blochs vollständig entgegengesetzte Vorstellung entwickelt. Ausgehend von der Annahme, daß Homosexualität "ein Ausdruck der genetischen Komponente des Altruismus im Menschen" sei (Kirsch und Rodman 1982: 191), verbunden mit der Überlegung, "daß reziproker Altruismus [24] charakteristisch für unsere Spezies geworden sei" (ebd.: 195), wird auf einen Selektionsvorteil für altruistisches und damit auch für zumindest gelegentliches homosexuelles Verhalten geschlossen. Prognostisch wird das Entstehen einer "universellen Bisexualität"

[23] Zur Problematik und wissenschaftlichen Fragwürdigkeit dieser Theorieansätze siehe Futuyama und Risch 1983/84; siehe ferner Ruse 1981

[24] Mit "reciprocal altruism" ist gemeint: "that unrelated humans ... perform altruistic acts with the expectation that sometime in the future those acts will be reciprocated, and in the knowledge that the possible consequences of *not* acting altruistically may be disagreeable" (Kirsch und Rodman 1982: 195).

(ebd.) in Aussicht gestellt. Was dabei unter Bisexualität verstanden wird, verrät die abschließende Bemerkung der Autoren: "At least, more of us might consider the advantages of being, from time to time, a little gay" (ebd.).

Bloch dagegen hielt all jenen seiner Zeitgenossen, die die Theorie einer generellen Bisexualität des Menschen vertraten oder der androgynischen Idee huldigten, sein Credo entgegen:

"Es gibt nur *zwei* Geschlechter, auf denen jeder wahre Kulturfortschritt beruht: den echten Mann und das echte Weib. Alles übrige sind schließlich doch nur Phantasien, Monstrositäten, Ueberbleibsel primitiver vorzeitlicher Sexualität" (Bloch 1908: 15).

Um Bloch gerecht zu werden, muß jedoch noch einmal betont werden, daß er sich entschieden gegen die Pathologisierung von manifest homo- und bisexuellen Männern und Frauen wandte. Diesen räumte er "als Menschen" dieselbe Daseinsberechtigung wie den Heterosexuellen und als "Geschlechtswesen", soweit nur die individuelle Seite der Liebe in Betracht komme, "einen gewissen Sinn" ein (ebd.: 591). Vom "Standpunkte der Kultur und der Fortpflanzung" hingegen verwarf er die Homo- und damit auch die Bisexualität als "sinn- und zwecklose dysteleologische" (ebd.) Phänomene. In dieser Perspektive galt für Bloch, daß "nur die gewöhnliche heterosexuelle Liebe zwischen einem normalen Mann und einer normalen Frau eine Daseinsberechtigung" hat (ebd.: 16).

Zwar nahm er an, daß sich in jedem Menschen "Anklänge ... an das »dritte Geschlecht« finden" (ebd.: 13), jedoch nur als Rudimente, ohne Bedeutung für den weiteren Entwicklungsgang. Wo aber eine solche Bedeutung behauptet würde, könne diese nur "vorgetäuscht" sein durch "Suggestion" oder durch den "Einfluß augenblicklicher Zeitrichtungen und Geisteszustände" (ebd.: 44). Vor diesem Hintergrund lehnte Bloch Hirschfelds Zwischenstufenlehre und dessen damit verknüpftes sexualpolitisches Engagement ab. Das "sogenannte »dritte Geschlecht«" galt ihm als "eminenter Rückschritt" (ebd.: 13), als Rückschritt einerseits im biologischen Sinn, insofern Bloch die intersexuellen Formen als Atavismen betrachtete, aber als auch gedanklicher Rückschritt, insofern Hirschfeld nach Blochs Auffassung aus dem Primitivismus der sexuellen Zwischenstufen eine Tugend machte.

Der "richtige" Gebrauch der Homosexualität

Hirschfeld nahm wie etliche seiner sexualwissenschaftlichen Kollegen an, daß der Geschlechtstrieb nach Beginn der Pubertät zunächst eine undifferenzierte Phase durchläuft[25] - er sprach von einer "sozusagen physiologischen Bisexualität" im "Indifferenzalter" (Hirschfeld 1906a: 90) -, um sich dann allmählich oder gelegentlich auch "plötzlich durch eine große Liebesleidenschaft ... mit »hörbarem Ruck«" auf das "adäquate Geschlechtsziel" einzurichten (ebd.: 93). Abgeschlossen sei die "Fixierung des Geschlechtstriebes", die "zeitlich mit der Normierung und Festigung des Individualcharakters in körperlicher und geistiger Hinsicht Hand in Hand" gehe, "durchschnittlich erst im Verlauf des dritten Lebensjahrzehnts" (ebd.: 105). Dann aber seien "fast alle scharf heterosexuell" differenziert. Nur ein kleiner Bruchteil sei homosexuell, "nämlich nur diejenigen, die es a priori, wenn auch ihrer selbst nicht bewußt waren" (ebd.: 96). Schließlich bleibe als dritte ebenfalls kleine Gruppe die der Bisexuellen. Hirschfeld lehnte alle Theorien, nach denen die Bisexualität nicht nur für diese, sondern für alle Männer "*dauernd* die *eigentliche* Richtung des Geschlechtstriebes" (ebd.: 123) ist, entschieden ab, wobei er sich unter anderem auf seine statistischen Erhebungen stützte, die seiner Meinung nach zeigten, daß solche theoretischen Konstruktionen eines "bisexuellen Einschlags" (ebd.: 124) für die überwiegende Mehrheit der Männer empirisch nicht fundiert sind.

In besonders vehementer Weise hat Benedikt Friedländer[26] dieser Position widersprochen. Friedländer lehnte insbesondere den Grundgedanken der Zwischenstufentheorie ab, demzufolge Homosexualität auf einer "Beimischung weiblicher Eigenschaften" (Friedländer 1904: 73) beruhe, was seinem Virilitätsideal zuwiderlief. Im Gegenteil sah er die *Lieblingsminne* (Knabenliebe) als Ausdruck höchster Männlichkeit, wofür schon das

---

[25] Vgl. etwa Bloch 1908; Dessoir 1894; Hirschfeld (1899: 14; 1906 a: 90 ff); siehe auch Sulloway (1982: 414 f)

[26] Auch Friedländer hatte zunächst im *Wissenschaftlich-humanitären Komitee* mitgearbeitet, zugleich aber war er führender Theoretiker der *Gemeinschaft der Eigenen* (siehe hierzu Steakley 1975: 42 ff). Deren Mitglieder frönten einem hellenistischen Liebesideal, in dem die Vorstellung der Bisexualität als eigentlichem Normalzustand mit einer zum Teil rüden Frauenverachtung und einem Loblied auf die Virilität und die Knabenliebe, die *Lieblingsminne*, zusammengeschlossen war. Die Kontroverse zwischen Hirschfeld und seinen Anhängern und der *Gemeinschaft der Eigenen* in der Bewertung der Frage der Homosexualität führte 1906 zur Spaltung des *Wissenschaftlich-humanitären Komitees* und zur Bildung der *Sezession des WHK* unter Führung von Friedländer, die jedoch nach dessen Tod im Jahre 1908 keine größere Bedeutung mehr erlangte (vgl. hierzu Hirschfeld 1908, 1909; Friedländer 1907; Steakley 1975: 43 ff).

"Verhalten der Athener selbst - die Familienväter zu sein und gleichzeitig ihre Lieblinge zu haben pflegten" (ebd.: 72), ein Beispiel sei. Diese Variante der Bisexualität pries Friedländer als den eigentlichen Normalzustand des Mannes, der nur durch den "Sittendruck" an seiner freien Entfaltung gehindert sei. Den Bisexuellen oder *Biamanten*, wie Friedländer sie auch nannte, stellte er die "Kümmerlinge" gegenüber, "deren Fähigkeit zur Lieblingsminne durch den Sittendruck in ähnlicher Weise künstlich verkrüppelt" worden sei "wie die Füße der Chinesinnen durch den mechanischen Druck der körperlichen Einzwängungsinstrumente" (ebd.: 86). Den "Hauptwiderstand gegen die Renaissance der antiken Gesellungsfreiheit zwischen Männern und Jünglingen" aber sah er in der "socialen Vorherrschaft der Frauen" (ebd.: 70), in der "fortschreitende(n) Verweiberung" (ebd.: 271) der Kultur, die aus den Männern "resignirte Käfigvögel und Ehekrüppel" (ebd.: 268) gemacht habe. "Die Allgegenwart der Weiber" (ebd.: 292), und gerade dagegen polemisierte Friedländer in auffälliger Schärfe und Breite, stelle jede Annäherung der Männer aneinander unter "eine Art dauernder weiblicher Aufsicht" (ebd.: 293), behindere so die Entfaltung des Eros, der "physiologischen Freundesliebe", und führe zu einer Verkümmerung der männlichen Freiheit.

Hirschfeld qualifizierte diese Variante der Bisexualität ironisch als "eine Pseudobisexualität ..., eine Art Bipotenz, bei der aber der heterosexuelle Potenzanteil sich in negativer Hinsicht wesentlich von der Potenz und Libido unterscheidet, wie sie ein normaler Heterosexueller für das andere und der »Homoerot« für das eigene Geschlecht empfindet" (Hirschfeld 1923: 20 f).

Hirschfeld wandte sich insbesondere gegen Friedländers Antifeminismus und warf ihm die Betonung der Superiorität der Bisexuellen vor, worin er eine Gefährdung der Emanzipationsbestrebungen des WHK sah (vgl. Hirschfeld 1908: 628 ff). Vor allem aber kritisierte er die in Friedländers Konzeption der Bisexualität als quasi höherem Normalzustand enthaltene Antihomosexualität. Friedländer, der ebenso wie Hirschfeld, aber mit anderer Argumentation für die Abschaffung des § 175 eintrat, betonte zwar unermüdlich das gesunde und naturgemäße der Lieblingsminne, polemisierte aber ansonsten energisch gegen eine medizinisch-psychiatrische Klassifizierung der Sexualität. Gleichwohl galten ihm die "rein Homosexuellen, welche die Fortpflanzung gar nicht oder nur mit Ueberwindung ausüben können, ... mit einigem Recht als wirklich pathologisch" (Friedländer 1904: 192). Hintergrund dieser Einschätzung scheint indes weniger die Frage der Fortpflanzung gewesen zu sein. Daß Friedländer die ausschließliche Homosexualität der Pathologie zuschlug, dürfte vielmehr damit zusammenhängen, daß er die Homosexuellen für unmännlich und deshalb für unnormal hielt, verstoßen sie doch, insofern sie sich sexuell Männern und nur diesen hingeben, in doppelter Hinsicht gegen sein Männlichkeitsideal, das durch das Nebeneinander von Ehe und die in sexueller Hinsicht eher zielgehemmte *Lieblingsminne* bestimmt war.

Hirschfeld hingegen hatte sich stets gegen normative theoretische Entwürfe gewandt, die von der Höherwertigkeit einer (meist der eigenen) sexuellen Variante zu Lasten der übrigen ausgehen und die manifesten Differenzen zugunsten einer hieran ausgerichteten Normalitätsvorstellung zu eliminieren trachten. Möglicherweise nicht ganz zu Unrecht vermutete er die "stärksten Widersacher" der Homosexuellen unter denjenigen Bisexuellen, die "die homosexuelle Quote ihres Geschlechtstriebes unterdrücken können" (Hirschfeld 1904: 53) und die dementsprechend auch die Homosexualität der Homosexuellen für in gleicher Weise disponibel halten.

Hirschfelds mit Friedländer geführte Debatte setzte sich später wenn auch mit anderer Akzentuierung mit Hans Blüher fort. Blüher hatte zahlreiche Gedanken Friedländers übernommen und zum Teil in Anlehnung an Freud weiterentwickelt. Hirschfeld warf er vor, sich fast nur mit dem Typus des effeminierten Homosexuellen befaßt zu haben und damit, wie er später schrieb, die "Männerhelden", nämlich den "normalen, virilen, charakterfesten, willensstarken, schöpferisch-genialen Typus" (Blüher 1966: 47) des Homosexuellen vernachlässigt zu haben. Nicht zuletzt durch die bevorzugte Beschäftigung Hirschfelds und der "Berliner Schule" mit dem "anormalen, effeminierten, in der überwiegenden Mehrzahl der Fälle stark hysterischen, willensschwachen, in sozialer Hinsicht sterilen, für die Gesellschaft uninteressanten, unproduktiven Typus" (ebd.) seien die gleichgeschlechtlich veranlagten Männer insgesamt in Verruf gebracht worden. Während Blüher einerseits mit der Betonung der Gesundheit und Normalität der (virilen) Homosexuellen entschieden gegen die Tabuierung der Homosexualität Front machte, verschob er doch das Tabu und den mit dem Tabu verknüpften Haß nur weiter auf jene, auf denen es schon immer stärker gelastet hatte. Vor allem in seinen späteren Schriften war die Hervorhebung der Vorzüge der Männerhelden begleitet von einem zum Teil rüden Haß gegen vermeintlich oder tatsächlich feminin imponierende Homosexuelle, wobei Blüher auch vor einer persönlichen Verunglimpfung Hirschfelds nicht haltmachte.[27]

[27] In seiner Autobiographie beschrieb Blüher die erste Begegnung mit Hirschfeld folgendermaßen: "Auf einem samtenen Fauteuil saß, die Beine wie ein Türke unter dem

Hirschfelds Engagement war in der Tat darauf gerichtet, die Entwertung der Homosexualität gerade dort, wo sie am stärksten war, nämlich da, wo die Homosexualität in "weiblicher Gestalt" auftrat, zu durchbrechen. Wäre ihm das gelungen, hätten daran auch solche homosexuellen Männer partizipieren können, die weniger feminin oder sogar maskulin auftraten. Blüher, der "Lobsänger der mann-männlichen Erotik" (Dannecker 1978: 36), hatte dagegen nur jene im Sinn, die seiner Auffassung nach den richtigen Gebrauch von der Homosexualität machten.

Während Hirschfeld auf einer strengen Unterscheidung von "geschlechtlicher und ungeschlechtlicher Anziehung" (Hirschfeld 1906a: 282) beharrte, nahm Blüher, ähnlich wie Freud, eine Erweiterung des Sexualitätsbegriffes über die manifesten sexuellen Äußerungen hinaus vor. Gegen Hirschfelds Beschränkung der Bisexualität auf die manifest Bisexuellen postulierte er, daß die Bisexualität eine "prinzipielle" Eigenschaft aller Menschen sei (Blüher 1913: 327). Die Sexualität gliederte er in den Autoerotismus und den Alloerotismus. Letzterer sei bisexuell und charakterisiert durch drei aufeinanderfolgende Phasen. Die erste, die "soziale Phase" sei gekennzeichnet durch die "triebhafte Annäherung des Menschen zum Menschen überhaupt" (ebd.: 162), bleibe aber in der Regel unbewußt und könne erst durch "sublimes Denken ins Bewußtsein gehoben werden" (ebd.: 164). Die beiden folgenden Phasen, die des "Liebeswerbens" und schließlich die der "sexuellen Entladung" (ebd.), bezeichnete Blüher mit der Begrifflichkeit Molls als "Kontrektation" und "Detumescenz". Während in der heterosexuellen Linie meist alle drei Phasen bis zum Erreichen des Orgasmus durchlaufen würden, sei auf dem homosexuellen Ast die "verselbständigte Kontrektation" sehr häufig, die Detumescenz hingegen eine Ausnahme" (ebd.: 165). Zumeist gelange die homosexuelle Linie der prinzipiellen Bisexualität nur bis zur erotisch-sozialen Annäherung an gleichgeschlechtliche Objekte, sei aber nicht nutzlos, sondern bilde so im Gegenteil die Grundlage der "Soziabilität des Menschen" (ebd.: 159), die nach Blühers Ansicht nur durch Männer hergestellt werden kann. Während die Liebe zum anderen Geschlecht nicht über die Ehe hinausgelange, sei der homosexuelle Triebast "das eigentlich einigende Band der Menschheit" und damit auch "die Grundlage zur Staatenbildung", denn das "Weib hat den Staat nicht erfunden" (ebd.: 327).

Gesäß, ein Individuum mit wulstigen Lippen, listigen und matt-begehrenden Augen, das mir die fleischige Hand entgegenstreckte und sich als »Dr. Hirschfeld« vorstellte" (Blüher 1953: 332).

Blüher nahm ferner eine prinzipielle Androgynie des Menschen an, die jedoch von der prinzipiellen Bisexualität unabhängig sei. Gerade wegen dieser Unabhängigkeit sei es - so Blüher - falsch, die mannmännliche Liebe schlechthin als Ausdruck eines weiblichen Elementes im Mann aufzufassen, wie es etwa Ulrichs und Hirschfeld taten, vielmehr sei es eine "weibliche Eigenschaft des Mannes, den Mann in *passiver* Form zu lieben" (Blüher 1913: 415). Blüher kam es also nicht so sehr darauf an, *ob* man homosexuell ist, sondern darauf, *wie* man homosexuell ist.

Unterschieden wurden von Blüher drei Formen der Inversion: Der *Männerheld*, der *invertierte Weibling* und die *latente Inversion.* Sein Hauptinteresse galt den Männerhelden. Der zweiten Grundform, dem *invertierten Weibling*, räumte er anfänglich noch einen gewissen "Wert" ein, insofern er helfe, "die gegenseitige Aufreibung des Vollmannes und des Vollweibes im Begehrungskriege gegeneinander" durch seine Existenz zu mildern (ebd.: 423 f). Später, mit dem zunehmenden Antifeminismus Blühers, wandelte sich jedoch auch diese zumindest theoretische Wertschätzung in rüde Ablehnung (vgl. Gorsen 1984). Der dritten Form, der *latenten Inversion*, liege eine Entwicklungshemmung zugrunde. Vertreter dieses Typus, den Blüher dem Arbeitsgebiet Freuds zuwies, sei etwa der "Sittlichkeitsfanatiker", den er in seiner Arbeit über die Wandervogelbewegung beschrieben hatte (vgl. Blüher 1918).

Mit den ersten beiden Grundformen kehrte Ulrichs' Unterscheidung der Homosexuellen in *Mannlinge* und *Weiblinge* wieder. Die dieser Differenzierung zugrunde liegende Vorstellung wurde auch von Freud, wenn auch in abgewandelter Form akzeptiert, als er 1920 Sandor Ferenczis Unterteilung der Invertierten in die Typen des "Subjekthomoerotikers" und des "Objekthomoerotikers" in eine Anmerkung zu den *Drei Abhandlungen zur Sexualtheorie* übernahm. Dieser Unterscheidung wurde Bedeutung im Hinblick auf die Therapierbarkeit der Homosexualität eingeräumt. Der "durchaus männlich(e)" *Objekthomoerotiker*, der nur das weibliche gegen ein männliches Objekt vertauscht habe (vgl. Freud 1905/25: 45), galt Freud und Ferenczi als "Zwangsneurotiker" und damit als therapiefähig. Den passiv-femininen *Subjekthomoerotiker*, eingeordnet als Zwischenstufe im Sinne Hirschfelds, hingegen hielten sie für therapieresistent.

Trotz des Stellenwertes, den Blüher der "prinzipiellen Bisexualität" einräumte, scheint er einer über die Zeit von Pubertät und Adoleszenz hinausgehenden dauernden manifesten Bisexualität keine größere Bedeutung beigemessen zu haben. Zwar gebe es "unzählige Zwischenformen" zwischen den Männerhelden als absolut Homosexuellen und den Frauenhelden als absolut Heterosexuellen, aber Blüher ging davon aus, daß die Bisexualität "bei jedem Individuum mit Prävalenz einer der beiden Richtungen" (Blüher 1913: 443) angeboren sei. Denjenigen, die zwischen den Liebesobjekten schwankten, empfahl er den Weg der "Beherrschung" und die Entscheidung für eine Richtung. Dies sollte nicht durch Verdrängung geschehen, sondern nach nötigenfalls jahrelangem Ausprobieren, bis schließlich entschieden sei, "wo die Gemütswerte" liegen.

Die sexualwissenschaftlichen Kontroversen über die "Bisexualität" hatten sich zunächst an der Homosexualitätsfrage entzündet. Trotz allen Redens und Schreibens über Bisexualität wurden die manifest Bisexuellen dabei häufig nur am Rande oder gar nicht thematisiert. Dies gilt gerade auch dort, wo mit der Behauptung, daß im Grunde alle Menschen bisexuell seien, die tatsächlichen Differenzen vernachlässigt wurden. Am entschiedensten hatte sich Hirschfeld für die Anerkennung der manifesten Bisexualität eingesetzt und ihr in all ihren Formen einen gleichrangigen Platz unter den "sexuellen Varietäten" eingeräumt. Friedländer und Blüher hingegen ging es eigentlich nur um die von ihnen gepriesene Variante des bisexuellen Mannes in Gestalt des virilen Jünglingsliebhabers, dessen Männlichkeit unter anderem dadurch garantiert war, daß er auch sexuelle Kontakte zu Frauen hatte. Für andere Formen manifester Bisexualität zeigten sie dagegen wenig Interesse.

Die gegenseitige Anziehung der Bisexuellen

Ein durchaus origineller, seiner biologischen Theorie abgewonnener Gedanke wurde von Hirschfeld in die Bisexualitätsdebatte eingeführt. Hirschfeld war nämlich nicht nur der Auffassung, daß der Geschlechtstrieb sein Objekt angeboren mitbringt, sondern auch, daß die Präferenz für bestimmte Sexualobjekte in ihrer je besonderen Ausformung angeboren sei. Das sexuelle Begehren beziehe sich niemals auf alle Männer oder alle Frauen oder bei Bisexuellen gar auf alle Menschen. Es sei vielmehr eine "der allerältesten Beobachtungen", daß hinsichtlich der sexuellen Anziehung jeder sein "Genre" habe, das ihn besonders anspreche, bzw. einen "Typus", für den er eine Vorliebe empfinde (vgl. Hirschfeld 1906 a: 69). Das *Genre*, das er den Bisexuellen zuordnete, umreißen die folgenden Formulierungen:

"Diese Individuen sind, indem sie das Virile im Mädchen lieben, larvierte Homosexuelle, indem sie das Feminine im Jüngling lieben, verkappte Heterosexuelle, jedenfalls aber, da sie zu beiden neigen, Bisexuelle. Ganz analog verhält es sich mit den Frauen, die weiblich angehauchte Männer und männlich angehauchte Frauen lieben, den Männern gegenüber in gewissem Sinne homosexuell, den Frauen teilweise heterosexuell gegenüberstehen, in Wirklichkeit demnach auch bisexuell sind" (ebd.: 89).

In einer späteren Schrift räumte er ein, daß es auch andere Formen der Bisexualität gebe, nämlich eine "echte Bisexualität in allen möglichen Formen und Abstufungen" (Hirschfeld 1923: 21). 1926 jedoch rückte er wieder von dieser Einschätzung ab und attestierte den Bisexuellen wiederum, daß sie sich "kraft ihrer eigenen konstitutionellen Anlage, nicht etwa infolge stattgehabter Betätigung oder äußerer Beeinflussung, von androgynen Typen ..., die bei beiden Geschlechtern vorkommen", angezogen fühlen. Hieraus zog er den bemerkenswerten Schluß: *"Bisexuelle Männer und Frauen ziehen sich gegenseitig an"* (1926: 559).

Wie ist diese merkwürdige Formel zu verstehen? Als praktischer Sexualforscher, als Untersucher und Beobachter der konkreten "sexuellen Varietäten" in ihrer Zeitgestalt besaß Hirschfeld ein feines Gespür für Besonderheiten und Differenzen. Anders als Ulrichs, dem nur die Liebe des Urnings zum echten Mann als die eigentlich "feurige" galt und dem es erst durch die Unterscheidung von *Mannlingen* und *Weiblingen* gelang, die Möglichkeit einer sexuellen Anziehung zwischen Urningen in sein Denkgebäude aufzunehmen, scheint Hirschfeld der Auffassung gewesen zu sein, daß das typische Liebesobjekt der Homosexuellen ein homosexuelles sei - daß also Homosexualität eine Angelegenheit sei, die sich nur unter Homosexuellen abspielt, so wie mit der gegenseitigen Anziehung der Bisexuellen die Bisexualität auf diese beschränkt bleibt.

In bezug auf Homosexuelle könnte dieser Eindruck auf einem interaktionistischen Mißverständnis beruhen. Homosexuelle - geübt im Verstellen in einer ihnen nicht wohlgesonnenen Umgebung und gleichzeitig geübt, sich wechselseitig durch subtile Signale zu "erkennen" - gelangen gewissermaßen durch Erfahrungslernen dazu, heterosexuelle Männer als mögliche Sexualobjekte auszufiltern, um nicht nur eine Enttäuschung ihres Verlangens, sondern auch eine unter Umständen harsche Zurückweisung und Entwertung zu vermeiden. Hinzu kommt die subkulturelle Organisation der Homosexuellen, die ohne die gesellschaftliche Diskriminierung nicht gedacht werden kann. Aus diesen bis ins letzte sozial determinierten Phänomenen läßt sich freilich kein biologisches Gesetz ableiten. Bei Bisexuellen würden diese Momente zudem allenfalls für ihre homosexuelle Seite, nicht aber für ihre heterosexuelle gelten.

Hirschfelds Behauptung der gegenseitigen Anziehung der Bisexuellen läßt sich also auf diese Weise nicht erhellen. Sie stellt vielmehr zunächst einmal eine empirische Aussage über die Partnerwahl der Bisexuellen dar, die sich auf Hirschfelds praktische sexualwissenschaftliche Erfahrung gründete. Ihm geriet damit durchaus in den Blick, daß diese nicht zufällig ist. Alles aber, was er als nicht zufällig, sondern als determiniertes Phänomen gesehen hat, mußte er entsprechend seinem konstitutionsbiologischem Denkansatz als biologisch präformiert auffassen. So positionierte er die Bisexuellen im Zwischenstufenschema als androgyne Typen in die Mitte oder nahe der Mitte zwischen dem "absoluten Mann" und dem "absoluten Weib". Damit hielt er, wie es scheint, auch seine "empirische Beobachtung" der gegenseitigen Anziehung der Bisexuellen für theoretisch eingeordnet, wobei diese "Erklärung" wie eine Anwendung von Otto Weiningers Gesetz der sexuellen Anziehung (s.u.) anmutet, demzufolge in der sexuellen Vereinigung immer ein ganzer Mann und eine ganze Frau zusammenzukommen trachten.

Die gestohlene Bisexualität[28]

Wie zentral und wichtig die der Bisexualitätsfrage gegebene Bedeutung Anfang des 20. Jahrhunderts war, zeigt sich an einem von heute aus gesehen eher grotesken Phänomen, nämlich an einem Prioritätsstreit über die Entdeckung der Idee der Bisexualität.

Otto Weininger hatte 1903 sein weit über die sexualwissenschaftlichen Fachkreise hinaus beachtetes Buch *Geschlecht und Charakter. Eine prinzipielle Untersuchung* veröffentlicht. Weiningers Anspruch war es, "das Verhältnis der Geschlechter in ein neues Licht zu rücken" (Weininger 1903: V), wie es im ersten Satz jenes bizarren Werkes hieß, das seinem Verfasser unter anderem vorübergehend den Ruf des wissenschaftlichen Entdeckers der Bisexualität eintrug. Weininger wollte die uralte "Ahnung dieser Bisexualität alles Lebenden" (ebd.: 13) auf den wissenschaftlichen Begriff bringen. Er behauptete eine prinzipielle und dauernde über die Embryonalanlage hinausgehende Doppel-

[28] So lautet der Titel einer Glosse, die Hirschfeld (1906 b) über den hier im folgenden dargestellten Prioritätsstreit publizierte.

geschlechtlichkeit des Menschen. In der Erfahrung gebe es nicht "Mann noch Weib", sondern nur "männlich und weiblich" (ebd.: 10). Jedes Individuum sei eine Mischung aus M und W, den Typen des "idealen Mannes" und des "idealen Weibes", die in jeder Zelle wie im Gesamtorganismus wie zwei Substanzen in verschiedenem Mischungsverhältnis auf die lebenden Individuen verteilt seien (ebd.: 9 f). Und Weininger machte noch eine weitere "Entdeckung". Er stellte ein Naturgesetz der sexuellen Anziehung auf:

"Zur sexuellen Vereinigung trachten immer ein *ganzer* Mann (M) und ein *ganzes* Weib (W) zusammen zu kommen, *wenn auch auf die zwei verschiedenen Individuen in jedem einzelnen Fall in verschiedenem Verhältnisse verteilt*" (ebd.: 34).

Danach findet etwa ein Individuum, das aus drei Viertel M und einem Viertel W besteht, sein "bestes sexuelles Komplement" (ebd.: 35) in einem Individuum der Komposition ein Viertel M plus drei Viertel W. Dieses "empirisch", nämlich durch intensive Beobachtung und Befragung im Bekanntenkreis gewonnene Gesetz ergänzte Weininger, es gleichsam aus der Wirklichkeit herausnehmend, um eine komplexe mathematische Formel zur Berechnung der "Stärke der sexuellen Affinität in jedem denkbaren Falle" (ebd.: 44).[29] Diese

[29] Jenes Gesetz beschrieb Weininger folgendermaßen:
"Wenn:

$$X \begin{cases} \alpha M \\ \alpha' W \end{cases} \quad \text{und} \quad Y \begin{cases} \beta W \\ \beta' M \end{cases}$$

wobei wieder

$$0 < \begin{matrix} \alpha \\ \beta \\ \alpha' \\ \beta' \end{matrix} < 1$$

irgend zwei beliebige Lebewesen sexuell definieren, so ist die Stärke der Anziehung zwischen beiden

$$A = \frac{k}{\alpha - \beta} f(t)$$

worin f(t) irgend eine empirische oder analytische Funktion der Zeit bedeutet, während welcher es den Individuen möglich ist, aufeinander zu wirken, der »Reaktionszeit«, wie wir sie nennen könnten; indes k jener Proportionalitätsfaktor ist, in den wir alle bekannten und unbekannten Gesetze der sexuellen Affinität hinein stecken, und der außerdem noch von dem Grade der Art-, Rassen- und Familienverwandtschaft, sowie von Gesundheit und dem Mangel an Deformationen in beiden Individuen abhängt, schließlich mit ihrer größeren räumlichen Entfernung voneinander kleiner wird, der also noch in jedem Falle besonders festzustellen ist" (Weininger 1903: 44 f).

Formel sollte es zugleich erlauben, das "Verhältnis zweier Lebewesen überhaupt, selbst von verschiedener Art und von gleichem Geschlechte" (ebd.), zu beschreiben.

Mit diesen theoretischen Konstrukten verfolgte Weininger nicht zuletzt das Ziel, seine Auffassung zu untermauern, daß es "keinen Invertierten, der bloß konträrsexuell wäre" (ebd.: 56), gebe, daß vielmehr alle Männer "von Anfang an nur bisexuell" (ebd.) seien und daß die Bisexualität zeitlebens nicht erlösche, sondern allenfalls zeitweilig durch äußere Einflüsse oder den Versuch der Männer, sich homo- oder heterosexuell zu vereinseitigen, zurückgedrängt werde (vgl. ebd.).

Weininger ging es indes nicht in erster Linie darum, eine Theorie der Bisexualität zu entwickeln, sondern vielmehr um eine umfassende Beschreibung des Geschlechterverhältnisses mit dem Ziel "die Unfreiheit, die in der Geschlechtlichkeit liegt" (ebd.: 456), zum Verschwinden zu bringen. Sein Interesse galt dabei primär den Männern, die er erlösen wollte von jener "tiefsten Furcht im Manne", der Furcht nämlich "vor dem Weibe", die gleichbedeutend sei mit der "Furcht vor dem lockenden Abgrund des Nichts" (ebd.: 399).

Geschlecht und Charakter wurde ein Bestseller mit rasch aufeinanderfolgenden Auflagen und Übersetzungen in zahlreiche Sprachen. Das gesellschaftliche Interesse an diesem Werk scheint also enorm gewesen zu sein, dürfte sich aber weniger auf Weiningers Bisexualitätstheorie als vielmehr auf seine Überlegungen zum Geschlechterverhältnis bezogen haben. 1906 brach Fliess, drei Jahre nach Weiningers Tod, den Prioritätsstreit vom Zaun und bescherte damit den Wissenschaftsfeuilletons in Wien und Berlin einen handfesten Skandal, die sogenannte "Plagiatsaffäre"[30]. Gestritten wurde um die Urheberschaft der Idee der *dauernden* Bisexualität. Wilhelm Fliess beschuldigte Weininger, ihm diese Entdeckung entwendet und als seine eigene ausgegeben zu haben. Fliess hatte eine Lehre von der Periodizität alles Lebendigen entwickelt, "alle Lebensvorgänge, Geburt, Entwicklung, Kranksein, Sterben" (Fliess 1914: 19) sah er beherrscht vom Ablauf *zweier* Perioden, nämlich einer 23tägigen als "Lebenszeit einer Einheit männlichen Stoffes" und einer 28tägigen als "Lebenszeit einer Einheit weiblichen Stoffes" (ebd.). Fliess war überzeugt, damit ein, ja *das* Gesetz des Lebens entdeckt zu haben, welches er durch weitgreifende mathemati-

[30] Für eine ausführliche Darstellung dieser Affäre siehe Le Rider (1985: 78 ff); vgl. auch Sulloway (1982: 317 ff) sowie Hirschfelds Kommentar *Die gestohlene Bisexualität* (1906 b)

sche Berechnungen zu belegen suchte.[31] Fliess hatte zwar seine Vorstellungen zur Bisexualität und zur Periodizität bereits 1897 im Vorwort seiner Abhandlung *Die Beziehungen zwischen Nase und weiblichen Geschlechtsorganen* geäußert, jedoch erst in seinen ab 1906 publizierten Schriften ausführlich dargelegt (vgl. z.B. Fliess 1906, 1924, 1925). Seine vermeintlichen Prioritätsansprüche wurden unter anderem von seinem Adepten Pfennig, der ihn als "Schöpfer der exakten Biologie" (Pfennig 1906: 63) pries, in einem Pamphlet veröffentlicht. Weininger traf der Vorwurf, die Idee der dauernden Bisexualität, Weiningers Freund Hermann Swoboda die der Periodizität plagiiert zu haben. Als Mittelsmann dieser "Entwendungsversuche geistigen Eigentums" (ebd.: 63) wurde Sigmund Freud angeschuldigt. Freud habe den ihm von Fliess in der Zeit ihrer Freundschaft mitgeteilten Bisexualitätsgedanken Swoboda gegenüber während einer Psychoanalyse erwähnt. Weininger wiederum sei von Swoboda ins Bild gesetzt worden, beide hätten sich dann "in fremdes Gut geteilt" (ebd.: 5), Weininger mit *Geschlecht und Charakter*, Swoboda mit seiner Arbeit *Die Perioden des menschlichen Organismus in ihrer psychologischen und biologischen Bedeutung.*[32]

Fliess nahm für sich in Anspruch, die uralte Idee der Androgynie und die Ahnung der Dichter von der Periodizität alles Lebenden auf eine exakte biologische Grundlage gestellt zu haben. Sein wissenschaftliches Hauptinteresse galt

[31] Als Beispiel hierfür eine Passage aus einem Vertrag, den Fliess 1914 in der Zeitschrift *Das monistische Jahrhundert* publizierte, hier zitiert nach der 1985 neu herausgegebenen Auswahl aus dem 1925 in Jena erschienenen *Band zur Periodenlehre* (Fliess 1985: 6):

Frau Dr. P.:

	Letzte Regel	10. April 08	10 x 28
9 x 23	Geburt eines Sohnes	15. Jan. 09	
	Kind blickt plötzlich nach allen Richtungen	12. März 09	2 x 28
	erster Zahn	10. Aug.09	9 x 28
	läuft plötzlich	19. Nov. 09	14 x 23
	zweiter Sohn geboren	7. Okt. 10	

[32] Swoboda hatte 1904 ein Werk mit diesem Titel vorgelegt. 1906 antwortete er auf die erhobenen Plagiatsvorwürfe mit einer Schrift unter dem Titel *Die gemeinnützige Forschung oder der eigennützige Forscher.*

der Entwicklung einer hierauf aufbauenden umfassenden sexualbiologischen Theorie, während er die manifeste Bisexualität nur am Rande thematisierte. Um seine Bisexualitätsüberlegungen begrifflich abzugrenzen, bevorzugte er anstelle von Doppelgeschlechtlichkeit die Begriffe *Doppelgeschlechtigkeit* und *zwiegeschlechtlich*. Diese "Bisexualität Marke Fliess", wie Freud in einem Brief an Hirschfeld ironisch angemerkt hatte (vgl. Hirschfeld 1906 b), spielt in der neueren Bisexualitätsdiskussion keine nennenswerte Rolle mehr. Innerhalb der wissenschaftlichen Diskurse seiner Zeit war Fliess indes mit seiner aus heutiger Sicht abstrus erscheinenden mathematischen Sexualbiologie keineswegs isoliert. Insbesondere hatte er einen nicht unerheblichen Einfluß auf die Entwicklung von Freuds Sexualtheorie (vgl. Sulloway 1982: 199 ff).

3 Bisexualität in der psychoanalytischen Theorie

Das bisexuelle Seelenleben

Angeregt durch Fliess hatte Freud die zeitgenössischen Theorien zur konstitutionellen Bisexualität rezipiert, in seine theoretischen Überlegungen aufgenommen und der Bisexualität zumindest in den sexualtheoretischen Schriften eine zentrale Rolle zugewiesen. Er ging dabei ausdrücklich von einer biologischen Bisexualität aus: "Auch der Mensch ist ein Tierwesen von unzweideutig bisexueller Anlage. ... Die Geschlechtlichkeit ist eine biologische Tatsache, die, obwohl von außerordentlicher Bedeutung für das Seelenleben, psychologisch schwer zu erfassen ist" (Freud 1930: 465). Gleichwohl bemühte Freud sich jedoch gerade um die psychologische Erfassung der Geschlechtlichkeit und zugleich darum, die Vermittlung zwischen biologischer und psychologischer Bisexualität zu bestimmen.

1899, also Jahre bevor der Streit um die Urheberschaft der *Bisexualität* sich in der Plagiatsaffäre entlud, hatte Freud in einem Brief an Fliess geschrieben: "... die Bisexualität! Mit der hast du sicherlich Recht. Ich gewöhne mich auch, jeden sexuellen Akt als einen Vorgang zwischen vier Individuen aufzufassen" (Freud 1975: 249). Zwei Jahre später teilte er Fliess mit, daß er eine Arbeit mit dem Titel *Die menschliche Bisexualität* vorbereite, und fügte hinzu, sie werde "das Problem an der Wurzel fassen und das letzte Wort sagen, das mir vergönnt sein dürfte. Das letzte und das tiefste. Ich habe dafür vorläufig nur eines, die Haupterkenntnis, die sich seit längerer Zeit auf der Idee aufgebaut hat, daß die Verdrängung, mein Kernproblem, nur durch Reaktion zwischen zwei sexuellen Strömungen möglich ist ... Die Idee selbst ist Deine. Du erinnerst Dich, ich habe Dir vor Jahren gesagt, die Lösung liegt in der Sexualität, ..., und Du hast Jahre später korrigiert: in der Bisexualität, und ich sehe, Du hast Recht" (ebd.: 287). Das angekündigte Buch erschien erst vier Jahre später, nunmehr unter dem Titel *Drei Abhandlungen zur Sexualtheorie* und, anders als zunächst erwogen, ohne Beteiligung von Fliess (vgl. ebd.).

In der Einleitung zur ersten Abhandlung, die von jenen Sexualformen handelt, die Freud als die "sexuellen Abirrungen" von der "angenommenen Norm" (1905/25: 33 f) bezeichnet, spielt Freud auf den Mythos des Aristophanes in Platons Gastmahl an: "Der populären Theorie des Geschlechtstriebes entspricht am schönsten die poetische Fabel von der Teilung des Menschen in zwei Hälften - Mann und Weib -, die sich in der Liebe wieder zu vereinigen streben. Es wirkt darum wie eine große Überraschung zu hören, daß es Männer gibt, für die nicht das Weib, sondern der Mann, Weiber, für die nicht der Mann, sondern das Weib das Sexualobjekt darstellt" (Freud 1905/25: 34).

Die Überraschung wäre freilich eine geringere, hätte Freud die "Fabel" vollständig erzählt.[33] Aristophanes spricht von drei ursprünglichen Geschlechtern, einem männlichen, einem weiblichen und einem dritten, welches diese beiden vereine. Die Gestalt jedes Menschen sei rund gewesen, er habe vier Hände und ebenso viele Beine gehabt und "vier Ohren und zwei Schamteile und alles andre, wie man es sich hiernach vorstellen kann" (Platon 1983: 55 f). Diese Geschlechter, "gewaltig an Kraft und Stärke und ... großen Sinnes", unternahmen es, "den Himmel zu ersteigen, um die Götter anzugreifen" (ebd.: 56). Zeus und die Götter aber, um sich zu erwehren, durchschnitten die Menschen, "jeden in zwei Teile", "wie man Birnen zerschneidet, um sie einzumachen" (ebd.: 56 f). Und seither nun, so Aristophanes, sei "die Liebe zueinander den Menschen eingepflanzt, vereinend die ursprüngliche Natur, strebend aus zweien Eins zu machen und die Natur zu heilen, die menschliche", und deshalb suche jeder ewig sein Gegenstück: "Alle Männer, welche ein Stück von dem gemischten Geschlecht sind, das damals mannweiblich hieß, lieben das Weib. ... Und alle Frauen, die Stücke eines Weibes sind, richten den Sinn nicht sehr auf die Männer, sondern halten sich mehr an die Frauen ... Alle, die Stücke des männlichen sind, folgen dem Männlichen, und als Knaben lieben sie, weil sie ja Teile vom Männlichen sind, die Männer und sind froh, wenn sie bei den Männern liegen und sie umarmen" (ebd.: 58).

Aristophanes formuliert hiermit eine Theorie des sexuellen Begehrens, das er als angeborenes in drei Formen geteilt sieht: ein mannmännliches, eines der Frauen füreinander und ein gegengeschlechtliches. Das Objekt des Begehrens ist dabei jedem Individuum vorgegeben, und zwar als gleich- *oder* gegengeschlechtliches. Bisexuelle finden in dieser Klassifikation keinen Platz[34], außer im Sinne eines mehr erzwungenen bisexuellen Verhaltens, insoweit nämlich, als die Männerliebenden "nicht von Natur" den Sinn auf

[33] Freud tut dies in *Jenseits des Lustprinzips*, hier aber bei seiner Einführung des Todestriebes als Beispiel für eine Ableitung eines Triebes "von dem Bedürfnis nach Wiederherstellung eines früheren Zustandes" (Freud 1920b: 62).

[34] John Boswell hingegen interpretierte Aristophanes' Rede kürzlich folgendermaßen: "He, indeed, seemed to have in mind Kinsey 0s, 3s, 6s" (Boswell 1990: 23). Die Kinsey 3s aber finden sich bei Aristophanes gerade nicht, sind doch die Hälften der ursprünglichen "Mannweiber" nicht bisexuell, sondern heterosexuell.

Ehe und Kindererzeugung lenken, sondern dazu "durch das Gesetz genötigt" (ebd.: 59) werden.

Freud kam bekanntlich zu anderen Schlüssen. Sein Fazit am Ende des Abschnittes über die Homosexualität in den *Drei Abhandlungen* lautet: "Der Geschlechtstrieb ist wahrscheinlich zunächst unabhängig von seinem Objekt und verdankt wohl auch nicht den Reizen desselben seine Entstehung" (Freud 1905/25: 47). In dem berühmt gewordenen Zusatz von 1915, der vor allem eine Kritik an Hirschfelds biologischer Theorie der Objektwahl darstellte, fügte er die auch für die psychoanalytischen Überlegungen zur manifesten Bisexualität bedeutsamen Passagen hinzu: "Die psychoanalytische Forschung widersetzt sich mit aller Entschiedenheit dem Versuche, die Homosexuellen als eine besonders geartete Gruppe von den anderen Menschen abzutrennen. Indem sie auch andere als die manifest kundgegebenen Sexualerregungen studiert, erfährt sie, daß alle Menschen der gleichgeschlechtlichen Objektwahl fähig sind und dieselbe auch im Unbewußten vollzogen haben" (ebd.: 44). Am Anfang stehe die "gleich freie Verfügung über männliche und weibliche Objekte ... als das Ursprüngliche, aus dem sich durch Einschränkung nach der einen oder der anderen Seite der normale wie der Inversionstypus entwickeln" (ebd.). Dies ist der Kern der Freudschen Konzeption der Bisexualität, und genau an dieser Stelle setzte später die Kritik von Psychoanalytikern an, denen die Homosexualität als eine zu beseitigende psychopathologische Störung gilt und die daher an Freuds in dieser Frage offenen Anthropologie Anstoß nehmen (vgl. Kap. 5). Dies ist zugleich der Teil der Freudschen Bisexualitätslehre, auf den sich gerne jene beziehen, die das Ursprüngliche für das Eigentliche oder Natürliche und die "Einschränkungen" nach der einen oder anderen Seite für bloße kulturelle Artefakte halten.

In Anlehnung an Fliess ging Freud nicht von einer ungeteilten menschlichen Geschlechtlichkeit aus, sondern sah die Sexualität als Bisexualität immer schon differenziert in eine männliche und eine weibliche Komponente. Damit aber war begrifflich zu bestimmen, was unter *männlich* und *weiblich* zu verstehen sei. Freud führte dazu aus, die Psychoanalyse stehe "auf gemeinsamem Boden mit der Biologie, indem sie eine ursprüngliche Bisexualität des menschlichen (wie des tierischen) Individuums zur Voraussetzung nimmt. Aber das Wesen dessen, was man im konventionellen oder biologischen Sinne »männlich« und »weiblich« nennt, kann die Psychoanalyse nicht aufklären, sie übernimmt die beiden Begriffe und legt sie ihren Arbeiten zugrunde" (Freud 1920a: 301). An anderer Stelle ergänzte Freud dies folgendermaßen: "... wir sprechen von

»männlichen« und »weiblichen« seelischen Eigenschaften und Strebungen, obwohl die Geschlechtsverschiedenheiten streng genommen keine besondere psychische Charakteristik beanspruchen können. Was wir im Leben männlich oder weiblich heißen, reduziert sich für die psychologische Betrachtung auf die Charaktere der Aktivität und der Passivität" (Freud 1913: 411).

Vor diesem Hintergrund räumte Freud der Bisexualität eine entscheidende Bedeutung ein, denn "ohne der Bisexualität Rechnung zu tragen", werde man kaum zum "Verständnis der tatsächlich zu beobachtenden Sexualäußerungen von Mann und Weib gelangen können" (Freud 1905/25: 121). Dementsprechend finden sich Anknüpfungen oder Überlegungen zur Theorie der Bisexualität an zahlreichen Stellen seines Werkes, so in der theoretischen Begründung der Verdrängung, in der Traumlehre, in den Überlegungen zur Entstehung von Neurosen und Perversionen, in der Darlegung des Ödipuskomplexes und vor allem in den Erörterungen über die sexuelle Objektwahl.[35]

Bisexualität, Verdrängung, Ödipuskomplex

Wie die eingangs zitierten Passagen aus Freuds Briefen an Fliess belegen, hatte er zunächst erwogen, die Lösung seines "Kernproblems", die Erklärung der Verdrängung und damit der Entstehung des Unbewußten, auf die Bisexualität zu gründen. Fliess' Verdrängungstheorie faßte er folgendermaßen zusammen:

"Sie lehnt sich an die bisexuelle Konstitution der menschlichen Individuen und behauptet, bei jedem einzelnen sei der Kampf der Geschlechtscharaktere das Motiv der Verdrängung. Das stärker ausgebildete, in der Person vorherrschende Geschlecht habe die seelische Vertretung des unterlegenen Geschlechtes ins Unbewußte verdrängt. Der Kern des Unbewußten, das Verdrängte, sei also bei jedem Menschen das in ihm vorhandene Gegengeschlechtliche" (Freud 1919: 222).

Freud hatte diese Theorie, deren Akzeptanz letztlich bedeutet hätte, eine psychoanalytische Erklärung der Verdrängung aufzugeben, jedoch schon früh verworfen. Er hielt Fliess' Auffassung entgegen, daß es falsch sei, "den Gegensatz der Geschlechter für den eigentlichen Anlaß und das Urmotiv der Verdrängung zu erklären" (Freud 1937: 98), denn dies hieße ja, die Verdrängung

[35] Vgl. auch Murphy 1983/1984; Nagera 1974; Laplanche und Pontalis 1972

zu "sexualisieren, also sie biologisch anstatt nur psychologisch zu begründen" (ebd.). Freuds Begründung hingegen stützt sich auf die Interpretation seiner Befunde aus der psychoanalytischen Klinik. Dort zeigte sich ihm "im Grunde nur, daß bei männlichen und weiblichen Individuen sowohl männliche wie weibliche Triebregungen vorkommen und ebenso durch Verdrängung unbewußt werden können" (Freud 1919: 224). Die hier angesprochene Differenzierung der Triebregungen in männliche und weibliche indes behält er durch alle seine Schriften hindurch bei, denn in der "regelmäßigen Gemeinschaft solcher »aktiver« und »passiver« Triebe im Seelenleben" spiegele sich die Bisexualität der Individuen, welche zu den "klinischen Voraussetzungen der Psychoanalyse" gehöre (Freud 1913: 411).

Demzufolge ist für Freud auch der "Ausgang der Ödipus-Situation in Vater- oder in Mutteridentifizierung ... bei beiden Geschlechtern von der relativen Stärke der beiden Geschlechtsanlagen" abhängig (Freud 1923: 261). Noch wichtiger sei jedoch die Bedeutung der Bisexualität für den "vollständigeren Ödipuskomplex". Dieser sei ein zweifacher, "ein positiver und ein negativer, abhängig von der ursprünglichen Bisexualität des Kindes, d.h. der Knabe hat nicht nur eine ambivalente Einstellung zum Vater und eine zärtliche Objektwahl für die Mutter, sondern er benimmt sich auch gleichzeitig wie ein Mädchen, er zeigt die zärtliche feminine Einstellung zum Vater und die ihr entsprechende eifersüchtig-feindselige gegen die Mutter. Dieses Eingreifen der Bisexualität macht es so schwer, die Verhältnisse der primitiven Objektwahlen und Identifizierungen zu durchschauen und noch schwieriger, sie faßlich zu beschreiben" (ebd.).

Nicht nur die Entstehung des vollständigen Ödipuskomplexes ist also nach Freud Folge der Bisexualität, auch die Art und Weise seines Untergangs, denn in "der verschieden starken Ausprägung der beiden Identifizierungen" werde sich die "Ungleichheit der beiden geschlechtlichen Anlagen" spiegeln (ebd.: 262). Festzuhalten ist an dieser Stelle, daß Freud mit der Akzeptanz der konstitutionellen Bisexualität in dieser Form auch das "heterosexuelle Paradigma" (Chauncey 1982/83) der von ihm kritisierten psychiatrischen Sexologen übernimmt.

Ganz wie Ulrichs, der das Begehren des Mannes für den Mann nur als Ausdruck einer weiblichen Seele im männlichen Körper verstehen konnte, ist für Freud die zärtliche Objektwahl des ödipalen Knaben für den Vater nicht etwa eine zärtliche männliche oder eine nicht weiter qualifizierte zärtliche Strebung des Jungen zum Vater, vielmehr wolle der Knabe "auch als Liebesobjekt des Vaters die Mutter ersetzen, was wir als feminine Einstellung bezeichnen" (Freud 1925: 21).

Freud bestimmt die metapsychologische Verankerung der Bisexualität zugleich als klinische Voraussetzung der Psychoanalyse. Dies aber ist einer der kritischsten Punkte seiner Bisexualitätslehre. Daran, wie diese klinischen Voraussetzungen begrifflich zu fassen sind, knüpfen sich verschiedene theoretische Kontroversen. Die Frage ist, ob sie als biologisch gegebene, als anthropologische Konstanten aufzufassen sind, oder ob sie soziologisch und/oder psychologisch erklärbar bzw. ihrerseits psychoanalytisch ableitbar sind. Freud löste an dieser Stelle die Vermittlung zwischen dem Biologischen und dem Psychischen weitgehend zur Biologie hin auf. In diesen Zusammenhang gehört jener berühmte Satz "Die Anatomie ist das Schicksal" (Freud 1924: 400). Auch in einer Passage in einer späteren Schrift wird diese Sicht deutlich, und zwar insbesondere bezogen auf die Weiblichkeit und die Rolle der Frau: "Man hat oft den Eindruck, mit dem Peniswunsch und dem männlichen Protest sei man durch alle psychologische Schichtung hindurch zum »gewachsenen Fels« durchgedrungen und so am Ende seiner Tätigkeit. Das muß wohl so sein, denn für das Psychische spielt das Biologische wirklich die Rolle des unterliegenden gewachsenen Felsens. Die Ablehnung der Weiblichkeit kann ja nichts anderes sein als eine biologische Tatsache, ein Stück jenes großen Rätsels der Geschlechtlichkeit" (Freud 1937: 99). Kritisiert wurden diese Freudschen Positionen u.a. in der Transsexualismusforschung.[36] Stoller (1972) zog insbesondere die zuletzt zitierte Freud-Passage in Zweifel und stellte dagegen die Hypothese auf, daß Männlichkeit und Weiblichkeit nicht durch biologische Tatsachen bestimmt werden, sondern sehr früh im Leben durch psychische Kräfte dauerhaft verankert werden (vgl. Stoller 1972: 209). An Freuds Biologisierung des Penisneides der Frau und damit verbunden des Sträubens des Mannes gegen die "Passivität im Verhältnis zum Mann" (Freud 1937: 99) entzündet sich ferner auch die feministische Kritik.

Indes können Freuds Auffassungen nicht auf einen schlichten Biologismus reduziert werden, weil es ihm trotz allem immer wieder um den Versuch ging, psychologische Erklärungen zu entwickeln. So ist Reiche zuzustimmen, wenn er zwar einerseits Freuds "Voreingenommenheit" kritisiert, dann jedoch an-

[36] Zur Transsexualismusforschung siehe Stoller 1972, 1974 1976; Person und Ovesey 1974 a, b; Sigusch et al. 1979 sowie Sigusch 1991 a, b; Hirschauer 1993

merkt: "... so verliert doch Freuds Insistieren auf der *Macht und Weichenstellung der Anatomie* nichts an Berechtigung im Prinzipiellen. Die Anatomie ist so entscheidend, nicht wegen der anatomischen Unterschiede zwischen Mann und Frau an sich, sondern weil sie uns durch die Tatsache der Zweigestaltigkeit des Geschlechts aufgibt, uns immer von neuem an ihr abzuarbeiten" (Reiche 1990: 61). Jessica Benjamin gelangt zu einer ähnlichen Einschätzung: "Es braucht gar nicht geleugnet zu werden, daß auch »Natur« und »Anatomie« ihr Teil zur Condition feminine beitragen, sondern es muß lediglich festgehalten werden, daß die psychologische Integration biologischer Realität vor allem ein Werk der Kultur ist, eine Folge sozialer Bedingungen, die sich verändern oder doch kontrollieren lassen" (Benjamin 1990: 89).

Die ursprüngliche Bisexualität

Freud hat seine Auffassungen zur Theorie der Bisexualität nicht systematisch abgehandelt. Bemerkungen zum Thema finden sich in zahlreichen seiner Schriften und bleiben dabei oft uneindeutig und widersprüchlich. Die ausführlichste und zugleich geschlossenste Diskussion seiner Bisexualitäts-Theorie führt er bei der Behandlung der Inversion (Homosexualität) in den *Drei Abhandlungen zur Sexualtheorie.* Hier tauchen die manifest Bisexuellen als "amphigen invertiert (psychosexuell-hermaphroditisch)" auf, womit Freud meint, "ihr Sexualobjekt kann ebensowohl dem gleichen wie dem anderen Geschlecht angehören; der Inversion fehlt also der Charakter der Ausschließlichkeit" (Freud 1905/25: 35). Freud weist hier die Theorien der konstitutionellen Bisexualität, die von Ulrichs, Krafft-Ebing, Havelock Ellis und anderen formuliert wurden, zurück. Insbesondere kritisiert er die Kernthese dieser Konzepte, gewissermaßen ihr Konstruktionsprinzip, wonach Bisexualität und Homosexualität mit einer nur graduell verschiedenen Abweichung des Mannes von der körperlichen und seelischen Männlichkeit zusammenfallen, also als Ausdruck einer Verweiblichung des Mannes aufgefaßt werden, wie z.B. in Krafft-Ebings Klassifikation der conträren Sexualempfindung. Zwar gehöre ein "gewisser Grad von anatomischem Hermaphroditismus ... der Norm an" (Freud 1905/25: 40). Dieser zeige aber keine Korrelation mit der Inversion, vielmehr seien "Inversion und somatischer Hermaphroditismus im ganzen unabhängig voneinander" (ebd.: 41). Ebenso weist Freud die Verbindung von "psychischem Hermaphroditismus" und manifester Bi- oder Homosexualität zurück. Diese Position vertritt er jedoch nur im Hinblick auf die homosexuellen Männer mit Entschiedenheit. Bei der Homosexualität der Frauen hingegen nimmt er eine nicht näher begründete unterschiedliche Bewertung vor, die ein Ausdruck seiner begrenzten klinischen Erfahrungen mit lesbischen Frauen sein dürfte:

"Der psychische Hermaphroditismus würde Leibhaftigkeit gewinnen, wenn mit der Inversion des Sexualobjektes wenigstens ein Umschlag der sonstigen seelischen Eigenschaften, Triebe und Charakterzüge in die fürs andere Geschlecht bezeichnende Abänderung parallel liefe. Allein eine solche Charakterinversion darf man mit einiger Regelmäßigkeit nur bei den invertierten Frauen erwarten, bei den Männern ist die vollste seelische Männlichkeit mit der Inversion vereinbar" (ebd.: 41).

Freuds Position in dieser Frage ist jedoch nicht eindeutig. Es wurde schon darauf hingewiesen, daß es ihm nicht oder nur unvollständig gelang, das *heterosexuelle Paradigma*, womit ein heterozentristischer Blick auf die Sexualität und die Geschlechter gemeint ist, zu verlassen. Zwar stellte er die "Forderung" auf, "die Inversion des Sexualobjektes von der Mischung der Geschlechtscharaktere im Subjekt begrifflich strenge zu sondern", da ein "gewisses Maß von Unabhängigkeit ... auch in dieser Relation unverkennbar" sei (ebd.: 45), gleichwohl aber bestimmte er die Liebe des ödipalen Knaben zum Vater als feminine Einstellung, die auf den weiblichen Anteil der "ursprünglichen Bisexualität des Kindes" (Freud 1923: 261) zurückgehe. Zum Verständnis der oft beobachtbaren und von Homosexuellen selbst berichteten femininen Züge der Homosexuellen indes trägt diese Einordnung nicht bei. Bei diesem Phänomen handelt es sich vielmehr um eine sekundäre Bildung. Die femininen Züge des prähomosexuellen Knaben sind nach neueren psychoanalytischen Erkenntnissen als Ausdruck der Erotisierung der Beziehung zum Vater in der ödipalen Situation zu begreifen. Wie Isay (1990 a) beobachtet hat, kommt es bei später homosexuell werdenden Jungen zu einer frühen erotischen Bindung an den Vater und einer damit einhergehenden sexuellen Erregung. Dannecker zog daraus den Schluß, daß es bei homosexuell disponierten Jungen während der ödipalen Phase zu einem "Feminitätsschub" kommen müsse. Dies nicht wegen einer konstitutionell weiblichen Komponente, sondern weil der Junge die Liebe des Vaters nur erringen und erhalten könne, "indem er sich in manchen Zügen der Mutter angleicht". Andere Möglichkeiten seien ihm verschlossen, "weil der Vater ja keine Männer begehrt" (Dannecker 1991 a: 88).

Freud hielt in seinen Schriften immer an der psychologischen Bedeutung der Bisexualität fest, das Problem der Vermittlung von biologischer und psychischer Bisexualität bleibt jedoch ungelöst und unklar, sowohl in bezug auf die sexuelle Objektwahl als auch hinsichtlich der "Differenzierung von Mann und Weib" (Freud 1905/25: 120). Dementsprechend räumte er in einer späteren Schrift ein: "Die Lehre von der Bisexualität liegt noch sehr im Dunkeln, und daß sie noch keine Verknüpfung mit der Trieblehre gefunden hat, müssen wir in der Psychoanalyse als schwere Störung verspüren" (Freud 1930: 466).

Eine der Schwierigkeiten des Freudschen Bisexualitätsbegriffes liegt also in seiner Unschärfe, die dadurch entsteht, daß Freud in diesem Begriff immer die Bisexualität als Zweigeschlechtlichkeit und als bisexuelle Potenz im Sinne der manifesten oder latenten Objektwahl zusammendenkt. Dabei erscheint erstens in ähnlich problematischer Weise wie etwa bei Ulrichs die Homosexualität als Dimension eines Weiblichen im Mann und zweitens, damit eng zusammenhängend, vermag Freud die "Inversion" nur als von der Normosexualität abgeleitet, als Ausdruck einer Störung "des Geschlechtstrieb(es) in seiner Entwicklung" (Freud 1905/25: 42) zu fassen. Trotz aller Vorsicht in seinen Formulierungen, so spricht Freud z.B. von Abirrungen von der *angenommenen Norm*, erscheint die Inversion bei ihm dennoch als etwas Prekäres, als dauernde Störung, worin sich übrigens einmal mehr, insoweit die Inversion des Mannes mit einer Abweichung ins Weibliche assoziiert bleibt, eine Geringschätzung der Weiblichkeit ausdrückt.

Das größere Problem der Freudschen Bisexualitätslehre aber besteht darin, daß der Bisexualitätsbegriff ähnlich dem des Triebes als "Grenzbegriff zwischen Seelischem und Somatischem" (Freud 1915: 214) aufzufassen ist und damit jenes Dunkel sich öffnet, in dem Bisexualität und Trieblehre gleichermaßen liegen.

Jean Laplanche hat eine Erweiterung und Modifizierung der Triebtheorie vorgeschlagen[37], die diese Schwierigkeit löst und die auch einen Weg aufzeigt, wie eine psychoanalytische Konzeption der Bisexualität formuliert werden könnte. Laplanche hält der Freudschen Triebkonzeption entgegen, daß "das Zurückgreifen auf einen biologischen Trieb, um der Kraft des unbewußten Determinismus Rechnung zu tragen, eine unverifizierbare, anfechtbare und jedenfalls außer-analytische Hypothese" (Laplanche 1988: 134) sei. Ferner sei es

[37] Vgl. Laplanche 1988, insbesondere die Aufsätze "Der Trieb und sein Quellobjekt; sein Schicksal in der Übertragung" und "Von der eingeschränkten zur allgemeinen Verführungstheorie"

"in der Tat undenkbar, daß die Sexualität biologisch aus der Selbsterhaltung" (ebd.: 141) hervorgehe.

"Die einzige Wahrheit der Anlehnung ist die Ur-Verführung. Weil die der Selbsterhaltung dienenden Gesten des Erwachsenen ihm selbst unbewußte, sexuelle, vom Kind nicht beherrschbare Botschaften enthalten, deshalb erzeugen sie, an den sogenannten erogenen Stellen, einen Prozeß der Spaltung und der Ablenkung. Dieser Prozeß kann auch zu autoerotischen Aktivitäten führen. Aber das unerläßliche Vehikel des Autoerotismus, das was ihn stimuliert und überhaupt erst zum Entstehen bringt, das ist das Eindringen und anschließend das Verdrängen der vom Erwachsenen herangetragenen rätselhaften Signifikanten. Wir müssen also hier von der Urverdrängung sprechen. Denn in ein und derselben Bewegung spaltet diese Urverdrängung vom Psychischen ein ursprünglich Unbewußtes ab, welches dadurch selbst zu einem Es wird, und begründet zugleich die ersten Quell-Objekte, die Quellen des Triebes" (ebd.: 141 f).

Und schließlich folgert Laplanche:

"Der Trieb ist also weder ein mythisches Wesen, noch eine biologische Kraft, noch ein Grenzbegriff. Er ist die Wirkung der konstanten Erregung, die die verdrängten Sach-Vorstellungen, die man als Quell-Objekte des Triebes bezeichnen kann, auf das Individuum und auf das Ich ausüben." (ebd.: 142 f).

Analog der von Laplanche vorgenommenen Modifikation der Triebtheorie wäre zumindest in bezug auf den Aspekt der sexuellen Objektwahl ein psychoanalytischer Bisexualitätsbegriff zu formulieren, der nicht den dunklen Charakter des *Grenzbegriffes* hätte. Angesichts der Fragwürdigkeit der biologischen Forschung zur sexuellen Orientierung erscheint dies durchaus berechtigt, zumal es um Überlegungen für eine psychoanalytische Betrachtung geht. Zudem kann davon ausgegangen werden, daß es sich bei den Versuchen, die sexuelle Orientierung durch biologische Ursachen (Hormone, Hirnzentren, pränatale biochemische Vorgänge, etc.) zu erklären, um bislang nicht verifizierte und anfechtbare, v.a. aber um *außeranalytische* Hypothesen handelt.

In Hinblick auf die sexuelle Objektwahl reduziert sich die Vermittlung zur Biologie, jedenfalls bei einer psychoanalytischen Betrachtung, vor allem darauf, daß hingenommen werden müsse, daß "sich phylogenetisch zwei Geschlechter durchgesetzt haben und nicht eines odere mehrere" (Reiche 1990: 46). Anzunehmen ist mit Freud nur, daß zunächst beide Geschlechter oder beide Gestalten des Geschlechts (Reiche) geliebt werden können, oder in

sitionen aber werden der Wirklichkeit der homo-, hetero- oder bisexuellen Subjekte nicht gerecht, wenn auch auf diametral entgegengesetzte Weise. Im ersten Fall nämlich geht es um eine Utopie, die auf die Emanzipation und Befreiung einer als deformiert und unterdrückt verstandenen Bisexualität gerichtet ist, während die zweite Position zu jenen Versuchen zählt, die darauf abzielen, das, was gegenwärtig als das sexuell Normale gilt, theoretisch und begrifflich zu untermauern und gegebenenfalls auch durch therapeutische Operationen zu befestigen.

Wie aber ist das Freudsche Theorem der latenten Homosexualität zu verstehen? Ist es überhaupt sinnvoll, daran festzuhalten? Wie die Diskussion der Verbindung von Trieb und Bisexualität gezeigt hat, kann Freuds Postulat eines ursprünglichen bisexuellen Potentials aufrechterhalten werden, ohne daß die spätere Differenzierung der Objektwahl als letztlich biologisch bestimmt verstanden werden muß. Psychische Bisexualität in diesem Sinne ist damit weitgehend unabhängig davon, wie die Zweigestaltigkeit des Geschlechts in biologischen Theorien begriffen und bestimmt wird. Veränderungen und Verschiebungen in den biologischen Theorien über die Entwicklung und Differenzierung von Mann und Frau können dementsprechend nicht als entscheidende Argumente für oder wider die Annahme einer *ursprünglichen Bisexualität* in bezug auf die Objektwahl dienen.

Ausgegangen werden kann also davon, "daß alle Menschen mit einem offenen sexuellen Potential geboren werden, das durch bestimmte Vorgänge in der frühen Kindheit umgeformt wird" (Dannecker 1987: 56). Das eben meint Freuds Satz, der Geschlechtstrieb sei *zunächst* unabhängig von seinem Objekt. Wie diese Umformung abläuft, wie es zur Herausbildung "sehr früh verankerte(r) Disposition(en)" (ebd.) kommt, die später zu stabilen sexuellen Formen, etwa zu manifester Bi-, Homo- oder Heterosexualität führen, ist bis heute eine umstrittene und ungelöste Frage. Weitgehende Übereinstimmung, unabhängig davon, ob von lerntheoretischen oder psychoanalytischen Erklärungsansätzen ausgegangen wird, besteht jedoch darin, daß die Umformung "sehr früh", d.h. weit vor der Pubertät einsetzt.

Die psychoanalytische Erforschung dieses Umformungsprozesses war in der Vergangenheit in hohem Maße durch die vorwissenschaftliche und vor allem außeranalytische Pathologisierung der Homosexualität behindert. Morgenthaler (1980) legte erstmals eine von diesem Ballast befreite psychoanalytische

Abhandlung zur Homosexualität vor, und auch Friedman (1988) ist es zumindest teilweise gelungen, dieses Erkenntnishindernis zu vermeiden.

Morgenthaler spricht von drei "Weichenstellungen" als "progressive(n) Dispositionen" (1980: 334), in der narzißtischen Entwicklung, in der ödipalen Phase und schließlich in der Zeit der Pubertät, in denen sich die Unterschiede zwischen später manifest homo- oder heterosexuellen Individuen herausbilden, wobei er auf manifeste Bisexualität nur am Rande eingeht. Morgenthaler scheint letztlich an eine dichotome Entwicklung in Hetero- oder Homosexualität zu glauben, wenn er schreibt: "Es gibt relativ viele Homosexuelle, die auch heterosexuelle Beziehungen eingehen. Weil das bekannt ist, spricht man in solchen Fällen gerne von Bisexualität. Dieser Begriff verschleiert bloß die Unhaltbarkeit aller Polarisationen auf dem Gebiet der Sexualität. Es gibt im Grunde weder Hetero- noch Homo- noch Bisexualität. Es gibt nur Sexualität, die entlang sehr variationsreicher Entwicklungslinien schließlich ihre, für jeden einzelnen spezifische Ausdrucksform findet" (Morgenthaler 1980: 366 f).

Friedman schlägt ein anderes Modell vor. Er nimmt an, daß es in einem biologisch vorgegebenen Zeitintervall zu einer *Differenzierung der sexuellen Phantasie* kommt, die die sexuelle Orientierung als homo-, hetero- oder bisexuell festlegt. Ähnlich einer biologisch vorgegebenen Zeitspanne, in der die Geschlechtsidentität, die *core gender identity* im Sinne von Stoller (1968), also "die subjektive Gewißheit, einem der beiden *biologischen* Geschlechter anzugehören" (Sigusch et al. 1979: 254) früh und dann nicht mehr veränderbar verankert werde, gibt es, so Friedman, eine kritische Phase für die Differenzierung der sexuellen Orientierung. Diese liege später als jene für die Festlegung der Geschlechtsidentität und zwar in "den präpubertären und pubertären Entwicklungsphasen" (Friedman 1988:211). Biologisch vorgegeben sei dabei nur die Notwendigkeit der Differenzierung, nicht aber ihr Ergebnis.

Im Gegensatz zu Morgenthaler, der ein Modell einer "ungestörte(n), normale(n) Entwicklung zur Homosexualität" (Morgenthaler 1980: 334) beschreibt, führt Friedman eine psychopathologische Komponente ein, die er jedoch auf diese Differenzierungsphase begrenzt. Er behauptet einen Zusammenhang zwischen Homosexualität und einer kindlichen Geschlechtsidentitätsstörung, wobei er sich unter anderem auf die Forschungen von Bieber et al. (1962), Whitam (1977 und 1980), Bell et al. (1981) sowie von Green (1985 und 1978), der hierfür den Terminus "sissy boy syndrome" einführte, stützt (vgl. Friedman 1988:33 ff). Die von Friedman postulierte kindliche psychopathologische Störung, nämlich entweder eine Effeminierung des Knaben oder "ein präpubertäres unmännliches Selbstbild" (ebd.: 244), führe als einer der kausalen Faktoren zu einer homo- oder bisexuellen Differenzierung der sexuellen Phantasie, die damit in dieser Phase als Symptom zu betrachten sei. Nach abgeschlossener Differenzierung aber unterliege die "homoerotische Bildwelt" (homoerotic imagery) einem "Funktionswandel", sei nunmehr als eine "autonome Struktur des Selbst" (ebd.: 255) aufzufassen und als solche nicht mehr Symptom. Die kindliche Geschlechtsidentitätsstörung heile sozusagen aus, die sexuelle Orientierung aber bleibe homosexuell, "als ob sie sich wie eine physische Struktur differenziert hätte" (ebd.: 245). Friedman bezieht sich dabei, wie übrigens auch Morgenthaler (1980: 334), auf die Entwicklung von Strukturen sekundärer Autonomie im Sinne Hartmanns (vgl. Friedman 1988: 253 ff). Anders als Morgenthaler, der nur die Entwicklung zur Homo- oder Heterosexualität untersucht, beschreibt Friedman auch eine Differenzierung zur Bisexualität. Ergebnis des erotischen Differenzierungsprozesses seien "drei Grundtypen von Sexualphantasie-Selbststrukturen: heterosexuell, homosexuell und bisexuell" (ebd.: 267).

Freuds Begriff der latenten Homosexualität meinte, wie in Anlehnung an Reiche formuliert werden kann: eine unbewußt bleibende Disposition, die dynamisch wirksam ist, die aber nicht zu einer manifest homosexuellen Objektwahl führt (vgl. Reiche 1990: 108). Wie bereits ausgeführt, vermischte Freud in seiner Homosexualitätstheorie jedoch die Problematik von Männlichkeit/Weiblichkeit mit der Entwicklung der sexuellen Objektwahl. Diese begriffliche Vermischung ging auch in den Begriff der latenten Homosexualität ein und führte dazu, Männlichkeitskonflikte und Geschlechtsidentitätsstörungen unter diese Kategorie zu subsumieren. Dies ist vermeidbar, wie unter anderem Friedman darlegt, wenn die Entwicklung der Geschlechtsidentität und damit verbundene Irritationen und Störungen einerseits und Homosexualität andererseits begrifflich und theoretisch auseinandergehalten werden. Damit aber ist die Verbindung von latenter Homosexualität und Männlichkeitskonflikten aufzugeben. Offen bleibt jedoch zunächst noch die Frage, ob der Begriff der latenten Homosexualität in bezug auf die sexuelle Orientierung aufrechterhalten werden kann, d.h. ob und wie es sinnvoll sein könnte, nach stattgehabter Weichenstellung (Morgenthaler) bzw. nach der Differenzierung der sexuellen Phantasie (Friedman) von latenter Homosexualität zu sprechen.

Die Schwierigkeit besteht dabei darin, zu unterscheiden zwischen der "dynamischen Wirksamkeit einer unbewußt bleibenden Disposition" in bezug auf heterosexuell bzw. auf bisexuell Differenzierte, denn für die letzteren würde ja gelten, daß ein bislang nicht realisierter "latenter" homosexueller Anteil manifest werden könnte, während dies sich für Heterosexuelle anders darstellt. Morgenthaler scheint die latente Homosexualität auf Heterosexuelle zu begrenzen, nämlich auf die klinische Beobachtung, "daß zahlreiche Ausformungen homosexueller Erlebnisweisen und homosexueller Aktivitäten mit neurotischen Störungen von Menschen einhergehen können, die keineswegs zu den Homosexuellen zu zählen sind, weil sie nicht eine Entwicklung zur Homosexualität durchlaufen haben" (Morgenthaler 1980: 365 f). Dies treffe auf die meisten Formen latenter Homosexualität bei Heterosexuellen zu. Diese Phänomene seien daher auch durch "psychoanalytische Aufarbeitung beeinflußbar", weil es sich um Symptome handele und "weil sie mit einer Entwicklung zur Homosexualität wenig zu tun haben" (ebd.: 366).

Friedman hingegen verwirft den Begriff der latenten Homosexualität ganz und führt statt dessen *unbewußte Homosexualität* und *unbewußte Heterosexualität* ein. Diese beschränkt er jedoch ausschließlich auf bisexuell differenzierte Männer. Er geht dabei von der Hypothese aus, daß der postpubertäre Mann nur dann homosexuelle oder heterosexuelle Phantasien verdrängen kann, wenn er "bisexuell in bezug auf seine erotische Bildwelt" ist, d.h. eine solche Verdrängung ist nur dann möglich, wenn "die erotische Phantasie bewußt als auf beide Geschlechter gerichtet wahrgenommen wird oder wurde" (Friedman 1988: 261).

Friedman postuliert, daß das Unbewußte ("the working of the unconscious mind") begrenzt wird durch die Prozesse der Differenzierung der Geschlechtsidentität und der sexuellen Phantasie. Damit aber ist das Modell einer linearen, gesunden Entwicklungslinie (vgl. ebd.: 264) aufzugeben. Deshalb weist Friedman auch die von der psychoanalytischen Gruppe um Rado vertretene Vorstellung von einem universellen heterosexuellen Motiv, das bei Homosexuellen unbewußt sei, dezidiert zurück.

Friedmans Differenzierungsmodell erscheint derzeit als die bei weitem kohärenteste und plausibelste theoretische Position zur Herausbildung sexueller Orientierungen. Vereinbar damit ist die These, daß Homosexualität ebenso wie Heterosexualität "als eine in *allen* Menschen angelegte Möglichkeit" (Dannecker 1987: 56) zu verstehen ist. Verworfen wird dagegen die Vorstellung einer *generellen*, dauerhaften dynamischen Wirksamkeit unbewußter Dispositionen zur Homosexualität oder Heterosexualität. Die von Friedman beschriebene Differenzierung der sexuellen Phantasie führt vielmehr zu drei "getrennten Untergruppen von Individuen" (Friedman 1988: 264): zu denen der homo- bzw. heterosexuellen Männer an den beiden Enden der Kinsey-Skala, deren sexuelle Phantasien und Erlebnismöglichkeiten auf die jeweilige monosexuelle Dimension begrenzt sind, sowie zur dritten Gruppe der in bezug auf ihre erotische Phantasie bisexuellen Männer, von denen freilich viele sich als schwul oder normosexuell begreifen werden. Nur auf diese, die bisexuellen Männer, sind die Begriffe unbewußte Homo- bzw. Heterosexualität sinnvoll anwendbar, für Homo- und Heterosexuelle im Sinne Friedmans sind sie gegenstandslos.

"Abwehr-Bisexualität"

Die Psychoanalyse hat sich kaum mit manifester Bisexualität beschäftigt bzw. hat diese nur im Rahmen des Themas Homosexualität behandelt. Freud selbst hatte angemerkt: "Es ist bekannt, daß es zu allen Zeiten Menschen gegeben hat und noch gibt, die Personen des gleichen wie des anderen Geschlechts zu ihren Sexualobjekten nehmen können, ohne daß die eine Richtung die andere beeinträchtigt. Wir heißen diese Leute Bisexuelle, nehmen ihre Existenz hin, ohne uns viel darüber zu verwundern" (Freud 1937: 89), und auf den ersten Blick scheint es dabei geblieben zu sein.

Wenn Bisexualität in psychoanalytischen Schriften auftaucht, dann zumeist entweder als Bezug auf Freuds Begriff der konstitutionellen Bisexualität, oder aber es werden die Wirkungen der im Unbewußten vollzogenen gleichgeschlechtlichen Objektwahl thematisiert (s. z.B. Khan 1974). Häufiger finden sich Überlegungen zur Bisexualität vor allem in den psychoanalytischen Abhandlungen über die sogenannte Therapie der Homosexualität. Behindert war die psychoanalytische Theoriebildung dabei über weite Strecken dadurch, daß sie bis in die jüngste Zeit in die Beforschung der sogenannten Ätiologie der Homosexualität verstrickt war, jener sich wissenschaftlich dünkenden Operation, der nach Dannecker (1987: 52) "zuerst einmal ... zu supponieren [ist], sie sei die blinde Sachwalterin der kollektiven Antihomosexualität". Insoweit dabei der kurze "Schritt zur manipulativen Behandlung der Homosexualität" (ebd.: 56) getan wurde und noch wird, wird auch der homosexuelle Anteil manifester Bisexualität für therapeutische Zugriffe freigegeben, und dies in möglicherweise weit größerem Umfang als bei Homosexuellen (vgl. Kap. 5). Die einer solchen Praxis zugrunde liegende heterozentristische Verengung der psychoanalytischen Perspektive, die unter anderem dazu führt, daß Bisexualität als weniger schwere Variante des "Symptoms" Homosexualität begriffen wird, dürfte wesentlich dazu beigetragen haben, daß eine psychoanalytische Bisexualitätsforschung praktisch nicht existiert. Unter einem anderen Blickwinkel erscheint es indes nur konsequent, daß die psychoanalytische Forschung bislang kaum substantielle Beiträge über manifeste Bisexualität hervorgebracht hat, dann nämlich, wenn man Reiche folgt, dem eine anti-homosexuelle Haltung nicht angelastet werden kann. Reiche stuft alle "Bisexuellen", die er in klinischem Kontext gesehen hat, als "Abwehr-Bisexuelle" ein, denn "sie setzten das manifeste bisexuelle Verhalten bewußt oder unbewußt als Tarnung in einem unbewußten Konflikt ein. Dieser Konflikt bezog sich darauf, das eigene biologische Geschlecht oder das eigene, meist homosexuelle oder perverse Triebschicksal anzunehmen. Diese manifest tatsächlich Bisexuellen befanden sich gleichsam als Kollektiv im »Coming out« wohin auch immer sie kommen würden" (Reiche 1990: 64). Reiche bezieht sich dabei auf seine langjährige klinische sexualmedizinische Tätigkeit, in der er "auf sexuellem Gebiet sozusagen alles gesehen" habe, "was man sich vorstellen kann, nur das nicht" (ebd.), nämlich keine Bisexuellen, insbesondere nicht solche, bei denen sich die zwei Richtungen nicht beeinträchtigen.

Nun kann diese klinische Einschätzung nicht umstandslos verallgemeinert werden. Sie gilt insbesondere nicht für jene Männer, die relativ konfliktfrei bisexuell leben und sich dementsprechend wegen ihrer Bisexualität nicht um therapeutische Hilfe bemühen. Vielmehr dürfte davon auszugehen sein, daß die Bisexualität dieser Männer strukturell verankert ist, wie es Friedman beschrieben hat.

Aber auch bei den Männern, die in klinischer Perspektive als "Abwehr-Bisexuelle" erscheinen, wäre zu differenzieren zwischen denen, deren bisexuelles Verhalten und/oder Selbstverständnis sich tatsächlich als Übergangsphänomen, etwa im Rahmen eines homosexuellen Coming out, entpuppt und jenen, bei denen der vermeintliche Übergang sich als dauerhafter Zustand erweist. Der These von der Abwehr-Bisexualität zufolge, die ja von einer hetero-/homosexuellen Dichotomie der sexuellen Orientierung ausgeht, wäre auch die Bisexualität dieser dauerhaft manifest bisexuellen Männer als Symptom eines chronifizierten Homosexualitäts- oder Perversionskonfliktes zu begreifen. Geht man indes von der plausibleren Auffassung aus, daß die sexuelle

Orientierung sich über einen Prozeß der Differenzierung und strukturellen Verankerung der erotischen Bildwelt als homosexuell, heterosexuell oder bisexuell bildet, ist eine differenziertere Betrachtung erforderlich. Insbesondere ist die Möglichkeit zu berücksichtigen, daß das, was klinisch als chronische Abwehr-Bisexualität imponiert, zwar Ausdruck eines Homosexualitätskonfliktes ist, sich bei einem Teil der betroffenen Männer aber darauf bezieht, die homosexuelle Seite ihrer bisexuellen Struktur anzunehmen. Die voreilige Diagnose "Abwehr-Bisexualität" würde in diesen Fällen den Blick auf die bisexuelle Differenzierung dieser Männer verstellen.

Exkurs: Bisexuelle und homosexuelle Männer und die Psychoanalyse als Institution

Die organisierte Psychoanalyse tut sich bis heute schwer damit, homosexuelle Männer und Frauen, die sich als solche zu erkennen geben, als Mitglieder in ihren Vereinen und Vereinigungen zu akzeptieren. Diese werden vielmehr nach Möglichkeit schon im Zulassungsverfahren identifiziert und von der Ausbildung ausgeschlossen (vgl. BASG 1985; Moor 1985 und 1990; Parin 1985). Die institutionalisierte Psychoanalyse vertritt also in dieser Frage eine partielle Apartheidshaltung, insofern Homosexuelle zwar als Patienten angenommen, nicht aber als gleichrangige Kollegen akzeptiert werden. Diese Praxis hat eine lange Tradition, ist aber von psychoanalytischer Seite nie offiziell begründet worden. Vor allem liegt bis heute keine immanent psychoanalytische Begründung vor, von der Parin freilich meinte, daß es sie ohnehin nicht geben könne, da der Ablehnung der Homosexuellen außeranalytische Motive wie Vorurteile oder eine Angleichung an die "herrschende Ideologie" zugrunde lägen (vgl. Parin 1985). Über die Nichtaufnahme Homosexueller in den Kreis der Psychoanalytiker wurde bereits 1921/22 in sozusagen vorderster Linie der psychoanalytischen Bewegung entschieden, nämlich innerhalb des sogenannten "Komitees", dem Jones in London, Freud und Rank in Wien, Ferenczi in Budapest sowie Abraham, Sachs und Eitingon in Berlin angehörten. Die in den nachfolgenden Passagen aus den erhalten gebliebenen, nichtveröffentlichten *Rundbriefen*[39], über die die Mitglieder des Komitees über Jahre miteinander kommunizierten, versammelten Ablehnungsmotive be-

[39] Die nachfolgenden Zitate sind den Rundbriefen entnommen, die sich im Nachlaß von Otto Rank befinden, der in der Special Manuscript Collection der Columbia University Libraries in New York City verwahrt wird.

stimmen möglicherweise zum Teil bis heute die Haltung der psychoanalytischen Organisationen gegenüber homosexuellen Bewerbern. Sie bestätigen im übrigen auch die bereits erwähnte Einschätzung von Parin, daß es sich hierbei um außeranalytische Motive handelt.

Jones schrieb am 1. Dezember 1921 an das Komitee:

"The Dutch asked me some time ago about the propriety of accepting as member a doctor known to be manifestly homosexual. I advised against it, and now I hear from Van Emden that the man has been detected and committed to prison. Do you think this would be a safe general maxim to act on?" (Jones 1921 a)

Ferenczi entledigte sich der Problematik in seiner Antwort vom 11. Dezember 1921, indem er kurz und bündig feststellte:

"Ad L.: Manif. Homos. wären - einstweilen - grundsätzlich abzuweisen, sie sind ja meist zu abnorm." (Ferenczi 1921).

Freud und Rank hingegen wiesen Jones' "Maxime" zunächst noch zurück. Ihre Stellungnahme vom 11. Dezember 1921 wurde gelegentlich als Beleg für eine offene Haltung Freuds gegenüber der Zulassung homosexueller Bewerber gewertet (vgl. z.B. Moor 1990). Sie war indes nicht Freuds letztes Wort in dieser Angelegenheit.

"Ad London Deine Anfrage l. Ernest wegen event. Mitgliedschaft Homosexueller möchten wir nicht in Deinem Sinne beantworten, d.h. wir möchten solche Personen nicht grundsätzlich ausschließen, da wir ja auch ihre gerichtliche Verfolgung nicht billigen können. Wir meinen die Entscheidung in solchen Fällen sollte einer individuellen Prüfung der sonstigen Qualitäten vorbehalten bleiben" (Freud und Rank 1921).

Jones widersprach Freud und schloß sich Ferenczis "Argument" an. In seiner Entgegnung vom 21. Dezember 1921 trug er außerdem eine eher verbandspolitisch taktische Überlegung vor:

"About the manifest homosexuals I agree with Ferenczi unless the case is very exceptional, for it is hard to see how they could perform a thorough Psa with understanding. Further our condemnation of the punishment of homosexuality does not alter the fact that to the world it is an abhorrent crime, the committal of which by one of our members would certainly discredit us seriously" (Jones 1921 b).

Auch Abraham, Sachs und Eitingon plädierten für Ablehnung. Am 11. Januar 1922 schrieben sie:

"Von hier aus ergiebt sich eine associative Verbindung zu der kürzlich aufgeworfenen Frage der Mitgliedschaft Homosexueller, zu der wir noch nicht Stellung genommen haben. Natürlich sind wir gegen jede Schroffheit gegen eine Person. Im Allgemeinen aber haben wir die Erfahrung gemacht, dass Homosexuelle mit unverdrängter Inversion nur ein gewisses Stück weit mit uns gehen können. Sie scheitern an der Frage der Homosexualität, und da diese in vielerlei Formen in jeder Neurose auftritt, so sind sie ausser Stande, eine Neurose wirklich zu analysieren. Unsre hiesigen trüben Erfahrungen sind Hirschfeld & Blüher. Was der letztere sich an Unverstand gegenüber der PsA leistet, steht wohl einzig da. Bei der Homos. hört für diese Leute jede Möglichkeit des Weiteranalysierens auf. Wir glauben also, warnen zu sollen und Homos. nur dann aufzunehmen, wenn ganz Besonderes zu ihren Gunsten spricht." (Abraham et al. 1922).

Die Berliner Gruppe bemühte sich also zumindest vordergründig um eine psychoanalytische Begründung. Diese hat jedoch bereits die Auffassung, daß manifeste Homosexualität nicht sein soll, zumindest nicht bei Psychoanalytikern, zur Voraussetzung. Da aber die Homosexualität durch Psychoanalyse nicht zum Verschwinden gebracht werden kann, sollen Homosexuelle nicht Psychoanalytiker werden.

Aus Wien kam schließlich eine Revision der zuvor vertretenen Position. Freud und Rank schrieben am 22. Januar 1922:

"Ad Berlin: Wir anerkennen das vorgebrachte Argument gegen die analytische Betätigung Homosexueller als richtig, möchten aber doch davor warnen, es zu einem Gesetz zu machen, mit Rücksicht auf die verschiedenen Typen von H. und die verschiedenartigen Mechanismen der Entstehung" (Freud und Rank 1922).

Inwieweit auch offen bisexuelle Männer und Frauen unter jenes "Gesetz", vor dem Freud vergeblich warnte, fielen und fallen, liegt in jenem Dunkel, das die Zulassungsprozeduren der institutionalisierten Psychoanalyse verhüllt. In jüngster Zeit mehren sich jedoch Hinweise, daß auch die organisierte Psychoanalyse ihr Homosexualitätsproblem wahrzunehmen beginnt, daß, wenn bislang auch nur vereinzelt, eine Selbstaufklärung in dieser Frage in Angriff genommen wird. Dies könnte nicht nur zu einer Änderung der Zulassungspraxis führen. Eine psychoanalytische Forschung, der es gelänge, sich aus ihrer zumindest partiellen Kollaboration mit kollektiver Antihomosexualität zu lösen, wäre zudem in der Lage, Beiträge zur Homo- und Bisexualitätsforschung zu leisten, die nicht durch ein solches Erkenntnishindernis beeinträchtigt sind und die z.B. Aufschluß geben könnten über die Frage, ob und in welcher Weise es sinnvoll ist, von einem besonderen Triebschicksal bisexueller Männer zu sprechen.

4 Bisexualität im heterosexuell-homosexuellen Gleichgewicht

"Der Sexualforscher Kinsey" hat nach der Einschätzung von Dannecker "zur Befreiung der Sexualität beigetragen, indem er sich auf deren grobmaterielle Seite, d.h. auf die Seite der sexuellen Handlungen schlug" (Dannecker 1989a: 209).[40] Grobmateriell betrachtet aber gilt für bisexuelle Männer, daß sie zeitweise oder dauerhaft sexuelle Handlungen sowohl mit Männern als auch mit Frauen vornehmen. Kinsey lehnte jedoch die Begriffe *Bisexualität* und *bisexuell* für jene Männer, deren Sexualgeschichten ebendies zutage brachten, ab. Ebenso erschien ihm eine "Klassifizierung des sexuellen Verhaltens als onanistisch, heterosexuell und homosexuell ... unglücklich, wenn dies den Gedanken nahelegt, daß drei verschiedene Reaktionstypen beteiligt seien, oder daß nur verschiedene Typen von Menschen je eine dieser sexuellen Betätigungen suchen oder bejahen" (Kinsey et al. 1954: 342 f). Kinsey argumentiert damit gegen Positionen, die heute als *essentialistisch* bezeichnet werden, Positionen, wie sie in der frühen Sexualwissenschaft, aber auch, vor allem in den USA, von der seinerzeit in der Psychiatrie einflußreichen Psychoanalyse vertreten wurden. Entsprechend wandte sich Kinsey auch gegen den Gebrauch der Substantive Homo-, Hetero- oder Bisexualität. Insbesondere hielt er die von der psychoanalytischen Orthodoxie (gegen Freud) faktisch vorgenommene Abtrennung der Homosexuellen "als besonders geartete Gruppe" (Freud 1905/25) und die Konstruktion der Homosexualität als behandelbare und behandlungsbedürftige psychische Störung für unbegründet und für wissenschaftlich nicht haltbar.

Homosexualität war für ihn "seit Urbeginn der Geschichte ein bedeutsamer Teil der menschlichen Sexualbetätigung ... ein Ausdruck von grundlegend im Menschen verankerten Eigenschaften" (Kinsey et al. 1955: 616). Hinsichtlich der Entwicklung sexueller Orientierungen nahm er dabei ausdrücklich eine behaviouristische Sichtweise ein, die er im Band über die Frau wie folgt darlegt: "Die Angaben weisen darauf hin, daß die zu homosexuellem Verhalten führenden Faktoren folgende sind: Erstens, die grundsätzliche physiologische Fähigkeit jedes Säugetiers, auf jeden ausreichenden Reiz zu reagieren; zweitens, der Zufall, der eine Person bei ihrer ersten sexuellen Erfahrung zu einem

---

[40] Zur Rezeption der Kinsey-Berichte siehe Reiche (1965), zur Einschätzung der Bedeutung und Wirkung der Arbeiten der Kinsey-Gruppe siehe ferner Dannecker (1989a) sowie die Beiträge des Sammelbandes von McWhirter et al. (1990), hier insbesondere den Aufsatz von John Gagnon

gleichgeschlechtlichen Partner hinführt; drittens, die prägende Wirkung einer derartigen Erfahrung und viertens, der indirekte, aber machtvolle Einfluß, den die Ansichten anderer Personen und die Gesellschaftsordnung auf die Entscheidung eines Menschen ausüben können, diese Form sexueller Beziehungen zu bejahen oder abzulehnen" (Kinsey et al. 1954: 343).

Gagnon (1990) sieht sowohl die sexualwissenschaftliche Homosexualitätsforschung der 50er und 60er Jahre in den USA wie auch die gleichzeitige, zum Teil damit verknüpfte politische Aktivierung der Homosexuellen als unmittelbare und direkte Konsequenzen der Kinsey-Reports an. Wirkungsvoll seien dabei weniger Kinseys theoretische Positionen als vielmehr die Bedeutung der Reports als gesellschaftliches Ereignis gewesen. Wissenschaftlich erfolgreich, im Sinne der Anregung weitergehender Forschung, war vor allem Kinseys Beitrag zur Dekonstruktion des "negativen Essentialismus" (Gagnon 1990: 192) der psychoanalytischen und psychiatrischen Vorstellungen zur Homosexualität. Das Konzept des "heterosexuell-homosexuellen Gleichgewichts" (Kinsey et al. 1955: 592) bzw. Kontinuums, das als Kinsey-Skala berühmt wurde, indes wird nur selten und wenn, dann meist nicht in der von Kinsey selbst intendierten Weise verwendet (vgl. De Cecco 1990). Die Grundidee der Skala formulierte Kinsey folgendermaßen: "Männer setzen sich nicht aus zwei bestimmten Gruppen zusammen, der heterosexuellen und der homosexuellen. Die Welt läßt sich nicht in schwarze und weiße Schafe aufteilen; denn nicht alle Dinge sind schwarz oder weiß. Es ist ein Grundsatz der Taxonomie, daß die Natur selten getrennte Kategorien aufweist. Nur der menschliche Geist führt Kategorien ein und versucht, die Tatsachen in bestimmte Fächer einzuordnen. Die lebende Welt ist in allen ihren Aspekten eine Kontinuität" (Kinsey et al. 1955: 594).

Kinseys Klassifizierung, die *homosexuell-heterosexuelle Wertskala*, nimmt bekanntlich eine Abstufung von "0 ausschließlich heterosexuell ohne jede Homosexualität" bis "6 ausschließlich homosexuell" (ebd.: 595) vor. Die Zuordnung einer Person stützte sich dabei auf "eine zweifache Grundlage", nämlich auf die "eigentlichen sexuellen Erfahrungen und [oder] ihre psychosexuellen Reaktionen" (ebd. 597) und nicht ausschließlich auf das sexuelle Verhalten, wie oft verkürzt rezipiert wird. Etliche nachfolgende Interpretationsprobleme und Fehlinterpretationen gerade in bezug auf die Bisexualität ergeben sich dabei aus dem Umstand, daß die "Stellung eines Menschen in dieser Wertskala ... immer auf dem Verhältnis zwischen der Heterosexualität und der Homosexualität in seiner Vergangenheit und nicht auf dem tatsächlichen

Ausmaß von eigentlichem Erlebnis oder psychischer Reaktion" beruht (ebd.). Die zwischen 0 und 6 liegenden Werte wollte Kinsey nicht verstanden wissen "as a social type called »bisexuals«", sondern vielmehr als Koeffizienten für Personen "with a mixture of homosexual and heterosexual acts" (Gagnon 1990: 190).

Abgesehen von der bereits angesprochenen grundsätzlichen Problematisierung der Begriffe homo-, hetero- und bisexuell lehnte Kinsey die Kategorie bisexuell aus zweierlei Gründen ab: zum einen wegen der begrifflichen Unschärfe, sei es doch unklar, ob die Bezeichnung nur auf die "Klasse 3" oder auf die den Stellenwerten 2 bis 4 oder gar 1 bis 5 zugeordneten Personen anzuwenden ist (vgl. Kinsey et al. 1955: 605). Insbesondere wandte er sich in diesem Zusammenhang gegen eine "Drei-Werte-Skala [heterosexuell, bisexuell und homosexuell]", da sie die "Kontinuität, wie sie in der Natur vorkommt, nicht zureichend erfassen" könne, eine "Sieben- Werte-Skala" komme den "vielen tatsächlich existierenden Abstufungen näher" (ebd.: 605 f).

Ferner hielt Kinsey die Verwendung des Begriffs *bisexuell* für irreführend, da er in biologischen Theorien zur Bezeichnung von Formen der Intersexualität bzw. des Hermaphroditismus verwendet wird und diese begriffliche Vermischung jene falschen theoretischen Verknüpfungen von bisexueller Konstitution (im biologischen Sinn) und bisexueller Orientierung nahelegt, wie sie für die immer neu aufgelegten biologisierenden Erklärungsversuche der Entwicklung sexueller Orientierung von Krafft-Ebing bis Günter Dörner kennzeichnend sind.

Kinseys Beitrag zur Dekonstruktion der populären wie wissenschaftlichen Vorstellungen über die Homosexualität war für jene, die sexuelle Beziehungen zu beiden Geschlechtern haben, in mehrfacher Hinsicht entlastend. Während sie in Theorien, die von einer scharfen Dichotomie, einem Entweder-Oder von Homo- und Heterosexualität ausgingen, nicht oder nur als irrende Subjekte mit einem falschen Selbstkonzept vorkamen, wies ihnen die Kinsey-Skala einen breiten Raum im Mittelfeld zwischen 1 und 5 zu und trug damit zur Anerkenntnis ihrer Existenz bei. Zudem belegte Kinseys Zahlenmaterial, daß sexuelle Erlebnisweisen und Verhaltensmuster nicht statisch, der Person oder gar dem Gehirn unveränderlich eingeschrieben sind, sondern daß Änderungen, insbesondere der Wechsel von homosexuellen zu heterosexuellen Reaktionen und umgekehrt, im individuellen Lebenszyklus möglich sind und nicht selten vorkommen. Kinseys begründeter Widerspruch gegen Theorien und Praktiken biologischer und psychiatrisch-psychoanalytischer Provenienz, denen die Homosexualität als ein mit allen therapeutischen Mitteln zu beseitigender Defekt galt, dürfte zudem auch manchen Bisexuellen vor therapeutischem Zugriff bewahrt haben, insofern nämlich, als die Kinsey-Berichte die extreme Diskrepanz zwischen den tatsächlichen sexuellen Verhaltensweisen und den vorherrschenden sexuellen Normen bloßlegten und somit für die, die sich nicht normgerecht verhielten, eine kathartische Wirkung hatten. Eine von Reiche (1965: 165) zitierte amerikanische Sexualberaterin nannte diese kathartische Wirkung den "Kinsey effect", der in der entlastenden Einsicht der Subjekte bestehe, nicht so abnorm zu sein, wie sie zuvor gedacht hatten.

Die Kinsey-Reports waren insoweit nicht ohne Einfluß auf die ab etwa Mitte bis Ende der 70er Jahre einsetzende politische Selbstorganisation derer, die sich - Kinsey zum Trotz - selbst als bisexuell bezeichnen. Zugleich aber trug das Konzept des homosexuell-heterosexuellen Kontinuums entscheidend zu jener Tendenz in der Sexualwissenschaft bei, die Dannecker in bezug auf die Homosexuellen und die Homosexualität als Arbeit an einer "begrifflichen Auflösung der homosexuellen Wirklichkeit" (Dannecker 1978: 61) beschrieb. "Ohne daß sich Wesentliches verändert hätte", habe die liberale Sexualwissenschaft Homosexuelle "zu scheinbar Gleichen gemacht. Das Spezifische an der homosexuellen Existenz wurde schrittweise aufgelöst" (ebd.).

Für die manifest Bisexuellen trifft diese Einschätzung in noch gravierender Weise zu. Ihre *Differentia specifica* hatte in den sexualwissenschaftlichen Theorien und Schriften vor der Publikation der Kinsey-Reports weitaus weniger Aufmerksamkeit als die der Homosexuellen erfahren bzw. wurde zumeist nicht wahrgenommen oder umstandslos mit der Homosexualität in eins gesetzt. In Kinseys Forschung fand zwar der "grobmaterielle" Aspekt der sexuellen Handlungen und psychosexuellen Reaktionen der Bisexuellen Berücksichtigung, zugleich aber wurde die "Dimension des Anderen" (Dannecker 1978: 61) der Bisexuellen begriffslos in das quantitative Kontinuum der Kinsey-Skala aufgelöst. Dieser Vorgang findet seinen Ausdruck auch in den überhöhten Zahlenangaben über die Verbreitung der Bisexualität, die sowohl von Vordenkern und -kämpfern der Bisexualität, wie auch von Autoren, die sich im Rahmen der AIDS-Debatte mit bisexuellen Männern als sogenannter Risikogruppe befassen, immer wieder vorgetragen werden. Grundlage der Zahlenangaben sind dabei jeweils die Kinsey-Studien. Klein (1978:117) etwa nennt in *The bisexual option* eine Verbreitung zwischen 30 und 45 %. Im AIDS-Kontext wird zum Teil mit ähnlich hohen Zahlen operiert (Haeberle 1989, Jäger-Collet 1989). Problematisch sind diese Zahlen deshalb, weil sie von einer kumulativen Zählung sexueller Kontakte ausgehen, d.h. als bisexuell werden all jene Männer bezeichnet, die irgendwann in ihrem Leben sexuelle Kontakte mit männlichen und weiblichen Personen oder entsprechende psychosexuelle Reaktionen hatten. Angemessener sowohl für die Bisexualitätsforschung wie für die AIDS-Forschung wäre es hingegen, von Zahlen über das aktuelle bisexuelle Verhalten auszugehen. Dann aber ergeben sich deutlich niedrigere Zahlen, die im Bereich weniger Prozentpunkte liegen (s. im einzelnen Kap. 8). Die überhöhten Zahlenangaben scheinen sowohl den Autoren in der AIDS-Diskussion wie den bisexuellen Aktivisten vor allem zur Betonung der besonderen Wichtigkeit ihres Anliegens zu dienen, sind also entweder einfache oder taktisch motivierte Fehlinterpretationen. In beiden Fällen ist den manifest Bisexuellen ein schlechter Dienst erwiesen, insofern nämlich, als sich hinter den zu hohen Zahlen das Besondere der Bisexuellen ein weiteres Mal verflüchtigt und zudem die von ihnen vermeintlich ausgehende AIDS-Gefahr zu einer immensen Größe stilisiert wird.

Storms (1980) kritisierte einen anderen Aspekt der Kinsey-Skala. Er schlug vor, Kinseys "eindimensionales Modell der sexuellen Orientierung" (Storms 1980: 785) durch eine zweidimensionale Betrachtung zu ersetzen, in der Homosexualität und Heterosexualität als getrennte "orthogonale erotische

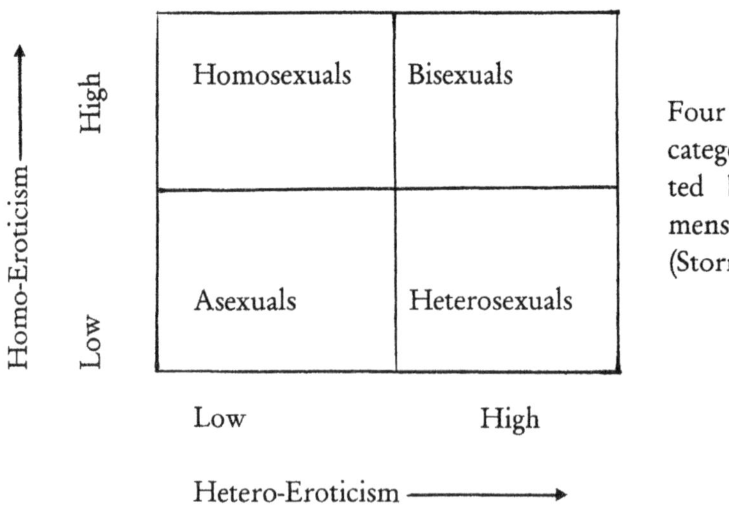

Four orientation categories generated by a two-dimensional model (Storms 1980: 784)

Dimensionen" (ebd.) aufgefaßt werden, die unabhänig voneinander variieren können. Dieses Modell führt, wie die Abbildung zeigt, zu vier Kategorien der sexuellen Orientierung, nämlich *asexuell, heterosexuell, homosexuell und bisexuell.*

Insbesondere die den Bisexuellen zugewiesene Position unterscheidet sich in den beiden Modellen. Das homosexuell-heterosexuelle Kontinuum lokalisiert exklusive Homo- und Heterosexualität als entgegengesetzte Extreme auf einer bipolaren, eindimensionalen Skala. Bisexualität erscheint als ein "Kompromiß irgendwo zwischen den beiden Extremen" (Storms 1980: 785), was den Eindruck nahelegt, daß Bisexuelle weniger homosexuell als Homosexuelle und weniger heterosexuell als Heterosexuelle seien, während das zweidimensionale Modell den Bisexuellen "hohe Grade sowohl von Homosexualität als auch von Heterosexualität" (ebd.) zuordnet.

Die sexuelle Orientierung faßt Storms dabei als Ausdruck einer "erworbenen erotischen Ansprechbarkeit", die in den erotischen Phantasien der Individuen repräsentiert sei (vgl. Storms 1980: 784). Storms testete sein Modell, indem er die erotischen Phantasien von 185 Probanden ermittelte und mit deren Selbstdefinition als "normal", "bisexuell" oder "schwul" in Beziehung setzte. Dabei zeigte sich, daß Homosexuelle über signifikant mehr gleichgeschlechtliche und weniger gegengeschlechtliche Phantasien berichteten als Heterosexuelle, wobei sich zugleich mehr hetero-erotische Phantasien bei Homosexuellen fanden als homo-erotische Phantasien bei Heterosexuellen. Bisexuelle schließlich berichteten über genausoviel gleichgeschlechtliche Phantasien wie Homosexuelle und über ebenfalls genauso viele gegengeschlechtliche Phantasien wie Heterosexuelle, d.h. sie erreichten "hohe Grade sowohl von Homo-Erotizismus wie von Hetero-Erotizismus" (Storms 1980: 789). Die Resultate zeigen also, wie Storms resümiert, "eine hohe Korrelation zwischen dem Inhalt der erotischen Phantasien einer Person und ihrer sexuellen Orientierung" (ebd.: 791). Sie können damit auch als empirische Bestätigung für Friedmans Modell der Differenzierung der sexuellen Phantasie gewertet werden. Zwar sagen sie nichts über diesen Differenzierungsprozeß selbst aus, bestätigen aber dessen von Friedman behauptetes Ergebnis insofern, als sie darauf hinweisen, daß es empirisch möglich ist, homo-, bi- und heterosexuelle Männer durch eine Untersuchung der bewußtseinsfähigen Inhalte der sexuellen Phantasien zu unterscheiden.

Die Begrenzung von Kinseys Konzept des homosexuell-heterosexuellen Kontinuums, das ja auf einer rein quantitativen Verrechnung von sexuellen Handlungen und psychosexuellen Reaktionen beruht, besteht in der Vernachlässigung von qualitativen Differenzen und insbesondere der Nichtberücksichtigung von sexuellen Selbstdefinitionen. Diese aber lassen sich nicht als bloße Koeffizienten eines Kontinuums denken, vielmehr erfahren Individuen sich selbst und andere durch relativ "diskontinuierliche soziale Typen (und Stereotypen)" (vgl. Gagnon 1990: 194). Sie sehen sich als "sissies, queers, dykes, fems, butches, trade, faggots" (ebd.: 191) oder als Schwule, Tunten, Lesben, Bi's usw. bzw. gelangen erst in der Auseinandersetzung mit diesen Stereotypen und Zuschreibungen zu ihrer Selbstdefinition.

Sexuelle Selbstdefinitionen und sexuelles Verhalten einschließlich psychosexueller Reaktionen sind dementsprechend häufig nicht deckungsgleich bzw. stehen in einem Spannungsverhältnis zueinander. Dies gilt, wie Blumstein und Schwartz (1976a) dargelegt haben, in besonderem Maß für jene Männer, die sowohl mit Männern wie mit Frauen sexuelle Kontakte haben. Hier findet die Mehrdeutigkeit der Kategorie der Bisexualität und die den bisexuellen Subjekten damit aufgegebene besondere Schwierigkeit, zu einer kohärenten Selbstdefinition zu gelangen, ihren Ausdruck. Die bloße begriffliche Auflösung dieser Schwierigkeit durch die einseitige Fokussierung der Betrachtung auf den Aspekt des sexuellen Verhaltens und der psychosexuellen Reaktion, wie Kinsey es mit dem Konzept des homosexuell-heterosexuellen Kontinuums vorschlägt, führt indes lediglich dazu, daß die Sexualsubjekte, insoweit sie den Denkvorgaben des Forschers folgen, am Ende unbegriffen der ansonsten unveränderten Schwierigkeit gegenüberstehen. Nun benutzen die, von deren Sexualität die Sexualwissenschaft handelt, die Begriffe so, wie es ihrem eigenen Interesse entspricht, etwa indem die von Kinsey als objektive Daten entworfenen Ziffern der Kinsey-Skala in Selbstdefinitionen umgewandelt werden, dann nämlich, wenn einer, der sich vordem als bisexuell bezeichnete, hervortritt und von sich sagt: "I *am* a Kinsey 3" (vgl. Gagnon 1990 und De Cecco 1990).

Diese Kinseys Position in ihr Gegenteil verkehrende Transformation, die Gagnon als "eine der Ironien der Wissenschaftsgeschichte" (1990: 192) bezeichnete, findet sich in gleicher Weise in der sexualwissenschaftlichen Anwendung der Kinsey- Skala, sofern diese überhaupt erfolgt. Eine von Shively, Jones und De Cecco (1983/1984) vorgenommene Analyse der Forschungsliteratur über sexuelle Orientierungen ergab, daß die Kinsey-Skala nur in zwei von 228 seit 1974 publizierten Homosexualitätsuntersuchungen bei der Auswahl der Probanden und in 30 weiteren in modifizierter Form zu Erfassung der sexuellen Orientierung benutzt wurde. De Cecco kommt auf Grundlage dieser Studie zu dem Schluß, daß die Kinsey-Skala "*niemals* in der Weise verwendet wurde, wie sie intendiert war" (1990: 377), nämlich als eine durch einen Interviewer vorgenommene Reihe von Berechnungen der jährlichen relativen Anteile homosexueller und heterosexueller Reaktionen in der Sexualgeschichte eines Individuums. Kommt die Kinsey-Skala überhaupt zur Anwendung, dann nicht in dieser Form, sondern vielmehr als eine auf den Selbstdefinitionen der Subjekte beruhende Klassifikation von Individuen.

5 Die Bisexuellen und die "Therapie" der Homosexualität

Nachdem bereits 1973 die American Psychiatric Association die Diagnose Homosexualität aus ihrer Klassifikation der psychischen Störungen, dem Diagnostic and Statistical Manual of Mental Disorders (DSM) entfernt hatte[41], ist inzwischen mit der seit 1991 vorliegenden Revision der Internationalen Klassifikation psychischer Störungen (ICD 10) der Weltgesundheitsorganisation auch weltweit die Geschichte der Krankheit Homosexualität beendet, zumindest auf dem Papier. In der Einleitung zur deutschen Übersetzung der ICD 10 wird festgestellt: "Die frühere, diskriminierende Diagnose Homosexualität gibt es als nosologische Entität nicht mehr" (Weltgesundheitsorganisation 1991: 18). Zusammen mit der Streichung der Krankheit Homosexualität schlägt die Weltgesundheitsorganisation für die Belange der praktischen Medizin und Psychiatrie eine dreistufige Einteilung der sexuellen Orientierung vor, d.h. neben der Homo- und der Heterosexualität wird die Bisexualität als eigene Kategorie in die ICD 10 eingeführt.[42]

Ob das lapidare Eingeständnis, daß die jahrzehntelang angewandte Diagnose Homosexualität keine wissenschaftlich fundierte, sondern eine "diskriminierende" war, auch zur Einstellung der unablässigen Suche nach der sog. Ätiologie der Homosexualität und der auf Homosexualitätsbeseitigung zielenden therapeutischen Operationen führt, bleibt abzuwarten. Trotz und sogar unter Benutzung der Arbeiten und Erkenntnisse von Ulrichs, Hirschfeld, Freud und Kinsey haben sich Sexualwissenschaftler seit der Konstitution der Sexualwissenschaft immer wieder theoretisch und praktisch als Verwalter und Exekutoren des kollektiven anti-homosexuellen Vorurteils in Dienst nehmen lassen (vgl. Dannecker 1980) und als Psychiater, Psychologen, Psychoanalytiker, Chirurgen, Neurochirurgen, Endokrinologen etc. oder ge-

---

[41] Zunächst verblieb im DSM noch die Kategorie "Ego dystonic homosexuality", die 1987 mit der Revision DSM III R ebenfalls entfernt wurde. Bayer (1981) hat die z.T. heftig und erbittert geführte Debatte über die Homosexualität innerhalb der amerikanischen Psychiatrie dokumentiert.

[42] Die ICD-10 führt unter der Ziffer F66.8 "andere psychische und Verhaltensstörungen in Verbindung mit der sexuellen Entwicklung und Orientierung" auf, dabei kann "die problematische Entwicklungsphase und sexuelle Orientierung" gekennzeichnet werden durch: "F66.80 heterosexuell, F66.81 homosexuell, F66.82 bisexuell (sollte nur bei eindeutiger sexueller Anziehung zu beiden Geschlechtern verwendet werden) F66.88 andere, einschließlich präpubertär" (Weltgesundheitsorganisation 1991: 233).

meinsam mit diesen das "Waffenarsenal von Psychologie und Medizin" (Sigusch 1984a: 106) zur Bekämpfung der Homosexualität eingesetzt.

In der Perspektive der Erforschung der Ursache der Homosexualität kommt manifeste Bisexualität dem Begriff nach in der Regel nicht vor, de facto wird sie als mildere Verlaufsform der Krankheit Homosexualität, als geringer ausgeprägtes homosexuelles Syndrom abgehandelt. Insofern wird zwischen manifester Homosexualität und manifester Bisexualität außer nach dem Ausmaß und Schweregrad der unterstellten Störung nicht unterschieden. Anzunehmen ist jedoch, daß ein nicht unbeträchtlicher Teil der Männer, die die auf Beseitigung der Homosexualität zielenden Therapien an sich vollziehen ließen und lassen, als manifest bisexuell einzustufen sind, und zwar entweder anhand von Kriterien wie sexuellem Verhalten und psychosexuellen Reaktionen oder seltener auch nach ihrer Selbstetikettierung.

Dannecker stellte einen Zusammenhang zwischen sexueller Orientierung und Behandlungswunsch fest. Die Frage "Wenn es eine sichere Methode geben würde, mit der die Homosexualität behandelt werden könnte und die nicht viel kosten würde: Würden Sie sich behandeln lassen?" wurde von 15,2 % der "ausschließlich homosexuellen" und 24,5 % der "vorwiegend homosexuellen" gegenüber 39,1 % der "bisexuellen" Männer mit Ja bzw. mit Vielleicht beantwortet, wobei hier die Angaben zur sexuellen Orientierung auf einer Selbsteinstufung beruhten. Das heißt also: "Nahezu 40 % der bisexuell Orientierten können ihre sexuellen Aktivitäten zu beiden Geschlechtern so schlecht integrieren, daß sie es vorzögen, monosexuell, und das heißt ausschließlich heterosexuell, zu sein" (Dannecker 1990: 56). Auch wenn diese Resultate nicht umstandslos verallgemeinert werden können, da das zugrunde liegende Untersuchungssample über ein Netz von homosexuellen Kontaktpersonen erreicht wurde und somit nur eine geringe und möglicherweise untypische Auswahl von bisexuellen Männern enthält, deutet dieses Ergebnis doch darauf hin, daß bisexuelle Männer wahrscheinlich in deutlich höherem Ausmaß von der "Homosexualitätstherapie" betroffen sind als homosexuelle Männer. Daran schließt sich die Frage an, ob und in welcher Weise die Homosexualitätstherapie für homo- und bisexuelle Männer unterschiedliche Auswirkungen und Folgen hatte und hat. Zur kritischen Einschätzung des wissenschaftlichen und sexualpolitischen Stellenwerts der Ätiologieforschung und ihrer Folgen für die Lage der Homosexuellen liegen etliche Untersuchungen vor, hinzuweisen ist vor allem auf die Arbeiten von Dannecker (1978, 1980, 1987), ferner von Schmidt (1984) und Lautmann (1977). Über die durch die therapeutischen

Eingriffe verursachten unmittelbaren Folgen und iatrogenen Schädigungen hingegen gibt es in der Fachliteratur kaum Untersuchungen. Im Falle der chirurgischen Eingriffe wie etwa Kastrationen und Hirnoperationen[43] ergeben sich die ärztlich verursachen physischen Schädigungen des Patienten unmittelbar aus der Methode, auch die "mit elektrischem Strom verübte Aversions»Therapie«" (Sigusch 1984a: 106) spricht für sich.[44] In beiden Fällen fehlen jedoch Untersuchungen über die seelischen Langzeitfolgen. Lediglich bezüglich der Psychoanalyse liegt dank der Pionierarbeit von Isay eine differenzierte Darstellung der durch die psychoanalytischen Homosexualitätstherapien hervorgerufenen Belastungen und Beeinträchtigungen vor.

Isay berichtet über zahlreiche klinische Nachfolgeuntersuchungen bzw. Nachbehandlungen von Homosexuellen, die sich zuvor einer Therapie bei einem Analytiker unterzogen hatten, dessen explizit geäußertes oder unausgesprochen bleibendes, die Therapie leitendes Ziel es war, dem Patienten bei dem Wechsel seiner sexuellen Orientierung zu assistieren (vgl. Isay 1990 b: 285). Dabei zeigte sich, daß die "Versuche, die homosexuelle Orientierung in eine heterosexuelle zu verwandeln, ernste Störungen im emotionalen und sozialen Bereich zur Folge haben können" (Isay 1990 a: 122), wie etwa schwere Angstzustände und Depressionen. Eine Differenzierung zwischen homosexuellen und bisexuellen Männern nahm Isay an dieser Stelle nicht vor. Insoweit durch die Homosexualitätstherapie iatrogene Schäden gesetzt wurden, kann also mangels ausreichender Untersuchung und Erforschung, nicht zwischen den Auswirkungen auf bisexuelle und homosexuelle Männer differenziert werden.

In anderer Hinsicht fällt jedoch ein bedeutsamer Unterschied ins Auge. Das angestrebte Therapieergebnis wird bei bisexuellen offensichtlich eher erreicht als bei homosexuellen Männern, d.h. es scheint so zu sein, daß die Homo-

---

[43] Vgl. hierzu Sigusch 1977, 1984 b; Schmidt und Schorsch 1981

[44] Insbesondere im Kontext der Aversions-"Therapie" wurden auch Versuche unternommen, die sexuelle Orientierung von Männern "objektiv" durch apparative Methoden zu bestimmen. Freund führte dafür als "diagnostisches" Instrument die Penisvolumenmessung nach Präsentation von Bildern nackter Männer und Frauen ein. Aufgrund von Experimenten mit dieser Methode gelangte er zu der Einschätzung, daß es Bisexualität bei Männern, die erwachsene Partner begehren, nicht gäbe (vgl. Freund 1974, 1976). McConaghy hingegen, der Freunds Methode dahingehend modifizierte, daß er Filme anstatt von Bildern nackter Männer und Frauen verwendete, fand mit Versuchen dieser Art bei einem Teil der daran beteiligten homosexuellen Männer Hinweise auf eine "physiologische Evidenz" von Bisexualität (vgl. McConaghy 1978).

sexualitätstherapie, insofern sie überhaupt "erfolgreich" ist, vorwiegend darin besteht, die Manifestation der Homosexualität bei Bisexuellen zu beseitigen. Im Fall der Psychoanalyse ging diesem praktischen Ergebnis bemerkenswerterweise die theoretische Beseitigung der Bisexualität voraus.

Die Psychoanalyse, namentlich die US-amerikanische und hier besonders jene von Sandor Rado beeinflußte Gruppe, zu der die aktivsten Homosexualitätstherapeuten wie Bieber (1962), Ovesey (1969) und Socarides (1971) gehören, unternahm es "stellvertretend für alle therapeutischen Disziplinen" nachzuweisen, daß "die Homosexualität eine ... schwere Krankheit ist" (Dannecker 1980: 373).[45]

1940, ein Jahr nach Freuds Tod, verwarf Rado[46] dessen Bisexualitätstheorie. Rado (1940) kritisierte zunächst, daß das Konzept der konstitutionellen Bisexualität von falschen biologischen Vorstellungen ausgehe und schließt daraus, daß damit auch Freuds Ausführungen zur psychischen Bisexualität hinfällig seien. Damit aber - und hier wird Rados Intention deutlich - sei die Psychoanalyse eine schwere Last los, die zu bedauerlichen Konsequenzen geführt habe, nämlich zu einer Minderung der therapeutischen Effizienz in der Homosexualitätstherapie. Die Vorstellung, es mit einer "homosexuellen Komponente seiner Konstitution" zu tun zu haben, habe nämlich bei Patienten oft "nutzlose Entmutigung oder Panik, wenn nicht schwerwiegendere Komplikationen" (Rado 1940: 466) produziert. Andererseits dürfte die mit seiner Bisexualitätstheorie verbundene Skepsis Freuds gegenüber der Homosexualitätstherapie und seine zurückhaltende Position hinsichtlich einer generellen Pathologisierung der Homosexualität auch auf seiten der Behandler eine Schwächung des therapeutischen Eifers bewirkt haben, hängt doch die Legitimation der Homosexualitätstherapie als humane Tat davon ab, daß die Homosexualität als schwere Krankheit deklariert wird, als deren Ausdruck das Leiden eines Patienten begriffen werden kann.

Insoweit Freuds Überlegungen zur psychischen Bisexualität, zumindest bezogen auf die sexuelle Orientierung, nicht an eine bestimmte biologische Theo-

[45] Zur psychoanalytischen Theoriebildung über die Homosexualität und zum therapeutischen Umgang der Psychoanalyse mit den Homosexuellen siehe Lewes 1988; Friedman 1988, 1991; Isay 1990 a, b

[46] Ausführlicher wird die Position Rados und seine Stellung im psychoanalytischen Diskurs über die Homosexualität von Lewes (1988: 101 ff) sowie von Friedman (1991) diskutiert.

rie des Sexualdimorphismus gebunden sind (vgl. Kap. 3), geht Rados Kritik ins Leere. Das Entscheidende an der von ihm vorgenommenen theoretischen Verschiebung ist jedoch die Einziehung von Freuds offener Anthropologie in der Frage der Homosexualität. Freuds Bisexualitätslehre, die von einem offenen Potential ausgeht, aus dem sich Homo- und Heterosexualität diffenzieren, die wiederum nach Freuds Forderung gleichermaßen auf- und erklärungsbedürftige Phänomene sind, wird ersetzt durch eine biologisch-psychoanalytische Theoriekonstruktion, in der alle Abweichungen von der aus der "reproduktiven Aktivität" (Rado 1940: 462) abgeleiteten genitalen "Standardstimulation" (ebd.: 466) von vorneherein der Pathologie zugeschlagen werden. Als ungestört gilt Sexualität also nur, wenn sie zu gegengeschlechtlichem Koitus führt. Aufgabe der Psychoanalyse sei es, die Ursachen zu erforschen, die ein Individuum veranlasse, "abweichende Stimulationsformen an seiner genitalen Standardausstattung (standard genital equipment) vorzunehmen" (ebd.). In Rados Perspektive ist es in erster Linie "der Affekt der Angst", der die "Standardstimulation" inhibiert und zur Auslösung einer "reparativen Anpassung" führt, deren Ausdruck wiederum die "kranken Stimulationen" seien (ebd.).

Ovesey stellte die therapeutische Anwendung der Psychoanalyse zur Homosexualitätstherapie detailliert dar. Die Basis der Therapie seien "drei fundamentale Annahmen". Erstens sei die Homosexualität als pathologisch, zweitens der homosexuelle Akt als ein überdeterminiertes Symptom aufzufassen, und drittens habe die Homosexualität als eine behandelbare Krankheit zu gelten, durch deren Therapie die normale Richtung des Sexualtriebes wiederhergestellt werden könne (vgl. Ovesey 1969: 119). Analytiker, die dieses Credo nicht teilen, sollten Homosexuelle nicht als Patienten akzeptieren. Die drei Grundannahmen bestimmen zugleich den Gang der Therapie, in deren Verlauf sie beständig wiederholt werden sollen. Ziel sei die Überwindung der unterstellten Angst vor und die Einübung der heterosexuellen Aktivität, denn "nothing succeeds like success" (Ovesey und Woods 1980: 337). Um diesen zu erreichen, solle der Psychoanalytiker nötigenfalls die magische Omnipotenz, mit der der Analysand ihn in der Übertragungsbeziehung unbewußt ausstatte, manipulativ einsetzen (vgl. Ovesey 1969: 123; Ovesey und Woods 1980: 337). Die Erreichung des Endzieles ("endgoal"), nämlich die heterosexuelle Potenz innerhalb einer "totalen Beziehung zu einer Frau" (Ovesey 1969: 123), sei entscheidend, während die Einsicht in unbewußte Phantasien durch den Patienten selbst zweitrangig und nur Mittel zum Zweck sei:

"Früher oder später muß der homosexuelle Patient die notwendigen Versuche unternehmen, Geschlechtsverkehr auszuüben, und er muß sie wieder und wieder machen, bis er fähig ist zu einer anhaltenden Erektion, zur Peneration und zu lustvollem intravaginalem Orgasmus. Das Erreichen dieser Endziele kann erleichtert werden, indem dem Patienten geholfen wird, Einsicht in die unbewußten Phantasien, die die Vagina in eine Quelle der Angst verwandeln, zu gewinnen. Wir müssen aber nachdrücklich betonen, daß solche Einsichten nur Mittel zur Erreichung eines Zieles sind, sie sind nicht das Ziel selber" (Ovesey 1969: 107).

Oveseys detaillierte Ausführungen über die Therapieprognose lassen bei genauerem Hinsehen erkennen, daß diese eigentümliche Variante psychoanalytischer Behandlungstechnik vor allem bei bisexuellen Analysanden den gewünschten Erfolg erbringt. Dieser aber besteht durchweg in der Erreichung von außeranalytischen Zielen, nämlich im Verschwinden der homosexuellen Manifestation und in der Identifikation mit der gesellschaftlichen Normalität. Als höchstes Therapieziel wird dementsprechend regelmäßig die "erfolgreiche Ehe" und die "persönliche Erfüllung als Mann, die in der Befriedigung wurzelt, Ehemann und Vater zu sein" (Ovesey 1969: 124), angegeben.[47] Als günstig für die Behandlungsprognose führt Ovesey neben starker Motivation und großer Ich-Stärke folgende Indikatoren auf: das Bestehen einer heterosexuellen, sozialen Identifikation und eines geringen Grades homosexueller Konsolidierung sowie eines hohen Grades an "heterosexual integrity", womit gemeint ist, daß sexuelle Anziehung durch Frauen bestehe, der sexuelle Kontakt mit denselben lustvoll sei, das weibliche Genital als anziehend erlebt werde und die Homosexualität nicht ausschließlich sei. Schließlich zeige ein prädominant heterosexuelles Phantasieleben eine günstige Prognose an (vgl. Ovesey 1969: 116 f). Ergänzend teilt Ovesey mit, daß die Männer, die um Behandlung nachsuchten, meist in die Gruppe mit günstiger Prognose fielen. Die anderen, "the confirmed homosexuals who wish only to be left alone", kämen entweder nicht oder brächen die Therapie bald ab. Ihnen habe die Behandlung "bei dem gegenwärtigen Stand unseres Wissens" nichts zu bieten. Das Problem der "Selektion von Patienten" (ebd.: 118) werde somit größtenteils durch die homosexuellen und bisexuellen Männer selbst gelöst.

[47] Nicolosi, ein noch aktiver Homosexualitätstherapeut, bedauerte kürzlich gegenüber der Zeitung Newsweek, also an prominenter öffentlicher Stelle, daß mit der Streichung der Homosexualitätsdiagnose eine "ganze Population von Menschen, die mit der Homosexualität unzufrieden seien, von Psychologie und Psychiatrie preisgegeben worden seien". Zwar könne er keine Heilung der Homosexualität anbieten, aber immerhin eine "Verminderung homosexueller Gefühle" erreichen, die es manchem Patienten erlaube, zu heiraten und eine Familie zu gründen (vgl. Gelman et al. 1992: 44).

Ovesey gelangt also im Resultat zu der Auffassung, die auch schon Freud, der freilich der Homosexualitätstherapie skeptisch gegenüberstand, formuliert hatte: "Nur wo die Fixierung an das gleichgeschlechtliche Objekt noch nicht stark genug geworden ist, oder wo sich erhebliche Ansätze und Reste der heterosexuellen Objektwahl vorfinden, also bei noch schwankender oder bei deutlich bisexueller Organisation, darf die Prognose der psychoanalytischen Therapie günstiger gestellt werden" (Freud 1920 a: 277). Bestätigt wird diese Einschätzung auch von Isay: "Ein wichtiger Unterschied" zwischen bisexuellen und schwulen Männern sei, daß erstere, "falls sie dies wünschen, durch einen neutralen, traditionellen psychoanalytischen oder psychotherapeutischen Prozeß befähigt werden können, ein durch ihre Homosexualität relativ ungestörtes heterosexuelles Leben zu führen" (Isay 1990 b: 288).

Die Ergebnisse der Homosexualitätsstudie, die Masters und Johnson 1979 vorlegten, weisen in die gleiche Richtung. Als Ergebnis eines lerntheoretisch orientierten Behandlungsprogramms "homosexueller Unzufriedenheit" nennen die Autoren eine "Gesamt-Fehlschlagsquote" von 33 % (Masters und Johnson 1979: 359), was im Vergleich zu anderen Therapieformen, die auf die Beseitigung von Homosexualität gerichtet sind, erstaunlich niedrig ist. Ein genauer Blick auf die Zusammensetzung der Behandlungsgruppe zeigt jedoch, daß die "homosexuell orientierten Männer, die das Institut aufsuchten, um therapeutisch heterosexuelles Sexualverhalten zu erlangen oder zurückzuerlangen" (ebd.: 297), größtenteils bisexuell waren. Voraussetzung für die Behandlung war das Vorhandensein einer Partnerin. 33 der 54 Behandelten waren verheiratet bzw. lebten in fester, gemischtgeschlechtlicher Partnerschaft, alle anderen hatten eine "zufällige Partnerin". Nur 3 erreichten den Kinsey-Wert 6, 44 hingegen die Werte 2 bis 4. "Die homosexuell orientierten Klienten von Masters und Johnson" waren also, wie Dannecker (1987: 60) kommentiert, "hochgradig heterosexuell bei bisexueller Praxis" - oder eben bisexuell.

Nachdem seit der Vorlage der ICD-10 durch die Weltgesundheitsorganisation die Therapie der Krankheit Homosexualität obsolet geworden ist, stellt sich die Frage, ob damit auch für bisexuelle Männer die Therapiefrage erledigt ist. Dieser Schluß wäre jedoch voreilig. Wie beispielsweise das Behandlungsprogramm von Masters und Johnson zeigt, ist die Bewertung der Homosexualität als pathologisch keineswegs eine notwendige Voraussetzung dafür, daß Therapien angeboten werden, die darauf zielen, Homosexualität zum Verschwinden zu bringen.[48] Die Autoren betonen im Gegenteil die besondere Wichtigkeit einer neutralen Haltung der Therapeuten. Die "Entscheidung für seine sexuelle Orientierung" soll der Klient selber treffen, dies allerdings erst dann, wenn "sich seine psychosexuellen Sperren glaubhaft neutralisiert oder sogar abgebaut haben und nur wenn er sich in seinen sexuellen Funktionen wirklich heterosexuell verhält" (Masters und Johnson 1979: 320). Alles soll also liberal und selbstbestimmt zugehen, als ob Klient und Therapeut gemeinsam vergessen wollten, daß der Ausgangspunkt der Therapie die sog. *homosexuelle Unzufriedenheit* war. Diese aber ist im wesentlichen als ein individueller Niederschlag kollektiver Anti-Homosexualität zu begreifen. Und das heißt nichts anderes, als daß die Nachfrage nach Homosexualitätstherapie in erster Linie ein Resultat der durch die Entpathologisierung und teilweise Entkriminalisierung nur gemilderten, aber nicht aufgehobenen gesellschaftlichen Geringschätzung der Homosexualität ist.

In der Therapiefrage unterscheidet sich die Situation der bisexuellen von der der homosexuellen Männer in zweierlei Hinsicht. Wie die Homosexuellen stehen die Bisexuellen unter dem Druck des Normalitätsgebots bzw. müssen sich damit auseinandersetzen. Anders als für die Homosexuellen gibt es jedoch für Bisexuelle bislang keine entwickelte Subkultur, kein der "gay community" entsprechendes soziales Netzwerk, das sie darin unterstützt, zu einer stabilen sexuellen Selbstdefinition zu gelangen. Dies kann zusammen mit den sich aus der bisexuellen Lebensform selbst ergebenden Problemen zu einem stärkeren Behandlungswunsch als bei Homosexuellen führen. Seit die bisexuellen Männer in der AIDS-Debatte ins Zentrum der Aufmerksamkeit geraten sind, dürfte dieser ohnehin höhere Therapiedruck sich zusätzlich verstärkt haben. Andererseits sind die auf das Verschwinden der Homosexualität ausgerichteten Therapien psychoanalytischer wie lerntheoretischer Provenienz allem Anschein nach bei bisexuellen Männern deutlich wirksamer als bei homosexuellen. Bisexuellen, die ihre Sexualität als konflikthaft erleben, ferner diese Konflikthaftigkeit mit der Bisexualität verknüpft sehen und drittens den Ausweg aus dieser Situation darin erblicken, den homosexuellen Teil ihrer Existenz aufzugeben, wird also mit diesen Therapien ein relativ erfolgverspre-

[48] Die ICD-10 hält hierfür auch eine diagnostische Kategorie bereit, nämlich "F 66.1 ichdystone Sexualorientierung. Die Geschlechtsidentität oder sexuelle Präferenz ist eindeutig, aber die betroffene Person hat den Wunsch, diese wäre wegen der damit verbundenen psychischen oder Verhaltensstörungen anders und unterzieht sich möglicherweise einer Behandlung, um diese zu ändern. Die sexuelle Orientierung selbst sollte nicht als Störung angesehen werden" (Weltgesundheitsorganisation 1991: 233).

chender Weg angeboten, um ihre Bisexualität auf Heterosexualität zu reduzieren. Daß mag, sofern die Umformung gelingt, im Einzelfall zu einer möglicherweise konfliktfreieren und ungestörteren heterosexuellen Lebensorganisation führen. Mit dem Versuch, ihre Sexualität in dieser Weise zu vereinseitigen, aber verzichten Bisexuelle zugleich darauf, eine ihrem bisexuellen Potential entsprechende Lebensform zu entwickeln.

6 Die Bisexuellen treten hervor

Die Bisexualität war in der frühen Sexualwissenschaft wie auch in den Anfängen der Psychoanalyse in theoretischer Hinsicht ein zentrales, zum Teil sogar konstitutives Thema. Die manifeste Sexualität der bisexuellen Männer und Frauen fand dabei zumeist keine oder nur geringe Beachtung bzw. wurde unter die sogenannte Homosexualitätsfrage subsumiert. Die wichtigste Ausnahme von dieser Praxis findet sich bei Hirschfeld, der in Weiterentwicklung von Ulrichs' Versuch, den *Uranodioningen* einen Platz in der von ihm entworfenen Topographie des Begehrens einzuräumen, die manifeste Bisexualität als eigenständige Sexualform neben der Homo- und der Heterosexualität begriff und sie als solche untersuchte und in die Zwischenstufenlehre aufnahm.

In der sich seit der Publikation der Kinsey-Berichte vor allen Dingen in den USA entwickelnden empirischen Sexualwissenschaft war Bisexualität zunächst kein Thema. Obwohl Kinsey gezeigt hatte, daß eine Einteilung der Männer in heterosexuelle und homosexuelle den sexuellen Verhältnissen nicht gerecht wird, erfuhren die Sexualgeschichten derer, die sowohl mit Männer wie mit Frauen sexuelle Kontakte haben, kaum wissenschaftliche Beachtung. Während die empirische Sexualwissenschaft somit entgegen ihren eigenen theoretischen Prämissen die manifeste Bisexualität weitgehend ignorierte, war in Teilen der Psychoanalyse auch die Theorie der Bisexualität aus dem theoretischem Korpus getilgt worden. Bis vor kurzem wurde die Bisexualität in sexualwissenschaftlichen Untersuchungen meist der Homosexualität zugeschlagen (vgl. McDonald 1981, 1983), wurde sozusagen als eine von deren Erscheinungsformen aufgefaßt. So etwa auch 1974 von Dannecker und Reiche, die nach einer differenzierten Analyse der von ihnen vorgefundenen Form der manifesten Bisexualität (Dannecker und Reiche 1974: 47-54 und 297-303) diese Einordnung explizit vornahmen: "Wir neigen sogar zu der von manchen Psychoanalytikern vorgetragenen Einschätzung, alle Bisexuellen seien in Wirklichkeit Homosexuelle" (ebd.: 303).

Obwohl also seit der vermeintlichen Entdeckung der Bisexualität mehr als 70 Jahre vergangen waren, konnte Klein (1978: 11) mit einer gewissen Berechtigung feststellen, daß den Bisexuellen bis dahin weitgehend ein Status der "Nichtexistenz" zugeschrieben worden sei und dazu auffordern, das "tiefe Schweigen" über die Bisexualität zu brechen. Kleins Buch *The bisexual option* ist Ausdruck und Bestandteil des in den 70er Jahren einsetzenden Prozesses der Konstituierung der manifesten Bisexualität als Sexualform. Zu den wichtigsten Voraussetzungen der damit einhergehenden Selbstartikulation der Bisexuellen zählen drei miteinander verknüpfte gesellschaftliche Entwicklungen, erstens die sog. sexuelle Liberalisierung, zum anderen die Frauenbewegung und schließlich die Emanzipationsbewegung der schwulen Männer und der lesbischen Frauen.

Mit der sexuellen Liberalisierung veränderte sich vor allem der Gestus des privaten und öffentlichen Redens, Schreibens und Forschens über die Sexualität, insofern über die Privilegierung der Lust den unterschiedlichen sexuellen Formen ein bedeutsamer Rang eingeräumt wurde, was auch für die Bisexualität gilt. Ob und in welcher Weise damit auch nachhaltige Veränderungen der sexuellen Verhaltensweisen und also auch der Formen bisexuellen Verhaltens und Erlebens einhergingen, ist weitgehend unerforscht. Abgesehen von Clements Zeitvergleichsuntersuchung *Sexualität im sozialen Wandel* (1986) liegen kaum empirische Untersuchungen dieser möglichen Verschiebungen und Veränderungen vor. Clement stellte in den untersuchten Studentenpopulationen von 1966 und 1981 eine Zunahme der "Quote der bisexuell Aktiven bei den Männern von 2 auf 4 %" (Clement 1986: 56), also eine Verdoppelung fest. Ausgehend von der Beobachtung, daß die "meisten Bisexuellen unserer Stichprobe" (ebd.: 55) stärker zur Heterosexualität tendierten, interpretierte er dieses Ergebnis jedoch nicht als Zunahme von bisexuellem Erleben und bisexueller Orientierung, sondern als "zunehmende Bereitschaft Heterosexueller zu homosexuellen Kontakten" (ebd.: 56). Hintergrund dieser Interpretation ist dabei Clements Vermutung, daß eine bisexuelle Selbstdefinition eine "sexualisierte Form der Verweigerung ..., die heterosexuelle Geschlechtsrolle anzunehmen" (ebd.: 55), darstelle. In Clements Perspektive erscheint die manifeste Bisexualität also nicht als eigenständige Sexualform, sondern letzlich als Variante der Heterosexualität, als Ausdruck einer Veränderung im "heterosexuellen Selbstbild" (ebd.).

Blumstein und Schwartz stießen in ihrer von 1973 bis 1975 durchgeführten Bisexualitätsuntersuchung zu ihrer eigenen Überraschung auf eine "substantielle Anzahl" von Männern "mit bisexuellen Identitäten, aber geringer oder keiner homosexuellen Erfahrung" (Blumstein und Schwartz 1976 a: 343). Einige dieser Männer erläuterten ihre bisexuelle Selbstdefinition mit dem Anspruch, einen "nicht-sexistischen Lebensstil" führen zu wollen; Blumstein und Schwartz sprechen in diesem Zusammenhang auch von "feministischen Männern" (ebd.: 344). Andere verwiesen auf ihre Männergruppenerfahrung. In diesen Gruppen ging und geht es u.a. um eine Neubestimmung des Verhältnisses von Männern untereinander und damit auch um die mitunter schwierige, den Zusammenhalt der Gruppen nicht selten sprengende, gleichwohl intendierte und unvermeidliche Auseinandersetzung mit der Homosexualität. Einer der Lösungswege aus dieser Problematik ist eine mehr von sexualpolitischen Ideen und utopischen Entwürfen inspirierte denn vom Begehren getragene Bisexualitätsvorstellung. An diesen Phänomenen wird deutlich, was Clement im Blick zu haben schien, als er die von ihm festgestellte Zunahme von bisexuellem Verhalten und bisexueller Identifizierung auf eine Veränderung im heterosexuellen Selbstbild zurückführte, wobei die "relativ wenigen Bisexuellen" ihm nur als "die Spitze eines Eisberges" (Clement 1986: 55) galten.

Einen auf den ersten Blick vergleichbaren Zusammenhang beschreiben Blumstein und Schwartz (1976 b, 1977) für bisexuell identifizierte Frauen. Eine große Zahl der Teilnehmerinnen an ihrer Untersuchung war über Erfahrungen im Kontext der Frauenbewegung zu einer bisexuellen Selbstdefinition gelangt, wobei feministische Positionen und Überzeugungen häufig den ersten Schritt zur Aufnahme einer bisexuellen Praxis bildeten und zur Aufrechterhaltung einer bisexuellen Selbstdefinition unabhängig von der tatsächlichen sexuellen Praxis beitrugen (vgl. auch Faderman 1984: 87).

Insoweit das auf der Homosexualität lastende Tabu sich auch auf die manifeste Bisexualität erstreckt, sind die Situation bisexueller Männer wie auch theoretische Überlegungen über ihre Sexualität abhängig von der Bewertung der Homosexualität und der Lage der Homosexuellen. Diese haben sich seit Beginn der Schwulenbewegung, die sozusagen das kollektive Coming out der Homosexuellen darstellte, nachhaltig verändert. Das Tabu Homosexualität ist gelockert, die Homosexualität ist weitgehend entkriminalisiert und entpathologisiert. Die homosexuellen Männer sind *schwul* geworden. Nicht mehr nur "ständig damit beschäftigt zu widerlegen, was an ihrem Verhalten unmoralisch oder asozial sein soll" (Dannecker 1978: 60), konnten homosexuelle Männer damit beginnen, eine Vorstellung davon zu entwickeln, was es heißen könnte, schwul zu leben, und sei dies nur die Chance, so gewöhnlich zu werden, wie sie vielleicht schon immer sein wollten. Zumindest aber verbesserte sich die Lebenssituation der Homosexuellen. Unterschiedliche homosexuelle Lebensformen konnten entwickelt bzw. sichtbar werden.

Im sexualwissenschaftlichen Diskurs über die Homosexualität ergaben sich korrespondierende Verschiebungen. Die Erforschung der sogenannten Ätiologie der Homosexualität, die, obwohl ihr der Gegenstand abhanden gekommen ist, perseverierend weitergeführt wird, ist obsolet und selber Gegenstand kritischer wie konstruktivistisch ausgerichteter Sexualforschung geworden. Die Diversifizierung der homosexuellen Lebensformen, die sich entsprechend in empirischen Untersuchungen abbildete, führte zu einer Auflösung der einheitlichen Kategorie der Homosexualität. Bell und Weinberg sprachen deshalb schon im Titel ihrer Homosexualitätsstudie von 1978 von "Homosexualitäten".[49] Was sie vorlegten,war eine Typologie homosexueller Männer in enggepaarte, offengepaarte, funktionale, dysfunktionale und asexuelle. Bisexualität wurde dabei nur am Rande erwähnt. So stellen die Autoren eingangs fest: "Diese Daten zeigen eindeutig, daß die Mehrheit der befragten Männer zwar auf der homosexuellen Seite des homosexuell-heterosexuellen Kontinuums steht, daß sie sich jedoch in dem Ausmaß, in dem ihre sexuellen Verhaltensweisen und Empfindungen vorwiegend oder ausschließlich homosexuell sind, voneinander unterscheiden. Vor allem in Hinblick auf ihre sexuellen Empfindungen lassen sich viele nicht als ausschließlich homosexuell einordnen" (Bell und Weinberg 1978: 65). Obwohl, wie MacDonald (1981, 1983) gezeigt hat, ein großer Teil der Probanden dieser Untersuchung als bisexuell bezeichnet werden könnte, wird dies im weiteren nicht mehr diskutiert (vgl. auch Paul 1983/84). Am Ende ihres Buches kehren Bell und Weinberg zur "raison d'être" ihrer Studie zurück: "Mittlerweile hat sich wohl klar erwiesen, daß wir der sexuellen Orientierung von Menschen nicht gerecht werden, wenn wir sie mit einem einzigen Substantiv bezeichnen. Es gibt »Homosexualitäten« und »Heterosexualitäten«, die jeweils eine Vielfalt in Wechselbeziehung stehender Dimensionen umfassen" (Bell und Weinberg 1978: 262). Von Bisexuellen oder Bisexualitäten ist hier nicht mehr die Rede. Insofern ist die Untersuchung ein typisches Beispiel für die zahlreichen Homosexualitätsstudien, die trotz eines homosexuell-bisexuell gemischten Untersuchungssamples keine Differenzierung zwischen Homo- und Bisexualität vornehmen, was nicht nur dazu führt, daß die Besonderheiten bisexueller Lebensformen unberücksichtigt bleiben, auch die Gültigkeit der Aussagen über die Homosexuellen wird dadurch zumindest erheblich relativiert. Nun könnte man einwenden, daß die Bisexualität in den vielfältigen Homo- und Heterosexualitäten enthalten und es dementsprechend nicht sinnvoll sei, sie als eigene Kategorie zu berücksichtigen. Diese Sichtweise liefe darauf hinaus,

---

[49] Dies gilt nur für den englischen Originaltitel: "Homosexualities: A Study of Diversity among Men and Women". Die deutsche Übersetzung der Studie trägt den Titel: "Der Kinsey Institut Report über weibliche und männliche Homosexualität".

die verschiedenen Formen der Bisexualität entweder den Homo- oder den Heterosexualitäten zuzuschlagen bzw. zwischen beiden aufzuteilen. Damit aber würde die heterosexuell-homosexuelle Dichotomie der sexuellen Orientierung letztlich nur auf eine subtilere Weise festgeschrieben.

Ein zentrales Thema der neueren Homosexualitätsforschung, als theoretisches wie auch praktisches Ergebnis der Schwulenbewegung, ist die Vorstellung einer homosexuellen bzw. einer schwulen Identität (vgl. Cass 1983/84; Cass 1990; Minton und MacDonald 1983/84; De Cecco 1981; Troiden 1989). Für die Frage der Bisexualität bedeutsam ist dabei vor allem, daß das Konzept der homosexuellen Identität in erster Linie als eines der Abgrenzung zwischen homo- und heterosexuellen Personen entworfen wurde und insofern zumindest zunächst die Vorstellung einer Dichotomie der sexuellen Orientierung in Hetero- und Homosexualität begünstigte.

Die unter tätiger Mitwirkung der homosexuellen Subjekte erfolgte Konstruktion der schwulen Identität ist gewissermaßen der paradigmatische Fall für die Ableitung von Identitäten aus der Sexualform. Diese erfolgreiche Aneignung und gesellschaftliche Verankerung der Homosexualität aber erzeugt notwendig einen Druck auf alle anderen nicht nur flüchtigen sexuellen Formen, sich in analoger Weise ihre Sexualität anzueignen und gesellschaftlich zu verankern. Insbesondere für die in die Schwulen- und Lesbenbewegung involvierten oder zumindest davon nicht unberührt gebliebenen bisexuellen Männer und Frauen wird die Notwendigkeit zu einer solchen Selbstkonstruktion geradezu hervorgezwungen, weil sie, so wie sie sich erleben, in einer in Heterosexualitäten und Homosexualitäten eingeteilten sexuellen Welt nicht vorkommen. Sie beginnen also, soweit sie es nicht schon vorher taten, sich als Differente wahrzunehmen. Vor allem aber artikulieren sie sich als solche. Die Bisexuellen treten hervor.

Sie folgen damit wie die Homosexuellen vor ihnen jener im 19. Jahrhundert einsetzenden Verschiebung im gesellschaftlichen Umgang mit dem Sexuellen, die aus der "Wahrnehmung der eigenen Sexualität ein Werkzeug der Selbstdefinition" (Foucault und Sennett 1980: 26) gemacht hat, wobei Foucault und Sennett freilich der Auffassung sind, daß durch diese "psychologische Aufladung" (ebd.: 29) die Sexualität "zu wichtig geworden ist, daß sie mit Aufgaben der Selbstdefinition und der Selbsterkenntnis beladen worden ist, die sie nicht erfüllen kann und nicht erfüllen sollte" (ebd.: 30). Insoweit und solange aber sozusagen ein kultureller Imperativ besteht, die eigene Identität aus der Sexualform abzuleiten, dem alle unterliegen, können Bisexuelle den Status der "Nichtexistenz" (Klein 1978: 11) nur verlassen, indem sie das Differente ihrer Sexualität betonen und sich Gehör verschaffen.

Kaum hervorgetreten aber finden sich die Bisexuellen zwischen den Stühlen. Aus der Perspektive der Normalität wird Bisexualität entweder als Ausdruck einer vorübergehenden Entwicklungsphase oder als psychopathologische Störung, als "neurotische Unfähigkeit, zwischen einer heterosexuellen oder einer homosexuellen Orientierung zu wählen", oder als ein "Zeichen einer Unfähigkeit, überhaupt ernsthafte emotionale Bindungen einzugehen" (Paul 1983/84: 45), begriffen, oder aber die Bisexuellen werden den Homosexuellen zugeschlagen. Aus deren Sicht wiederum unterliegen sie dem Verdacht, verdeckte Homosexuelle zu sein, die sich der bisexuellen Selbstdefinition nur bedienen, um der Last der Diskriminierung der Homosexuellen zu entgehen bzw. diese zu verringern. Dieser Verdacht kommt bei homosexuellen Männern insbesondere deshalb auf, weil nicht wenige von ihnen selbst versucht haben, mit dieser Abwehrstrategie ihre inneren und äußeren Konflikte mit ihrer sexuellen Neigung abzuschwächen.

Die Bisexuellen finden sich also in einer prekären Situation. Entweder werden sie in ihrer Besonderheit nicht wahrgenommen, oder aber es wird ihnen dort, wo sie Aufmerksamkeit erfahren, ihre Bisexualität abgesprochen. Einer der Wege, um aus diesem Dilemma herauszukommen, besteht darin, diese Schwierigkeit kollektiv zu lösen. Seit etwa Mitte der 70er Jahre begannen bisexuelle Männer und Frauen sich zu organisieren, unternahmen den Versuch, eine Bisexuellenbewegung ins Leben zu rufen. Bisexuellen-Zentren wurden zunächst in den USA und später in West-Europa gegründet, so z.B. 1975 das "Bisexual Forum of New York" (Mishaan 1985), 1976 das "San Francisco Bisexual Center" (Rubenstein und Slater 1985) und 1978 "Chicago Bi-Ways" (Barr 1985), seit 1981 existiert die "London Bisexual Group" (Bisexual Lives 1988). Inzwischen liegt ein Reader (Geller 1990) vor, in dem weltweit mehr als 80 Bisexuellen-Organisationen, die z.T. eigene Zeitschriften herausgeben, aufgelistet werden. In Deutschland gibt es seit etwa Mitte der 80er Jahre Bisexuellen-Gruppen; 1991 wurde "BINE" ein "Bisexuelles Netzwerk" gegründet, ca. 20 Gruppen existieren bzw. befinden sich in Gründung, eine Zeitung ist geplant (vgl. Deutsche AIDS-Hilfe 1991; Initiativgruppe bisexueller Frauen und Männer 1987).

Einhergehend mit der Selbstorganisation der Bisexuellen wurde die manifeste Bisexualität als Gegenstand der Sexualwissenschaft zunehmend mehr wahrgenommen. Unter anderem entwickelte sich eine unmittelbare Zusammenarbeit von Sexualforschern und bisexuellen Aktivisten. Mitte der 80er Jahre etwa widmete das *Journal of Homosexuality* der Debatte über "bisexuelle und homosexuelle Identitäten" mehrere Ausgaben. 1991 schließlich fand in Amsterdam die erste "International bisexual conference" statt, deren Ziel neben der Debatte theoretischer Fragen war, beizutragen zu internationalem "Bi-Networking" und dazu, "to get bisexuals out in the open" (fos 1992).

Die Bisexuellen sind also sichtbarer geworden. Sie erheben den Anspruch, als eigene soziale Gruppe zu gelten, und haben sich als solche konstituiert. Durchgesetzt hat sich inzwischen die trichotome Einteilung der sexuellen Orientierung in Homo-, Bi- und Heterosexualität, was sich unter anderem daran zeigt, daß die Weltgesundheitsorganisation in der revidierten Fassung der ICD mit diesem Schema operiert.

7 Bisexualitäten

Bisexuelle Orientierung. Bisexuelle Identität

Will man bestimmen, wer bisexuell ist, müssen mehrere Dimensionen berücksichtigt werden: erstens das sexuelle Verhalten, zweitens die sexuelle Orientierung und drittens die sexuelle Identität.

Nur die Dimension des sexuellen Verhaltens ist relativ unstrittig. Sexuelles Verhalten kann zumindest dann eindeutig bestimmt werden, wenn die, die sich darüber verständigen wollen, sich in einem Kommunikationszusammenhang befinden, in dem Übereinstimmung darüber herrscht, welche Handlungen als *sexuelle* aufzufassen sind. Bisexuell im Sinne eines Verhaltensbegriffs ist dann, wer dauernd oder vorübergehend gleich- und gegengeschlechtliche sexuelle Kontakte hatte oder hat.

Der Begriff der sexuellen Orientierung wird unterschiedlich verwendet. Wird er nur bezogen auf die sexuelle Selbsteinstufung eines Individuums als bisexuell bzw. homo- oder heterosexuell, ist er noch eindeutig. In dem Maße aber, wie Annahmen über die Entstehung einer sexuellen Orientierung in den Begriff mit eingehen, ergeben sich theoretische Probleme, die in der Homo- und Bisexualitätsforschung in den letzten Jahren vor allem in der Konstruktivismus/Essentialismus-Kontroverse thematisiert wurden.[50]

In der essentialistischen Perspektive wird die bi- oder monosexuelle Orientierung eines Menschen als Resultat einer individualgeschichtlich frühen und dauerhaften Festlegung im Sinne einer Determinierung oder einer Disposition aufgefaßt. Erklärt wird diese Festlegung durch biologische und/oder psychologisch-psychoanalytische Theorien. Auch innerhalb dieser Position wird immer wieder die alte Anlage/Umwelt-Kontroverse ausgetragen, also die Frage, ob Homo-, Hetero und Bisexualität angeborene oder erworbene Phänomene sind.[51] Money hat auf die Unfruchtbarkeit dieser Debatte hingewiesen und dagegen das Zusammenwirken biologischer, psychischer und sozialer Fakto-

[50] Siehe hierzu De Cecco 1988; Dannecker 1989 b; Vance 1989; Weeks 1985; Plummer 1981 b; Boswell 1982/83; Richardson 1983/84

[51] Eine rasche Orientierung über die sexualpolitischen Aspekte dieser Frage gibt eine Debatte zu diesem Thema im Journal of Sex Research (vgl. De Cecco 1987 a und b; Meyer-Bahlburg 1987; Gagnon 1987; Perper 1987).

ren bei der Differenzierung sexueller Orientierungen betont. Money ergänzt den Gegensatz Anlage/Umwelt zu der Reihe "Anlage - kritische Periode - Umwelt" und stellt fest: "Die einzig wissenschaftlich haltbare Position, die man in bezug auf die Frage der Entstehung von Heterosexualität, Homosexualität und Bisexualität einnehmen kann, lautet, daß bei allen dreien pränatale und postnatale Determinanten im Spiel sind, die sich nicht gegenseitig ausschließen, sondern gegenseitig beeinflussen. Wirken sie in einer kritischen Periode der frühen Entwicklung zusammen, so resultieren daraus nicht bestimmte Handlungen, sondern eine dauerhafte Orientierung, die in der Regel persistiert und unwandelbar ist" (Money 1988: 129).

Mit diesem Denkmodell sind die bereits diskutierten psychoanalytischen Überlegungen zur Herausbildung sexueller Orientierungen von Morgenthaler und Friedman (s.o., Kap. 3) vereinbar. Friedman geht, wie dargelegt, explizit von einer kritischen Periode in der Sexualentwicklung aus, in der die sexuelle Phantasie dauerhaft differenziert und strukturell als homo-, hetero- oder bisexuell verankert wird. Offen bleibt dabei, ob und in welchem Ausmaß pränatale biologische Vorgänge diesen Differenzierungsprozeß beeinflussen. Angesichts der bislang wenig überzeugenden Ergebnisse der biomedizinischen Homosexualitätsforschung[52] ist hierbei von Moneys Einschätzung auszugehen, "daß *nichts* dafür spricht, daß beim Menschen die pränatale Hormonkonstellation alleine und unabhängig von der postnatalen Sozialisationsgeschichte unwiderruflich die Weichen stellt für die spätere sexuelle Orientierung" (Money 1988: 128). Das heißt also, daß es derzeit keine Evidenz für eine biologische Determinierung der sexuellen Orientierung gibt, was jedoch nicht ausschließt, daß biologische Prozesse in einer bislang weitgehend unbekannten Weise mit der postnatalen Differenzierung der sexuellen Orientierung interagieren.

Unabhängig von dem Gewicht, das biologischen und psychologischen Faktoren jeweils zugemessen wird, gilt also in dieser Perspektive, daß ein Individuum eine sexuelle Orientierung "hat" und diese als Erwachsener allenfalls verfehlen, aber nicht grundlegend ändern kann, oder wie Money es ausdrückt: "Entgegen dem modischen Sprachgebrauch handelt es sich bei Homosexualität um keine Präferenz, ebensowenig wie bei Heterosexualität und Bisexualität. Alle drei sind dauerhafte Orientierungen. Wer sie hat, lebt entsprechend" (ebd.:129 f).

[52] Siehe z.B. Gooren 1988 sowie als ausführliche Übersichtsarbeit Gooren et al. 1990

Eine radikale konstruktivistische Sicht faßt demgegenüber Bisexualität, Heterosexualität und Homosexualität als durch soziale Zwänge, Mechanismen und Definitionsprozesse entstandene soziale Konstrukte auf. Ausgegangen wird von einem zunächst undifferenzierten und in bezug auf die Objektwahl ungerichteten Erleben, das erst mit oder nach Aufnahme der sexuellen Praxis durch soziale Prozesse geformt wird. Die beobachtbaren Differenzen zwischen Bisexuellen und Monosexuellen werden dabei z.B. im Sinne des Labeling approach erklärt (vgl. Plummer 1981 a). Plummer drückt dies aus, wenn er sagt, daß "unsere Erfahrungen zuerst viel zufälliger, unstrukturierter und unkristallisierter sind, als wir das glauben, und daß es dem Definitionsprozeß zu verdanken ist, daß diese Offenheit in stabile sexuelle Identitäten kanalisiert wird" (Plummer 1981 b: 69).[53]

Ob einer homosexuell, heterosexuell oder bisexuell wird, erscheint hier also nicht als Ausdruck einer vorausgegangenen inneren Differenzierung und damit auch eines inneren Zwangs, sondern ausschließlich als Resultat eines gesellschaftlichen Zuschreibungs- und Formungsprozesses, als dem Individuum von außen aufgeprägte Zwangsgestalt. Mit dieser Sicht geht häufig einher, was Dannecker das "latente Versprechen" (1989 b: 124) des Konstruktivismus nannte, nämlich die Auffassung, diese Zwangsgestalten könnten mit mehr oder minder großer Mühe abgestreift werden. Sexuelle Orientierungen wären also in dieser Perspektive nicht früh und dauerhaft festgelegte Dispositionen, sondern vielmehr veränderbare sexuelle Präferenzen, über die ein Individuum letztlich selber entscheiden kann.

Vance wies darauf hin, daß unter dem Begriff *konstruktivistisch* eine Vielzahl heterogener theoretischer Ansätze zusammengefaßt wird, und unterschied "verschiedene Grade sozialer Konstruktion" (Vance 1989: 18). Gemeinsamer Nenner aller konstruktivistischen Ansätze ist, daß transhistorische und transkulturelle Definitionen der Sexualität abgelehnt werden, im übrigen aber unterscheiden sich konstruktivistische Theoretiker in ihrer Bereitschaft "sich vorzustellen, *was* konstruiert ist" (ebd.: 21), d.h. sie unterscheiden sich z.B. dadurch, ob auch sexuelle Orientierungen und sexuelles Begehren ausschließlich als soziale Konstrukte aufgefaßt, oder ob etwa triebtheoretische und andere psychologische Konzepte zugelassen werden, welche ja wiederum ihrerseits nicht unabhängig von sozialen Prozessen begriffen werden können.

---

[53] Hier zitiert nach einer Übersetzung von Dannecker (1989 b: 124)

Essentialistische und konstruktivistische Positionen erscheinen vor allem dann unvereinbar, wenn sie von ihren jeweils radikalsten oder auch engsten Formulierungen her diskutiert werden, also dann, wenn essentialistische Positionen auf jene Theorien abweichenden Verhaltens reduziert werden, die die sexuelle Orientierung einseitig psychobiologisch herleiten und zugleich als kultur- und gesellschaftsunabhängiges "natürliches" Phänomen darstellen, und wenn andererseits konstruktivistische Positionen sich einseitig auf die Berücksichtigung sozialer Prozesse beschränken und dabei jegliche biologischen und insbesondere psychologischen Erkenntnisse bezüglich der sexuellen Differenzierung ignorieren. Für eine in solcher Weise polarisierte Diskussion gilt, wie Dannecker formulierte: "Während die traditionelle Theorie die aus dem psychischen System erwachsenden Einschränkungen und Zwänge einseitig betonte und den nie endenden sozialen Zwang, der auf den Individuen lastet, verkleinerte, minimiert der Konstruktivismus die inneren Zwänge und überschätzt die sozialen" (Dannecker 1989 b: 124).

Werden indes die essentialistischen und die konstruktivistischen Positionen nicht auf ihre jeweils einseitigen Extremvarianten reduziert, erscheint eine Verbindung möglich, die die beiden Sichtweisen nicht als dogmatisch voneinander getrennte "konkurrierende Modelle" (ebd.) behandelt, sondern als unterschiedliche Perspektiven begreift, die sich auf jeweils unterschiedliche Betrachtungsebenen beziehen, die begrifflich differenziert werden können. Plummer merkt dazu an, daß eine *Synthese* erforderlich sei: "Eine Synthese, die sowohl die Bedeutung von Kindheitserfahrungen, die unsere sexuellen Möglichkeiten begrenzen, anerkennt als auch die Bedeutung von Erfahrungen im Erwachsenenalter, die diese Kindheitsbasis gestalten, weiter begrenzen und manchmal überschreiten" (Plummer 1981 b: 71).

So gefaßt ergänzen sich die beiden Perspektiven. Der *essentialistische* Aspekt bezieht sich auf die Herausbildung der sexuellen Orientierung, der *konstruktivistische* auf die Entstehung sexueller Identitäten und Selbstkonzepte, die die hinsichtlich der sexuellen Orientierung differenzierten Individuen entwickeln. Eine solche Synthese im Sinne Plummers nimmt also die Ergebnisse der Sexualforschung auf, die darauf hinweisen, daß die sexuelle Orientierung eines Menschen als homo-, hetero- oder bisexuell in der frühen Kindheit präformiert wird, wobei diese Präformierung mit Friedman als Differenzierung der sexuellen Phantasie aufgefaßt werden kann. Nur wer bisexuell differenziert ist, kann im weiteren, wie es der Konstruktivismus behauptet, zum Bisexuellen "gemacht" werden, d.h. die bisexuelle Differenzierung ist zwar eine notwendige Bedingung für eine Entwicklung zum "Bisexuellen", dies jedoch nur als eine Disposition. Daß ein Mann bisexuell differenziert ist, aber heißt noch nicht, daß er auch zu einer bisexuellen Praxis und einer bisexuellen Selbstdefinition gelangt, in diesem Sinne also zu sich selbst findet.

Eine Bisexualität, die auch eine Selbstdefinition als bisexuell umfaßt, kann sich frühestens in der Adoleszenz, also mit oder nach Aufnahme sexueller Kontakte entwickeln und unterliegt damit in hohem Maß sozialen Zwängen und Definitionsprozessen, die die konstruktivistische Perspektive hervorhebt und untersucht. Auch die Selbsteinstufung eines bisexuell differenzierten Mannes als bisexuell sagt wenig darüber aus, auf welche Weise er bisexuell lebt und insbesondere nichts über sein Selbstkonzept als bisexueller Mann, also nichts darüber, was eine *bisexuelle Identität* ausmacht und wie sie erworben wird.

Der Begriff der *sexuellen Identität* meint dabei nicht nur die bloße Selbstdefinition als homo-, hetero- oder bisexuell, sondern bezeichnet eine lebensgeschichtlich "späte Erwerbung" (Dannecker 1989 b: 125), die als eine Integration von sexueller Differenzierung, sexueller Orientierung und sexuellem Verhalten und Erleben zu verstehen ist, welche mit der Rekonstruktion der eigenen Biographie einhergeht. In dieser Perspektive stellt sich auch die Frage nach der Veränderbarkeit anders. Während die sexuelle Orientierung im Sinne der sexuellen Differenzierung früh festgelegt und sozusagen Schicksal wird, unterliegen sexuelle Identitäten in höherem Maße der Entscheidung der Subjekte. Das heißt, es geht nicht um die Frage der Veränderbarkeit der sexuellen Orientierung, sondern vielmehr darum, ob und inwieweit ein Individuum in der Lage ist, nicht nur seine sexuelle Selbstdefinition, sondern darüber hinaus auch eine einmal entwickelte sexuelle Identität zu wechseln, und dies unter Umständen mehrfach im Leben.

Sexuelle Identitäten aber sind entscheidend von sozialen Prozessen beeinflußt und untrennbar von der gesellschaftlichen und sexualpolitischen Situation. Identifizierungsmöglichkeiten und die Entwicklung einer bisexuellen Identität hängen davon ab, wie Bisexualität gesellschaftlich thematisiert wird, und insbesondere davon, welche Rollen und Entfaltungsmöglichkeiten und welche gesellschaftlichen Orte denen zugewiesen sind, deren Sexualität als eine vom sogenannten Normalen abweichende entworfen wird, und nicht zuletzt davon, welchen sozialen Kontrollen, Zwängen und Einschränkungen jene ausgesetzt sind, die aus der sexuellen Normalität heraustreten oder aus ihr herausgelöst werden. In dieser Perspektive sind Sexualformen, wie es konstruktivistische Theoretiker annehmen, als "Resultat komplexer Auseinandersetzungen zwischen Institutionen, Subkulturen und Individuen" (De Cecco 1988: 150) aufzufassen, stellt etwa die "schwule Identität" eine Konstruktion "der Homosexuellenbewegung des 20. Jahrhunderts" (ebd.) dar.

Erst mit der Veränderung der Lage der Homosexuellen in den letzten 30 Jahren, mit der weitgehenden Entkriminalisierung und Entpathologisierung und der Selbstorganisation der Homosexuellen entstand eine Situation, in der die Vorstellung einer *schwulen Identität* entwickelt (vgl. De Cecco 1981 und Gagnon 1990) und zu einem Forschungsgegenstand gemacht werden konnte (vgl. z.B. Cass 1983/84, 1990; Minton und Mc Donald 1983/84; Troiden 1989). Voraussetzung war dabei, daß die Sexualwissenschaft, soweit sie an diesem Prozeß beteiligt war, sich nicht mehr auf die Erforschung der Ursachen sogenannter abweichender Sexualitäten mit dem Ziel, diese Abweichungen zu therapieren oder zu beseitigen, konzentrierte, sondern sich statt dessen um ein Verstehen von Homosexualität und homosexuellen Lebensformen zu bemühen begann.

Eine Bisexualitätsforschung, die Auskunft geben könnte über Fragen wie etwa danach, ob und wie eine "Bisexualität" oder "bisexuelle Identitäten" sich herausbilden oder in welcher Weise es sinnvoll ist, die Kategorie *Coming out* auch auf Bisexuelle anzuwenden, existiert bislang allenfalls in Ansätzen. Erst in jüngster Zeit beginnt, seit die Bisexuellen als "potentiell neuer sozialer Typus" (Gagnon 1989: 57) hervorgetreten sind und vor allem seit bisexuelles Verhalten als möglicherweise wichtiger Faktor in der AIDS-Epidemie wahrgenommen wird, die Sexualforschung sich auch für die manifest Bisexuellen zu interessieren. Die wenigen vorliegenden Arbeiten, wie etwa die bislang profundeste Studie von Blumstein und Schwartz, werfen freilich vor allem Fragen auf, ohne zufriedenstellende Antworten geben zu können.

Blumstein und Schwartz haben insbesondere auf die Inkonsistenzen zwischen bisexuellem Verhalten und bisexuellen Selbstdefinitionen sowie auf die Heterogenität bisexueller Lebensformen hingewiesen. Aus ihren Untersuchungsergebnissen ziehen sie den folgenden Schluß: "(a) Die Wahl des Sexualobjektes und die sexuelle Identifikation können sich im Lebenszyklus häufig und auf viele verschiedene Weisen ändern, (b) das Individuum ist sich seiner Fähigkeit zur Veränderung oft nicht bewußt, und (c) Erfahrungen in Kindheit und Adoleszenz sind nicht die endgültigen Determinanten erwachsener Sexualität" (Blumstein und Schwartz 1977: 37).

Wie bereits ausgeführt, ist eine solche "konstruktivistisch" formulierte Einschätzung vereinbar mit der Annahme einer frühen Verankerung der sexuellen Orientierung im Sinne einer Differenzierung der sexuellen Phantasie, die ja keine Determinierung, sondern eine Disposition, also etwa ein bisexuelles Potential, meint. Blumstein und Schwartz belegen ihre eben zitierte Schlußfolgerung unter anderem damit, daß viele ihrer Interviewpartner über mindestens einen "full circle" berichteten, wobei *full circle* meint: "eine Affäre mit einem Mann, dann eine mit einer Frau und schließlich zurück zu einem Mann oder vice versa" (ebd.: 36). Das heißt aber zunächst nicht anderes, als daß die Befragten beide Geschlechter erotisch besetzen können, in diesem Sinne also bisexuell sind. Der unter Umständen mehrfache, mit Veränderungen und Irritationen der sexuellen Identität einhergehende Wechsel der "sexuellen Präferenz" kann, wie Blumstein und Schwartz es nahelegen, als Wechsel einer nur wenig verankerten sexuellen Orientierung interpretiert werden. Diese Einschätzung aber läuft darauf hinaus, Bisexualität als ein Hin und Her zwischen Homo- und Heterosexualität zu fassen, und bleibt somit letztlich jener Perspektive verhaftet, die die Topographie der sexuellen Orientierungen in Homo- und Heterosexualitäten dichotomisiert. Geht man indes von der Annahme einer bisexuellen Differenzierung aus, fällt der Präferenzwechsel nicht mit einer Änderung der sexuellen Orientierung zusammen, sondern kann als Ausdruck einer bisexuellen Sexualorganisation, als Niederschlag eines präformierten bisexuellen Potentials verstanden werden.

Bell et al. (1981) verglichen im Rahmen ihrer Untersuchung über "sexuelle Orientierung und Partnerwahl" bisexuelle Männer, wobei als Definitionskriterium Kinsey-Skalenwerte von 2 bis 4 für Gefühle und Verhalten zugrunde gelegt wurden, mit exklusiv homosexuellen Männern. Im Unterschied zu den letzteren zeigte sich dabei, daß "unter den Bisexuellen die sexuelle Präferenz des Erwachsenen weit weniger stark an die sexuellen *Gefühle* in Kindheit und Adoleszenz geknüpft ist" (Bell et al. 1981: 223), während andererseits "homosexueller Genitalkontakt in der Kindheit" (ebd.) für später bisexuelle Männer einen weitaus größeren Einfluß auf die sexuelle Orientierung hatte als für exklusiv homosexuelle Männer. Ferner kommen die Autoren aufgrund ihrer Untersuchungsergebnisse zu der Einschätzung, daß bei den "exklusiv homosexuellen Männern die Homosexualität vor dem 19. Lebensjahr entstanden und auch schon recht stark eingewurzelt" war (ebd.: 224), während demgegenüber Erlebnisse nach dem 19. Lebensjahr "zur Homosexualität bei den bisexuellen Männern offensichtlich mehr beigetragen" (ebd.: 225) haben. Dies steht im Einklang mit der Mitteilung von Blumstein und Schwartz, daß ein großer Teil der von ihnen interviewten Männer und die Mehrzahl der Frauen vor dem Erwachsenenalter keine homosexuellen Kontakte hatten, sondern vielmehr die für ihre Bisexualität entscheidenden sexuellen Erfahrungen erst als Erwachsene machten (vgl. Blumstein und Schwartz 1977: 35).

Diese Ergebnisse führten Bell et al. zur Annahme einer Hierarchie in der Verankerung der sexuellen Orientierungen, zu der Interpretation nämlich, daß die Homosexualität aus "einer tief eingewurzelten Prädisposition" auftauche, während "Bisexualität mehr dem Einfluß sozialen und sexuellen Lernens" (Bell et al. 1981: 223 f) unterliege. Dannecker griff diese Überlegungen auf und formulierte die Vermutung, "daß die Homosexualität der bisexuellen Männer tatsächlich in dem Sinne erworben ist, wie die Lerntheorie davon spricht, und gewissermaßen auf einer prädominanten heterosexuellen Entwicklung aufsitzt" (Dannecker 1987: 60). Diese Einschätzung wäre zu erweitern um ihr Gegenstück, nämlich um die Vermutung, daß es sich bei der Heterosexualität der bisexuellen Männer um eine Kombination aus prädominant homosexueller Entwicklung und gelernter Heterosexualität handeln könnte. Beide Interpretationen könnten ohne größere Schwierigkeiten durch Sexualgeschichten bisexuell sich verhaltender Männer empirisch belegt oder zumindest illustriert werden. Die Problematik dieser Sichtweise besteht jedoch darin, daß sie zu stark von einer dichotomen Differenzierung der sexuellen Orientierung in die beiden Monosexualitäten her gedacht ist, anstatt die Möglichkeit einer bisexuellen Differenzierung zu berücksichtigen oder zumindest als Annahme zuzulassen und von daher die möglicherweise auftretenden Besonderheiten einer bisexuellen Sexualorganisation zu analysieren. Bisexuelle Männer erscheinen dementsprechend in dieser Perspektive nicht als bisexuell, sondern entweder als prädominant homosexuelle oder prädominant heterosexuelle Männer, die die jeweils nicht als "tief"-verankert gedachte Seite lernend hinzugewinnen.

Zunächst aber weisen die Ergebnisse von Bell et al. auf den wenig überraschenden Umstand hin, daß die Homosexualität für Homo- und Bisexuelle eine unterschiedliche Bedeutung hat, und darauf, daß Bisexuelle bisexuell sind, insofern nämlich, als sie zu einer "homosexuelle(n) Empfänglichkeit" gelangen können, "ohne ihre heterosexuellen Gefühle oder Verhaltensweisen jemals völlig aufzugeben" (Bell et al. 1981: 224).

In bezug auf die Bewußtwerdung der sexuellen Orientierung bei Monosexuellen hat Dannecker folgende Überlegung entwickelt: "... frühestens während der Adoleszenz erwirbt ein Individuum, gleichviel ob homo- oder heterosexuell, ein Bewußtsein über das mit seiner Sexualorganisation zusammenfallende Sexualobjekt", wobei "die homosexuelle Neigung gleichsam über den von der homosexuellen Disposition zugerichteten Blick", der sich von dem anderen mit dem gleichen Geschlecht nicht abwenden will, entdeckt werde (Dannecker 1990: 50 f).

Während diese Beschreibung für monosexuelle, also homo- oder heterosexuell differenzierte Männer plausibel erscheint, dürfte sich die "Objektaneignung" (ebd.) für bisexuell differenzierte anders darstellen, denn zumindest, was das Geschlecht angeht, ist für sie das "den inneren Bildern adäquate Sexualobjekt" (ebd.) nicht in gleicher Weise eindeutig präformiert wie bei den monosexuellen. Der Blick wird von der bisexuellen Disposition wahrscheinlich gerade nicht im Sinne eines Entweder/Oder zugerichtet. Bisexuelle Disposition meint ja, daß beide Geschlechter potentiell erotisiert werden, also auch in diesem Sinne den Blick anziehen können.

Bisexuell und homosexuell differenzierte Adoleszenten unterscheiden sich aber vor allem dadurch, daß die bisexuellen eine doppelte, eine homosexuelle und eine heterosexuelle, Option haben. Das aber heißt andererseits, sie haben damit auch die Möglichkeit, sexuell zu werden, ohne zugleich ihre homosexuelle Option wahrzunehmen, während den Homosexuellen nur diese offensteht. Angesichts der populären und sozial ausgeformten Dichotomisierung der sexuellen Orientierung und dem damit verbundenen Mangel an bisexuellen Identifikationsmöglichkeiten ist die Vermutung gerechtfertigt, daß bisexuell differenzierte Adoleszenten zunächst, so wie die Lerntheorie es beschreibt, ein monosexuelles Selbstverständnis erwerben, das es ihnen erschweren kann, sich ihres bisexuellen Potentials bewußt zu werden und vor allem zu einer bisexuellen Identität zu gelangen. Angesichts der Schwierigkeiten, die aufgrund der gesellschaftlichen Marginalisierung der Homosexualität mit der homosexuellen Option einhergehen, dürfte dabei die Tendenz, ein heterosexuelles Selbstbild zu entwickeln, überwiegen. Andererseits kann die Wahrnehmung homosexueller Anziehung mangels bisexuellen Identifikationsmöglichkeiten zunächst zu einer ausschließlich homosexuellen Selbstdefinition führen, die erst in einem zweiten, späteren Schritt in eine bisexuelle Identität einmündet. Diese Prozesse können dazu beitragen, daß Bisexuelle, wie Blumstein und Schwartz es beschreiben, sich nicht selten erst im Erwachsenenalter, nach einer unter Umständen längeren monosexuellen Lebensphase ihres bisexuellen Potentials bewußt werden. Das heißt, das "bisexuelle Coming out" verläuft hier sozusagen in zwei Phasen, wobei es Hinweise dafür gibt, daß jüngere Bisexuelle diesen "Umweg" weniger häufig zu nehmen scheinen (vgl. Altendorf und Feldhorst 1992).

Die von Bell et al. angenommene größere Bedeutung gleichgeschlechtlicher Genitalkontakte für die Herausbildung der Homosexualität bei bisexuell differenzierten Männern könnte in dieser Perspektive auch als Ausdruck der Schwierigkeit zumindest mancher bisexueller Männer, ihr bisexuelles Potential zu integrieren, verstanden werden. Darauf deutet die Beobachtung von Blumstein und Schwartz hin, daß verheiratete Männer, die jahrelang anonyme homosexuelle Kontakte hatten, erst dann ihre monosexuelle Selbstdefinition infrage stellten, wenn sie mit ihren männlichen Partnern nicht nur ausschließlich anonyme Genitalkontakte, sondern auch soziale und emotionale Beziehungen aufgenommen hatten, selbst wenn diese sich darauf beschränkten, einige Stunden oder eine Nacht miteinander zu verbringen (vgl. Blumstein und Schwartz 1976a: 349).

Der Umstand, daß es für bisexuell differenzierte Männer einen im Sinne der gesellschaftlichen Normalität durchgängig normalen Strang ihrer Sexualität gibt, kann also dazu führen, daß die homosexuellen Kontakte isoliert werden. Die Bedingung der Möglichkeit, ein bisexuelles Selbstbild zu entwickeln ist dann, daß es über die homosexuellen Kontakte zur Verliebtheit oder zumindest zu einer emotionalen Berührung kommt. Damit aber gerät das monosexuelle Selbstbild ins Wanken, und die Bisexualität kann in einer auch emotionale Beziehungen zu Männern umfassenden Weise integriert werden. Ein solcher bisexueller Mann wird danach nicht nur sagen "Ich liebe meine Frau", sondern auch "Ich liebe meinen Freund".

Die größere Bedeutung genital-homosexueller Kontakte für die Entwicklung des homosexuellen Stranges der Bisexuellen und dessen lebensgeschichtlich tendenziell späteres Auftreten bei bisexuellen im Vergleich zu homosexuellen Männern können also auf verschiedene Weisen interpretiert werden. Sie können, wie Bell et al. und Dannecker dies tun, auf eine Hierarchie in der Verankerung der sexuellen Orientierung bezogen werden, in der das später hinzutretende homosexuelle Verhalten als "bloß" gelernt erscheint, oder aber sie können als Ausdruck und Resultat der spezifischen Schwierigkeiten und Besonderheiten aufgefaßt werden, die sich bei der Realisierung einer bisexuellen Disposition in einer in Monosexualitäten organisierten gesellschaftlichen Situation ergeben. Vorerst, d.h. solange nicht differenzierte biographische Untersuchungen über Bisexuelle vorliegen, die eine Klärung dieser Fragen erlauben, müssen diese Überlegungen hypothetisch bleiben. Zudem schließen sie sich möglicherweise insofern nicht aus, als sie auf jeweils unterschiedliche Gruppen von Männern zutreffen könnten, die unter dem Etikett bisexuell zusammengefaßt werden.

Formen der Bisexualität

Daß ein Mann sexuelle Kontakte mit Männern und Frauen unterhält oder in der Vergangenheit solche Kontakte hatte, sagt, über dieses Faktum hinaus, wenig über seine Sexualgeschichte und seine Lebensweise aus. Dies gilt nicht nur für die relativ große Zahl jener Männer, die allein aufgrund ihres gegenwärtigen oder vergangenen Verhaltens als bisexuell bezeichnet werden können, sondern auch für die sich selbst als bisexuell bezeichnenden Männer. Auf der Grundlage ihrer Bisexualitätsstudie kamen Blumstein und Schwartz (1977: 35) zu dem Schluß, daß es eine "prototypische bisexuelle Karriere" nicht gibt. Das heißt, es gibt nicht *den* Typus des Bisexuellen, sondern verschiedene Formen der Bisexualität oder, wenn man so will, *Bisexualitäten*. Unter dem Begriff *bisexuell* wird also eine heterogene Gruppe von Männern zusammengefaßt. Blumstein und Schwartz (1976a: 342) berichteten ferner, daß das "konsistenteste Ergebnis" ihrer Studie die "Tatsache" gewesen sei, daß zwischen der Häufigkeit und dem Mischungsverhältnis von homo- und heterosexuellem Verhalten und der Selbstdefinition einer Person als homo-, hetero- oder bisexuell keine kohärente Beziehung feststellbar war.[54] Dies scheint in höherem Maße für jene Männer zu gelten, die vorwiegend in heterosexuellen Kommunikationssystemen leben, während sich in verschiedenen Homosexualitätsstudien zeigte, daß die sexuelle Selbsteinstufung als bisexuell dem aktuellen sexuellen Verhalten weitgehend entsprach (vgl. Dannecker 1990: 59; Bell und Weinberg 1978: 63 und 346, Tab. 3.7).

Infolge der Inkongruenzen zwischen bisexuellem Verhalten und sexuellen Selbstdefinitionen ist es kaum möglich, eine "trennscharfe" Typologie der Bisexualität zu entwerfen. Versuche, unterschiedliche Formen der Bisexualität zu beschreiben, stützen sich deshalb in der Regel auf Verhaltenskriterien. So wurde, ausgehend von der zeitlichen Verteilung von homo- und heterosexuellen Kontakten, eine Unterscheidung in "serielle", "gleichzeitige"

---

[54] Siehe hierzu auch Lever et al. 1992: 152 f

(concurrent) und "simultane" Bisexualität vorgeschlagen (vgl. Zinik 1985: 8). Als *serielle Bisexualität* wird das Alternieren zwischen männlichen und weiblichen Partnern bezeichnet, wobei auch längere monogame oder zumindest monosexuelle Phasen vorkommen können, während *gleichzeitige Bisexualität* sich auf ein Nebeneinander von gleich- und gegengeschlechtlichen Kontakten in einer Zeitperiode bezieht.[55] Mit *simultaner Bisexualität* schließlich sind sexuelle Kontakte gemeint, an denen mindestens je ein Partner des gleichen wie des anderen Geschlechts, d.h. mindestens drei Personen beteiligt sind, also solche sexuellen Situationen, auf die, wenn überhaupt, der ansonsten wenig sinnvolle Begriff *bisexueller Kontakt* angewendet werden könnte.

Differenziertere Einteilungsversuche von bisexuellen Verhaltensmustern wurden vor allem in der AIDS-Forschung vorgelegt (Gagnon 1989; Ross 1991a; Tielmann et al. 1991; Boulton und Coxon 1991). Gagnon unterscheidet sechs Gruppen von Männern mit bisexuellem Verhalten, nämlich erstens bisexuelle Stricher, zweitens männliche Gefangene, die nur im Gefängnis homosexuelle Kontakte haben, ferner "konventionell" lebende, meist verheiratete Männer mit heimlichen, anonymen homosexuellen Kontakten und schließlich "Bisexuelle als ein potentiell neuer sozialer Typus" (Gagnon 1989: 57). Darüber hinaus werden zwei weitere Gruppen genannt, die vor allem in der AIDS-Forschung ins Zentrum des Interesses gerückt sind. Das erste dieser beiden Muster findet sich vorwiegend in Lateinamerika[56] (Ross, 1991a, spricht deshalb auch von *Latin bisexuality*) sowie in verschiedenen Mittelmeerregionen. In diesem kulturellen Kontext seien vor allem die besondere soziale Bedeutung der Männlichkeit und die dort vorherrschende Einschätzung der Homosexualität im Sinne eines Inversionsmodells zu berücksichtigen, die Gagnon so beschreibt: "In dieser Kultur ... ist ein Mann, der Sex mit einer Frau hat, ein Mann, ein Mann, der Sex mit Männern hat (der seinen Penis in einen männlichen Partner einführt) bleibt ein Mann, aber der Mann, der rezeptiv ist, wird sozial als Frau definiert. Der *inserter* (der 'activo') ist ein Mann, der *insertee* (der 'passivo') ist eine Frau" (Gagnon 1989: 58). Bisexuelles Verhalten finde sich vor allem bei den Männern, die die sogenannte aktive Rolle einnehmen, Gagnon bezeichnete diese Gruppe dementsprechend als "activos" (ebd.). Während dieses Muster darauf basiert, die Unterschiede zwischen Männern und Frauen zu akzentuieren, beruht das zweite Muster im

[55] In der Literatur finden sich für diese beiden Verhaltensmuster auch häufiger die von Paul (1983/84: 56) geprägten Bezeichnungen *sequential* bzw. *contemporaneous bisexuality*.

[56] Vgl. hierzu Carrier 1976 und 1985

Gegenteil darauf, die Unterschiede zwischen den Objekten zu minimieren. Dieses letzte von Gagnon beschriebene bisexuelle Verhaltensmuster wurde von den Befragten selbst als "messing around" (ebd.: 59) beschrieben, was vielleicht am ehesten mit "wahllos herummachen" übersetzt werden könnte.

Tielman et al. (1991: 11) unterscheiden fünf "globale" Muster bisexuellen Verhaltens, nämlich das gleichzeitige Vorkommen von gleich- und gegengeschlechtlichen Kontakten bei Jugendlichen, bei Strichern sowie bei Männern mit festen Beziehungen zu Frauen. Ferner werden "situationales bisexuelles Verhalten" und "selbstidentifizierte Bisexuelle" genannt.

Ross (1991a) schließlich unternahm den Versuch, eine "globale" Taxonomie bisexuellen Verhaltens zu entwickeln. Die Unterschiede zwischen den Mustern ergaben sich dabei vor allem aus zwei Faktoren, erstens dem "Grad der Stigmatisierung homosexuellen Verhaltens" und zweitens dem "Grad der Spezialisierung der homosexuellen Rolle" (Ross 1991a: 22 f) und den Möglichkeiten, diese auszuleben. Unterschieden werden acht Muster der Bisexualität, die, da sie z.T. kaum übersetzbar sind, hier im englischen Original angegeben werden. Im einzelnen nennt Ross "Defense bisexuality", "Secondary homosexuality", worunter vor allem homosexuelles Verhalten von Gefängnisinsassen und Prostituierten zusammengefaßt wird, ferner "Equal interest in male and female partners" und "Experimental bisexuality", die er vor allem auf homosexuelle Erfahrungen in der Adoleszenz bezieht, sowie "Technical bisexuality", die vorkommen könne "im Fall von Sex mit Prostituierten oder anderen Individuen, die sich als Frauen präsentieren" (gemeint sind Transvestiten oder Transsexuelle), und schließlich "Latin bisexuality", "Married bisexuality" und "Ritual bisexuality" (Ross 1991a: 23-26).

Auf die *Latin bisexuality*, deren Akteure Gagnon plastisch als *Activos* bezeichnet, wurde bereits eingegangen. Der eigentümliche Begriff *Married bisexuality* soll sich auf Kulturen beziehen, in denen eine Heiratspflicht besteht, wobei die Ehe, die als "natural state" begriffen werde, weniger eine sexuelle als eine soziale Institution sei. Als Bisexualität wird hier also das Nebeneinander homosexueller Kontakte und obligater Ehe verstanden.

Mit *Ritual bisexuality* meint Ross vor allem eine rituell eingebundene Form gleichgeschlechtlicher Kontakte, die unter anderem in Neu-Guinea beobachtet und von Herdt in seinen anthropologischen Forschungen beschrieben wurde.

Hierbei handelt es sich um Fellatio, den jüngere Adoleszenten eine gewisse Zeitlang, um "den maskulinisierenden Effekt des geschluckten Samens" (Ross 1991a: 24) zu gewinnen, an älteren ausüben. Später nehmen sie selber deren Rolle ein. Mit der Heirat und der Aufnahme gegengeschlechtlicher sexueller Beziehungen endet diese Praktik. Die Einstufung dieser Verhaltensmuster als bisexuell ist jedoch problematisch. Herdt selbst spricht von homosexuellen Akten, lehnt aber den Begriff bisexuell ab, da die Akteure daran gehindert würden, gleichzeitig heterosexuelle Kontakte aufzunehmen (vgl. Herdt 1990: 221). Vance (1989: 22) hält es demgegenüber für einen "falschen Universalismus", auf diese Akte den Begriff homosexuell anzuwenden, und wirft aus gleicher Perspektive die weitergehende Frage auf, ob es überhaupt sinnvoll sei, die "männlichen Initiationsriten, die mit Fellatio einhergehen", als sexuelle Kontakte zu bezeichnen.

Die Problematik einer nur vom sexuellen Verhalten ausgehenden Bisexualitätsklassifikation besteht darin, daß sie völlig disparate sexuelle oder zumindest mit genitalen Kontakten einhergehende Verhaltensweisen unter den Begriff der Bisexualität zwingt. Vor allem Ross' Typologie der Bisexualität ist ein Beispiel hierfür. Voraussetzung für eine sinnvolle "globale Taxonomie" bisexuellen Verhaltens wären differenzierte ethnographische und soziologische Untersuchungen, die eine Einschätzung erlauben, wie das Nach- oder Nebeneinander gleich- und gegengeschlechtlicher Kontakte jeweils gesellschaftlich bewertet wird, ob solche Verhaltensformen in der jeweiligen soziokulturellen Situation gestattet, gewünscht oder als vorübergehende oder gar dauerhafte gefordert sind, ob bisexuelle Lebensformen eine anerkannte kulturelle Verankerung besitzen, oder ob Bisexualität unerwünscht ist, den Normen einer Gesellschaft widerspricht, tabuiert, abgelehnt oder gar verboten ist. Vor diesem Hintergrund wäre insbesondere zu klären, ob und in welcher Weise die Kategorien bisexuell und Bisexualität sinnvoll anwendbar sind.

Dies alles weist darauf hin, daß bisexuelle Verhaltensmuster nur innerhalb des jeweiligen soziokulturellen Kontextes und bezogen auf ihn sinnvoll interpretiert werden können. Die nachfolgenden Überlegungen beschränken sich daher auf jene gesellschaftliche Situation, in der die Begriffe *bisexuell* und *Bisexualität*, so wie in den vorausgegangenen Kapiteln untersucht, Bestandteil des Diskurses über die Sexualität sind, d.h. auf eine Situation, in der der Sexualität und insbesondere der sexuellen Orientierung ein Stellenwert zugemessen wird, der die Individuen dazu veranlaßt, ihre Identität aus ihrer Sexualform abzuleiten, und damit auf jene soziokulturelle Situation, in der sich eine Emanzipationsbewegung von bisexuellen Männern und Frauen entwickeln konnte, in der die Bisexuellen wie beschrieben "hervortreten" konnten.

Eine Typologie der manifesten Bisexualität wird auch hier zunächst vom (bi-)sexuellen Verhalten ausgehen, dabei aber als weiteres Kriterium zumindest die Selbsteinstufungen der auf diese Weise klassifizierten Männer berücksichtigen. Diese aber werden von den Subjekten nicht allein aus sich heraus entwickelt, sondern hängen davon ab, mit welchen Bi- und Homosexualitätskonzepten sie konfrontiert werden, welche Zuschreibungen in die Beschreibungen von bisexuellen Verhaltensmustern eingehen.

MacDonald hat vier Sichtweisen der Bisexualität dargestellt, die es erlauben, die verschiedenen Muster bisexuellen Verhaltens zu gruppieren und zu bewerten. Bisexuelles Verhalten wird als transitorisch, also als vorübergehend, oder als transitional, also als Übergangsform betrachtet, als Abwehr-Bisexualität eingestuft oder auf eine "bisexuality as a real orientation" (MacDonald 1981: 29) bezogen.

Faßt man Bisexualität als transitorisch, ist gemeint, daß sich hetero- oder homosexuelle Männer vorübergehend bisexuell verhalten. Diese Sichtweise bezieht sich vor allem auf solche homosexuellen Kontakte von Männern, die nicht zu einer stabilen bisexuellen Selbstdefinition führen bzw. bei denen sich die Frage der Selbstdefinition als homo- oder bisexuell nicht stellt oder aufgrund der Kontextbedingungen vermieden werden kann. Hierzu wären die passageren homosexuellen Kontakten von Jugendlichen und Adoleszenten zu zählen, bei denen es sich in der Regel nicht um zeitgleiches "bisexuelles" Verhalten handelt, vielmehr gehen die homosexuellen Kontakte von Jugendlichen, die später heterosexuell werden, zu einem großen Teil den ersten heterosexuellen Kontakten voraus. So hat Clement gezeigt, daß 17 % der von ihm befragten Studenten im Alter von 14 Jahren bereits homosexuelle Kontakte gehabt hatten, während bis zum gleichen Alter erst 2 % Koituserfahrungen gemacht hatten (vgl. Clement 1986: 108, Tab. 34 und 115, Tab. 46; vgl. auch Dannecker 1990: 48).

Ebenfalls "transitorisch" sind jene Verhaltensmuster, die Ross als *Secondary homosexuality* und Tielman et al. als *situational bisexual behaviour* bezeichneten, also etwa homosexuelle Kontakte in Gefängnissen, Internaten und vergleichbaren Institutionen. Hierbei gilt in der Regel, daß die Männer sich als "normal" wahrnehmen, die heterosexuelle Selbstdefinition oder schlicht die Vorstellung, normal zu sein, wird durch die homosexuellen Kontakte nicht in Frage gestellt. Wie Gagnon anmerkt, ist mannmännlicher Sex im Gefängnis oft nur ein "Surrogat für Sex mit Frauen in der freien Welt" und trifft häufig mit "demselben psychischen Bedürfnis nach Macht und Kontrolle" zusammen (vgl. Gagnon 1989: 57).

Zu situativ bedingtem bisexuellem Verhalten können ferner jene vereinzelten homosexuellen Kontakte von heterosexuell bzw. heterosexuelle Kontakte von homosexuell identifizierten Männern gerechnet werden, die in Situationen auftreten, in denen z.B. durch Alkohol- oder Drogengenuß vorübergehend ein Zustand der "Indifferenz bezüglich des Geschlechts des Sexualpartners" (Gagnon 1989: 59) eintritt. Schließlich kann man einer nur transitorischen Bisexualität auch die männliche Prostitution zuordnen, zumindest insoweit sie von heterosexuellen Strichern betrieben wird.

Faßt man Bisexualität als Übergangsphänomen auf, wird bisexuelles Verhalten und/oder eine bisexuelle Selbstdefinition als Ausdruck einer Übergangsphase von einer heterosexuellen zu einer homosexuellen Orientierung oder seltener eines Übergangs in umgekehrter Richtung bzw. als Begleitphänomen eines homosexuellen Coming out verstanden. Die bisexuelle Selbstdefinition des "transitionalen Bisexuellen" (MacDonald 1981: 30) erscheint also als Versuch, das vorübergehende Nebeneinander von homo- und heterosexuellen Kontakten in ein kohärentes Selbstbild zu integrieren, wobei dieser Interpretationsversuch seinen Zweck erfüllt hat, wenn die "eigentliche" sexuelle Orientierung erreicht ist und sich stabilisiert hat.

Nicht weit von dieser Einschätzung entfernt ist die Auffassung, daß es sich bei den Männern, die sich bisexuell nennen, zumeist oder immer um "Abwehr-Bisexuelle" (Reiche 1990) oder um "Verdrängungsbisexualität" (Sigusch 1990: 178) handele. Wie bereits erwähnt, wurde diese Einordnung der Bisexualität u.a. 1974 von Dannecker und Reiche vertreten. Während Reiche diese Auffassung vor kurzem noch einmal mit Nachdruck bekräftigt hat (vgl. Reiche 1990; s.a. Kap. 3), vertritt Dannecker inzwischen eine differenziertere Position, die die Möglichkeit einer bisexuellen Orientierung zumindest nicht ausschließt (vgl. Dannecker 1990).

Wird Bisexualität wie dargelegt als vorübergehendes oder als Übergangsphänomen bzw. als Abwehr-Bisexualität eingestuft, erscheinen alle genannten

Muster bisexuellen Verhaltens als rückführbar auf Hetero- oder Homosexualität, d.h. in dieser Perspektive gibt es keine Bisexuellen, sondern nur "Pseudo-Bisexuelle", nämlich homo- oder heterosexuelle Männer, die sich vorübergehend oder auch länger bisexuell verhalten. Dieser Perspektive entspricht die folgende Überlegung: "In unserer Kultur entwickelt sich die erwachsene Sexualität, wie Freud sagte, »durch Einschränkung nach der einen oder anderen Seite«. Die eine Seite ist die Heterosexualität, die andere die Homosexualität. Bisexuelles gibt es zwar als Verhalten, nicht aber als gesellschaftliche Sexualform und wohl auch nicht als seelische Struktur. Jedenfalls ist die »Bisexualität« derer, welche die klinische Sexualwissenschaft sieht, bei tieferer Betrachtung der unbewußte Versuch, dem Grauen der Homosexualität zu entgehen" (Sigusch 1990: 173).

Diese Auffassung wird indes dem Phänomen der manifesten Bisexualität nicht oder allenfalls zum Teil gerecht. Zwar dürfte sie für den größten Teil der "transitorischen Bisexuellen" angemessen sein. Auch die Einschätzung der Bisexualität als Übergangs- oder Abwehrphänomen dürfte sich bei "tieferer Betrachtung" oder auch nur bei längerfristiger Beobachtung für manche der sich bisexuell nennenden Männer als zutreffend erweisen. Diese beiden Gruppen machen bei phänomenologischer Betrachtung einen großen Teil der "Bisexuellen" aus, aber eben nur einen Teil. Es bleiben die, die ohne Beratung oder Behandlung relativ konfliktfrei bisexuell leben, die nicht die klinische Sexualforschung oder vergleichbare Einrichtungen wegen ihrer Bisexualität aufsuchen. Es bleibt die allem Anschein nach wachsende Zahl der selbstidentifizierten Bisexuellen, von denen weniger als früher den "Umweg" über eine längere monosexuelle Lebensphase zu nehmen scheinen. Ihre Bisexualität ist das wirklich interessante Phänomen, gerade weil sie sich nicht auf Abwehr- oder Verdrängungsbisexualität bzw. auf ein bloß vorübergehendes Nach- oder Nebeneinander gleich- und gegengeschlechtlicher Kontakte reduzieren läßt. Diese Männer müssen aber mit der Schwierigkeit zurechtkommen, einerseits vom Stigma Homosexualität betroffen zu sein und andererseits in homosexuellen Kommunikationszusammenhängen häufig auf "Mißtrauen, Intoleranz und Feindschaft" (Morrow 1989: 295) zu treffen, was Zinik (1985: 16) als "doppeltes Stigma" bezeichnete. Die in Teilen der Sexualwissenschaft vertretene Auffassung, daß es sich bei der Bisexualität um eine pathologische Entwicklung bei strukturell homosexuellen Männern handelt, fügt dem noch eine psychopathologische Etikettierung hinzu.

Nicht zuletzt diese dreifache Stigmatisierung trägt dazu bei, daß bisexuell differenzierte Männer nicht selten ein monosexuelles Selbstverständnis entwickeln und dieses über längere Zeit oder dauerhaft aufrechterhalten. Diese Männer sind sozusagen "Abwehr-Homosexuelle" bzw. "Abwehr-Heterosexuelle", insofern das monosexuelle Selbstbild bewußt oder unbewußt der Abwehr der mit der Bisexualität verbundenen inneren und äußeren Probleme dient. Ähnlich verhält es sich bei jenen Männern, die sich trotz bisexuellen Empfindens und Verhaltens aus politischen Gründen als *schwul* bezeichnen (vgl. Blumstein und Schwartz 1976a: 352). Sie entgehen auf diese Weise zwar dem "Verdacht", Abwehr-Bisexuelle zu sein, und gelangen so möglicherweise auch zu einer für sie konsistenteren sexualpolitischen Position. Zugleich aber bestätigen sie damit jenes Denkmuster, das zwischen Homosexualität und Heterosexualität nur Abwehr- oder Verdrängungsbisexualität zuläßt.

Weder die Annahme einer homosexuell/heterosexuellen Dichotomie der sexuellen Orientierung noch die Verallgemeinerung der Abwehrbisexualitätshypothese aber sind empirisch gerechtfertigt. Sowohl Siguschs Behauptung, daß es "Bisexuelles" als seelische Struktur nicht gäbe, wie auch die zur Untermauerung dieser Überlegung herbeigezogene Auffassung Freuds, daß die erwachsene Sexualität sich durch Einschränkung der hetero- oder homosexuellen Seite entwickele, sind bloße Hypothesen, die das Phänomen der Bisexualität nicht erhellen, sondern vielmehr vom Tisch wischen, indem sie es begrifflich auflösen.

Eine im wesentlichen noch zu entwickelnde sexualwissenschaftliche Bisexualitätsforschung müßte sich demgegenüber von der monosexuellen Perspektive und dem damit verbundenen pathologisierenden Blick auf die Bisexualität freimachen. Empirisch erscheint es vielmehr angemessen, die Bisexualität als eigenständige, nicht aus Heterosexualität oder Homosexualität abgeleitete Form der Sexualität zu verstehen und zu untersuchen. Zumindest als Arbeitshypothese kann dabei angenommen werden, daß der manifesten Bisexualität eine psychostrukturell verankerte bisexuelle Differenzierung der erotischen Phantasie zugrunde liegt, wie es Friedman beschrieben hat.

Aufgabe einer Bisexualitätsforschung, die sich vor allem auf die Rekonstruktion der Lebens- und Sexualgeschichten von Bisexuellen stützt, wäre es, das Besondere der Bisexualität und die ihr immanenten Probleme herauszuarbeiten. Zu untersuchen wäre dabei insbesondere, wieso es bei bisexuellen Männern gerade *nicht* zur "Einschränkung nach der einen oder anderen Seite" kommt, sowie ferner die damit verbundene Frage danach, welche Bedeutung der Geschlechtsdimorphismus für die Entwicklung und Ausformung einer bisexuellen Orientierung hat. Eine differenzierte Erforschung gerade dieser Fragen könnte zudem beitragen zur Entwicklung einer auch für die Monosexualitäten bedeutsamen Theorie der sexuellen Anziehung und Objektwahl.

8 Bisexuelles Verhalten und AIDS

Während die Selbstorganisation bisexueller Männer und Frauen und ihr Versuch, eine Emanzipationsbewegung in Gang zu setzen, gesellschaftlich wenig Anerkennung und Zuspruch fand, rückten mit dem Auftauchen von AIDS zumindest die bisexuellen Männer ins Zentrum des Interesses von Öffentlichkeit und Forschung. In der AIDS-Debatte erscheinen sie als Gefährdete und Gefährliche zugleich - gefährdet, weil von HIV-Infektion und Erkrankung bedroht, gefährlich, insofern sie als potentielle Überträger des HIV von den Homosexuellen in die sogenannte Allgemeinbevölkerung bezeichnet wurden. Zunächst setzte sich jedoch die Tendenz fort, Bisexualität unter Homosexualität zu subsumieren. Zwar war es wenige Jahre nach Einsetzen der AIDS-Epidemie üblich geworden, in epidemiologischen Arbeiten und AIDS-Statistiken wie überhaupt in der mit sexuellem Verhalten befaßten Fachliteratur zu AIDS von "homo- und bisexuellen Männern" zu sprechen, wo vorher nur von homosexuellen die Rede war. In der weitaus überwiegenden Zahl der Publikationen, die diese Formel oft schon im Titel tragen, wurde und wird jedoch im weiteren keine Differenzierung vorgenommen. Homo- und bisexuelle Männer wurden damit zunächst AIDS-logisch als eine durch homosexuelle Kontakte definierte gemeinsame "Risikogruppe" aufgefaßt. Dies änderte sich in dem Maße, wie die Zahl HIV-infizierter Frauen anstieg und die sich bisexuell verhaltenden Männer als potentiell infektiöse Zwischenglieder zwischen schwulen Männern und Frauen und Kindern wahrgenommen wurden. Bisexuelle, zur *high risk group* erklärt, wurden zum Gegenstand intensivierter Forschungs- und Präventionsanstrengungen. So sponsorte etwa das Center for Disease Control (CDC) in den USA 1989 einen Workshop über *Bisexualität und AIDS*. 1991 erschien auf Initiative und mit Unterstützung der Weltgesundheitsorganisation im Rahmen des *Global Programme on AIDS* eine erste systematische internationale Sondierungsuntersuchung zum Thema. Deren Herausgeber leiten ihre Studie *Bisexuality and HIV/AIDS. A Global Perspective* mit einer dramatischen Einschätzung ein:

"Der gegenwärtige und zukünftige Verlauf des Acquired Immune Deficiency Syndrome (AIDS) wird in hohem Maße von der Dynamik der sexuellen Übertragung des HI-Virus in die Allgemeinbevölkerung abhängen. Eine wachsende Quelle der Besorgnis ist das Übertragungspotential durch bisexuelle Kontakte. Neuere epidemiologische Daten, insbesondere aus Lateinamerika und der Karibik, dokumentieren einen alarmierenden Anstieg von HIV-Infektionsraten und AIDS-Fällen bei bisexuellen Männern und ihren Partnern und Partnerinnen. Fortgesetztes hochriskantes Verhalten von männlichen Bisexuellen in der

AIDS-Ära wird als Ausdruck ihrer sexuellen Isolation, ihrer geringen sozialen Sichtbarkeit und ihres begrenzten Zuganges zu *health promotion efforts* begriffen. Sie sind marginalisiert und deshalb abgeschnitten sowohl von allgemeinen heterosexuellen wie auch von gezielten homosexuellen AIDS-Präventionskampagnen" (Tielman et al. 1991: 9).

Die "männlichen Bisexuellen" als einheitliche Gruppe, die umstandslos zur Zielgruppe der AIDS-Prävention werden könnte, aber gibt es nicht. Außerdem ist es nicht sinnvoll, von "bisexuellen Kontakten" zu sprechen. Eine Definition von Bisexualität im AIDS-Kontext muß zunächst von einem Verhaltensbegriff ausgehen, denn nur sexuelle Kontakte, nicht aber eine bisexuelle Selbstdefinition oder zur Bisexualität disponierende seelische Strukturen, können unter entsprechenden Umständen zu einer HIV-Übertragung führen. Die Relevanz der "Bisexuellen" für die weitere Entwicklung der HIV-Epidemie hängt damit in erster Linie davon ab, wie viele Männer sowohl mit Frauen wie mit Männern sexuelle Kontakte haben, ferner davon, in welchem Ausmaß diese Männer selbst von der HIV- Infektion betroffen sind, und schließlich davon, inwieweit es bei ihren sexuellen Kontakten zu Handlungen kommt, die mit einem HIV-Übertragungsrisiko verbunden sind, also insbesondere zu ungeschütztem Koitus oder Analverkehr. Zu diesen Fragen aber liegen bislang nur wenige differenzierte Untersuchungen vor. Tielman et al. verstehen die von ihnen vorgelegte Textsammlung daher als eine erste Anstrengung, die vorhandenen Forschungsergebnisse über bisexuelles Verhalten und den Zusammenhang von Bisexualität und AIDS einzuschätzen, und kündigen an, daß inzwischen "alle notwendigen Vorbereitungen für eine weltweite interkulturelle qualitative Erforschung" dieser Thematik getroffen seien (Tielman et al. 1991: 7).

Empirische Untersuchungen zur Prävalenz bisexuellen Verhaltens

In der AIDS-Debatte wird häufig mit völlig überhöhten Schätzungen der Verbreitung bisexuellen Verhaltens operiert, wobei den Angaben meist Daten, die den Kinsey-Berichten entnommen wurden, zugrunde liegen. Haeberle (1989: 82, Anm. 19) etwa zitiert Kinseys zusammenfassende Zahlenangaben über die Verbreitung homosexueller Kontakte und Reaktionen (vgl. Kinsey 1955: 600 f) und suggeriert eine Häufigkeit bisexuellen Verhaltens irgendwo zwischen 10 und 46 %, Jäger-Collet berechnet schlicht, daß "46 % der Männer in die Kategorie »sowohl als auch«, das heißt, in die Kategorie bisexuell" (1989: 25) fallen. Schätzungen oder "Berechnungen" dieser Art aber vermitteln den Eindruck, daß bis zu 46 % der männlichen Bevölkerung bisexuell seien und sich auch tatsächlich gegenwärtig so verhielten, weil ihnen eine entsprechende sexuelle Orientierung, die das Verhalten bestimmt, supponiert wird.

Die unkritische Verwendung der Kinsey-Ergebnisse ist in mehrfacher Hinsicht problematisch. Fay et al. (1989: 338) haben darauf hingewiesen, daß die zwischen 1938 und 1948 von Kinsey und seinen Mitarbeitern erhobenen Daten sich nicht für statistische Hochrechnungen und Verbreitungsschätzungen für das sexuelle Verhalten in der gesamten US-Bevölkerung eignen, da das Untersuchungssample nicht die an Repräsentativerhebungen zu stellenden Anforderungen erfüllt. Noch fragwürdiger ist dementsprechend die Verallgemeinerung dieser Schätzungen über die US-Bevölkerung hinaus.

Das größere Problem besteht jedoch darin, daß die genannten Zahlenspiele auf "einer gewaltsamen Rezeption der von der Sexualwissenschaft vorgelegten Befunde über die kumulative Verbreitung homosexueller Kontakte unter Männern" (Dannecker 1990: 47) beruhen, insofern nämlich, als diese Vorgehensweise nicht Bezug nimmt auf die gegenwärtige Orientierung und Praxis, sondern vielmehr alle Männer, die sich irgendwann in ihrer Sexualgeschichte bisexuell verhalten bzw. in dieser Weise erotisch reagiert haben "unter die Kategorie Bisexualität zwingt" (ebd.). Die auf diese Weise gewonnenen Zahlen sind vor allem deshalb so hoch, weil die passageren homosexuellen Kontakte unter Jugendlichen mit eingerechnet werden (vgl. Dannecker 1990: 46 ff). Bei der überwiegenden Zahl der Männer, die jemals gleichgeschlechtliche Sexualkontakte hatten, aber bleibt das "bisexuelle" Verhalten auf die Adoleszenz beschränkt. Schaut man sich die sexuellen Interaktionen in dieser Periode an, handelt es sich zudem meistens um gegenseitige Masturbation unter Gleichaltrigen, also um sexuelle Handlungen, die nicht mit einem HIV-Übertragungsrisiko verbunden sind.[57]

Die undifferenzierte Verwendung kumulativer Verbreitungsziffern bisexuellen Verhaltens trägt also nicht zur Klärung epidemiologischer Fragestellungen im AIDS-Kontext bei. Interpretationsprobleme und irreführende Interpretationen dieser Art können vermieden werden, wenn die kumulativ ermittelten Zahlen mit den Angaben über das gegenwärtige bisexuelle Verhalten in Bezie-

[57] Dies gilt jedoch keineswegs durchgängig. Doll et al. (1991: 29 f) referieren, daß beim CDC bis Februar 1990 Berichte über 161 junge an AIDS erkrankte Männer im Alter von 13-19 Jahren eingegangen seien. 81 % dieser Männer berichteten über ausschließlich homosexuelle Kontakte, 19 über sexuelle Aktivitäten sowohl mit Männern wie mit Frauen.

hung gesetzt werden. In den meisten Studien wird hier in der Regel ein Zeitraum von bis zu einem Jahr vor der Erhebung berücksichtigt. Aussagefähiger sind kumulative Zahlen ferner dann, wenn sie nicht undifferenziert für die gesamte Sexualgeschichte angegeben werden, sondern nur oder zumindest getrennt für sexuelle Kontakte im Erwachsenenalter berechnet werden.

Van Wyk und Geist nahmen im Rahmen einer Studie zur Entwicklung sexueller Orientierungen eine Nachkalkulation der diesbezüglichen Kinsey-Resultate vor. Berücksichtigt wurden dabei nur die Sexualgeschichten von Probanden, die älter als 20 Jahre waren. Auf der Grundlage von Kinsey-Skalenwerten, berechnet für das sexuelle Verhalten, ergab sich dabei ein Anteil von bisexuellen Männern (definiert durch die Kinsey- Werte 2 bis 4) von weniger als 1,5 % (vgl. Van Wyk und Geist 1984: 513). Auch Fay et al. (1989) kommen auf Grundlage einer 1970 in den USA durchgeführten nationalen Erhebung zu Ergebnissen, die sich von den kumulativen Kinsey-Zahlen deutlich unterscheiden. Nach dieser Studie hatten 20,3 % der Männer irgendwann in ihrer Sexualgeschichte mindestens einen gleichgeschlechtlichen Kontakt bis zum Orgasmus; 6,7 % hatten solche Kontakte nach dem 19. Lebensjahr, und nur zwischen 1,6 und 2 % berichteten über homosexuelle Kontakte in dem der Untersuchung vorausgegangenen Jahr (Fay et al. 1989: 338). Fay et al. schätzten, daß 3,3 % der Männer im Erwachsenenalter entweder "relativ häufig" (1,4 %) oder "gelegentlich" (1,9 %) gleichgeschlechtliche Kontakte gehabt haben, wobei nicht zwischen ausschließlich homosexuellem und bisexuellem Verhalten differenziert wird (vgl. ebd.: 346). Gesonderte Angaben über bisexuelles Verhalten werden nicht gemacht, die Autoren weisen jedoch darauf hin, daß ungefähr die Hälfte der Männer, die über homosexuelle Kontakte berichten, zum Untersuchungszeitpunkt oder zuvor verheiratet waren (ebd.: 338).

Boulton (1991) erstellte im Kontext einer Literaturübersicht über den Zusammenhang von Bisexualität und HIV-Übertragung einen Überblick über in verschiedenen Ländern durchgeführte empirische Sexualitätsstudien. Bei der auf englischsprachige Literatur beschränkten Recherche zeigte sich, daß nur in relativ wenigen Untersuchungen zwischen bisexuellem und exklusiv homosexuellem Verhalten unterschieden wurde. Die Einstufung eines Mannes als bisexuell beruhte dabei in der Regel auf Angaben zum sexuellen Verhalten, z.T. aber auch auf Kriterien wie "sexueller Lebensstil" oder "Selbstbeschreibung". Der weitaus größte Teil der verwertbaren Studien stammte aus Europa, Nordamerika, Australien und Neuseeland. Für die in diesen Ländern vorgenommenen Erhebungen in der Gesamtbevölkerung stellt Boulton zusammenfassend fest, daß bisexuelles Verhalten "relativ ungewöhnlich" ist: Zwischen 1,5 und 12 % der Männer haben sexuelle Kontakte mit Männern und Frauen "zu irgendeinem Zeitpunkt in ihrem Leben" gehabt (Boulton 1991: 193). Studien, die in der *gay community* durchgeführt wurden, zeigten, daß die Mehrheit der homosexuell aktiven Männer irgendwann einmal sexuelle Kontakte mit Frauen gehabt hatte, wobei etwa 10 % der Befragten solche Kontakte für das Jahr vor der Befragung angaben. Höhere Zahlen für bisexuelles Verhalten ergaben sich nur bei klinischen Samples, in denen zwischen 10 und 30 % der homosexuell aktiven Männer als bisexuell klassifiziert wurden (ebd.).

Im internationalen Vergleich zeigt sich ein deutlicher Unterschied zwischen den bereits genannten Regionen und südamerikanischen Ländern. Hier scheint ein Nebeneinander von gleich- und gegengeschlechtlichen Kontakten bei Männern deutlich häufiger vorzukommen. Boulton bezieht sich dabei auf eine allerdings empirisch nur wenig gehaltvolle Schätzung von Carrier (1985), nach der circa 30 % der ledigen mexikanischen Männer im Alter von 15 bis 25 Jahren sexuelle Kontakte mit Männern und Frauen haben, sowie auf Untersuchungen mit homo-/ bisexuellen Samples, in denen 19 bzw. 25 % der homosexuell aktiven Männer gegenwärtig auch heterosexuelle Kontakte unterhalten, was etwa doppelt so hoch ist wie in vergleichbaren nordamerikanischen oder europäischen Studien (vgl. Boulton 1991: 193).

Für Deutschland liegen nur wenige empirische Untersuchungen vor, in denen bisexuelles Verhalten berücksichtigt ist. Die Ergebnisse der Homosexualitätsstudien von Dannecker (1989) und Bochow (1988, 1989) entsprechen fast genau den Verhaltensziffern, die Boulton in ihrem Überblick für Erhebungen in der *gay community* angibt. Jeweils etwas mehr als die Hälfte der Befragten gaben an, jemals heterosexuelle Kontakte gehabt zu haben, nämlich 57 % (Dannecker 1990: 49) bzw. 54 % (Bochow 1989: 83). 9 % bzw. 10 % hatten im Jahr vor der Befragung neben homosexuellen auch heterosexuelle Kontakte (Dannecker 1990: 49; Bochow 1989: 83). Eine bisexuelle Selbstdefinition nannten 2,7 % (Dannecker 1990: 55). In Bochows 1987 bzw. 1988 durchgeführten Befragungen bezeichneten sich 7,8 bzw. 9,2 % der Befragten selbst als bisexuell, aber nur 2,8 bzw. 2,7 % beschrieben auch ihr Sexualverhalten als bisexuell (vgl. Bochow 1989: 80). In beiden Untersuchungen waren etwa 10 % der Männer zum Erhebungszeitpunkt oder früher verheiratet gewesen (vgl. Dannecker 1990: 62; Bochow 1989: 113).

In einer 1986/87 in der Bundesrepublik Deutschland durchgeführten repräsentativen Untersuchung definierten sich 3,4 % der Männer selbst als *bisexuell* (Runkel 1991: 5). Für weitergehende Kalkulationen über das "Sexualverhalten deutscher Bisexueller" wurden Männer berücksichtigt, "die sich entweder selbst als bisexuell definierten oder sich im letzten Jahr bisexuell betätigten" (ebd.: 9). Wie viele der auf diese Weise definierten "männlichen Bisexuellen" auch gegenwärtig bisexuell aktiv sind, geht aus den Angaben nicht eindeutig hervor. Im Jahr vor der Erhebung hatten 22 % dieser Männer keinen Geschlechtsverkehr, 33 % hatten keine sexuellen Kontakte mit Männern und 28 % keine solchen mit Frauen (ebd.: 13/14).

In Clements Studie zur Sexualität von Studenten berichteten 1981 23 % der Befragten, jemals homo- und heterosexuelle Erfahrungen gemacht zu haben, gegenüber 14 % im Jahr 1966 (Clement 1986: 116, Tab. 47), wobei 1981 17 % der Männer ihre homosexuellen Erfahrungen bereits im Alter von 14 Jahren machten (ebd.: 115, Tab. 46) machten. Für die Quote der gegenwärtig bisexuell Aktiven fand Clement, wie schon erwähnt, einen Anstieg von 2 % in 1966, auf 4 % im Jahr 1981 (ebd.: 116, Tab. 47).

Eine 1988 in Australien durchgeführte repräsentative Erhebung zeigte deutlich niedrigere Werte. Während 6,1 % der 2.600 mindestens 16 Jahre alten Befragten irgendwann mit Männern und Frauen sexuelle Kontakte gehabt hatten, gab lediglich 1 % der Männer an, sich auch gegenwärtig bisexuell zu verhalten. Im gleichen Zusammenhang berichteten 4,2 % der verheirateten gegenüber 9,8 % der ledigen und 6,4 % der früher verheirateten Männer über homosexuelle Kontakte im Jahr vor der Erhebung (vgl. Ross 1991 b: 128).

Eine der differenziertesten Untersuchungen über "mannmännliche Sexualkontakte in den USA" legten Rogers und Turner (1991) vor. In dieser Studie werden vier zwischen 1988 und 1990 vorgenommene repräsentative Erhebungen sowie eine Untersuchung von 1970 (vgl. auch Fay et al. 1989) ausgewertet, wobei nur die Angaben von mindestens 21 Jahre alten Befragten berücksichtigt wurden. Die Auswertung ergab ein "unerwartet konsistentes Bild von Mustern gleichgeschlechtlicher sexueller Kontakte zwischen US-amerikanischen Männern in der Periode von 1970 bis 1990" (Rogers und Turner 1991: 513). Etwa 5 bis 7 % der Befragten berichteten über mannmännliche Sexualkontakte im Erwachsenenalter, wobei nur ein Viertel bis die Hälfte dieser Männer auch in den letzten zwölf Monaten vor der Befragung homosexuell aktiv war (ebd.: 491). Ausschließlich homosexuell verhielten sich 0,7 % der

Männer bezogen auf das Erwachsenenalter, bzw. 0,9 % während des zurückliegenden Jahres (ebd.: 509). 4,5 % der Männer gaben an, im Erwachsenenalter sowohl mit Männern als auch mit Frauen sexuelle Kontakte gehabt zu haben. Für das sexuelle Verhalten dieser Männer im Jahr vor der Erhebung ergab sich bezogen auf die Grundgesamtheit folgendes Bild (ebd.: 509): 3,3 % hatten nur sexuelle Kontakte mit Frauen, 0,4 % nur mit Männern, 0,5 % gaben keine sexuellen Kontakte an. Nur 0,3 % aller befragten Männer berichteten über sexuelle Kontakte mit Männern *und* Frauen in den zurückliegenden zwölf Monaten, wobei zwei Drittel dieser sich aktuell bisexuell verhaltenden Männer in diesem Zeitraum mit jeweils drei bis neun Männern und drei bis neun Frauen sexuelle Kontakte gehabt hatten (ebd.: 508, Table 8).

Die empirischen Resultate zeigen also, daß der Anteil der Männer, die im Erwachsenenalter sowohl gleich- als auch gegengeschlechtlichte sexuelle Kontakte haben, um ein Mehrfaches höher ist als die Quote der sich ausschließlich homosexuell verhaltenden Männer. Aber nur ein sehr geringer Teil der Männer mit bisexuellen Sexualgeschichten verhält sich auch zum jeweiligen Erhebungszeitpunkt bisexuell.

Die Autoren weisen zwar darauf hin, daß die angegebenen Verhaltensschätzungen als untere Grenze der tatsächlichen Prävalenzen aufgefaßt werden sollten, da wegen der sozialen Intoleranz gegenüber gleichgeschlechtlichen sexuellen Kontakten ein negativer Bias nicht auszuschließen sei. Allerdings werden die Resultate ihrer Untersuchung durch die von Ross in Australien durchgeführte repräsentative Erhebung in der Tendenz bestätigt. Auch hier ergab sich eine relativ niedrige Prävalenz des gegenwärtigen bisexuellen Verhaltens. Diese lag mit 1 % zwar höher als in der Studie von Rogers und Turner; nicht auszuschließen ist jedoch, daß diese höhere Quote zumindest zum Teil dadurch bedingt ist, daß Ross Männer ab 16 Jahre befragte, während in der US-amerikanischen Studie die Angaben von mindestens 21 Jahre alten Männern ausgewertet wurden.

Andere Studien, wie die Studentenuntersuchung von Clement, gelangen zwar zu höheren Resultaten für das aktuelle bisexuelle Verhalten, sind aber wegen des begrenzten Samples mit den Ergebnissen der Repräsentativerhebungen nicht vergleichbar. Dies gilt wegen der nicht durchschaubaren Samplebildung auch für die Studie von Runkel.

HIV-Antikörperprävalenz bei Männern mit bisexuellem Verhalten

Boulton wertete für die bereits zitierte Übersichtsarbeit auch Untersuchungen über die HIV-Antikörperprävalenz bei homo- und bisexuellen Männern aus. Zum größeren Teil handelt es sich dabei um nichtrepräsentative klinische Studien, so daß eine Verallgemeinerung der Ergebnisse auf die Gesamtheit homo- bzw. bisexueller Männer nicht möglich ist. Es zeigt sich jedoch in allen Studien die gleiche Tendenz. Die HIV- Prävalenz bei bisexuellen Männern ist größer als bei heterosexuellen, liegt jedoch erheblich unter der von homosexuellen, wobei die Angaben für Bisexuelle zwischen 0,7 und 14 %, die für Homosexuelle zwischen 3,4 und 36 % liegen. Dieses Verhältnis gilt indes nur für die europäischen Studien. In Lateinamerika zeigt sich wie bei der Prävalenz bisexuellen Verhaltens ein anderes Bild. Die HIV-Prävalenzen bei Bisexuellen liegen hier deutlich höher als in den europäischen Untersuchungen und sind gleich oder sogar höher als bei homosexuellen Lateinamerikanern (vgl. Boulton 1991: 195; Cortes et al. 1989: 955 f).

Für Deutschland liegen nur wenige vergleichbare Untersuchungen vor. Fienbork et al. (1990) stellten 1988/89 in einer AIDS-Beratungsstelle, die anonyme Beratungen durchführt, bei 6,9 % der sich als bisexuell bezeichnenden Männer und Frauen ein positives HIV-Testergebnis fest. Bisexuelle Männer, die sich zwischen 1985 und 1987 im Landestropeninstitut in Berlin testen ließen, waren zu 12,8 % HIV-Antikörper-positiv (Lenz et al. 1990).

Chu et al. (1992: 222) schätzen, daß 19 % aller an AIDS erkrankten Männer bisexuell sind, wobei sie sich auf die Auswertung von Daten über die zwischen 1981 und 1990 an das Center for Disease Control (CDC) in den USA gemeldeten AIDS- Fälle stützen. Auch hier ergibt sich der hohe Anteil "bisexueller" Männer aus der kumulativen Zählweise: *Als bisexuell* wurde eingestuft, wer "nach 1977 und vor der Diagnose AIDS" sexuelle Kontakte mit Männern und Frauen hatte (ebd.: 220).

Besondere HIV-Risiken von "Bisexuellen"

Von Männern, die sich bisexuell verhalten, wird behauptet, daß sie wesentlichen Anteil an der Übertragung des HI-Virus von homosexuellen Männern auf Frauen und vermittelt darüber auch auf Kinder haben. Begründet wird dies nicht nur mit der Quantität der Bisexuellen, sondern auch damit, daß sie dazu "tendieren", sich in "high-risk behaviour" (Tielman et al. 1991: 11) einzulassen, und dadurch sich selbst und ihre Partner und Partnerinnen einem erhöhten Infektionsrisiko aussetzen. Verschiedene Untersuchungen scheinen diese These zu belegen. In einer in Australien durchgeführten Interviewstudie (Bennett et al. 1989 a, b) gaben 46 % der 54 befragten bisexuell aktiven Männer an, in den letzten sechs Monaten ungeschützte sexuelle Kontakte mit "mindestens einem Mann und einer Frau" gehabt zu haben (Bennett et al. 1989 b: 314). Boulton (1991) betont zwar einerseits, daß die Muster sexuellen Verhaltens von bisexuellen und homosexuellen Männern sich im wesentlichen gleichen, daß insbesondere bei beiden Gruppen nur eine Minderheit ungeschützten Analverkehr habe, berichtet im weiteren jedoch über Studien, die auf ein riskanteres sexuelles Verhalten von bisexuellen hinweisen. Sowohl in US-amerikanischen wie in lateinamerikanischen Untersuchungen werden höhere Partnerzahlen für bisexuelle Männer beschrieben. In einer brasilianischen Studie haben 49 % der "bisexuellen Männer" angegeben, nie Kondome zu benutzen (Boulton 1991: 196). Europäische wie auch südamerikanische Untersuchungen weisen ferner darauf hin, daß "bisexuelle" im Vergleich zu heterosexuellen Männern häufiger Analverkehr mit ihren Partnerinnen haben und daß bei diesen wiederum eine signifikante Beziehung bestehe zwischen Analverkehr und Serokonversion (ebd.).

In Danneckers Homosexualitätsstudie (1990: 68 f) berichteten 56 der 83 bisexuell Aktiven, daß sie gegenwärtig, d.h. in den letzten zwölf Monaten, Koitus ohne Präservativ hatten. Fast die Hälfte, nämlich 24 dieser Männer, hatten im gleichen Zeitraum auch ungeschützten Analverkehr mit Männern, das heißt also, "24 von 903 (2,7 %) der Befragten eines über ein homosexuelles System der Fragebogenverteilung gewonnenen Samples unterhalten gegenwärtig (in den letzten 12 Monaten) sexuelle Beziehungen zu beiden Geschlechtern, die mit einer hohen HIV-Infektionsgefahr verbunden sind" (Dannecker 1990: 69).

Es scheint also nach diesen Studien in den homosexuellen Kontakten der "Bisexuellen" zu einer erhöhten Risikoexposition für eine HIV-Infektion zu kommen. Dies kann jedoch nicht aus der Bisexualität als unabhängiger Risikoquelle abgeleitet werden. Die größere Zahl der homosexuellen Kontakte der bisexuellen Männer findet ja nicht mit anderen bisexuellen, sondern vielmehr mit selbstdefinierten homosexuellen Männern statt. Durch die Beteiligung eines Akteurs, der sich als bisexuell und damit als nichthomosexuell und deshalb als weniger riskiert begreift, aber kommt es möglicherweise zu einem verminderten Risikobewußtsein in der sexuellen Interaktion, was dann zu einer erhöhten Risikoexposition führen kann. Entscheidender scheint freilich zu sein, daß bisexuelle Männer eine hohe Affinität für den Analverkehr und insbesondere für den rezeptiven Analverkehr haben, worauf zumindest klinische Erfahrungen hinweisen. Wenn der Analverkehr psychisch hoch besetzt ist, aber kommt es, wie empirisch gut belegt ist (vgl. Dannecker 1990: 111), zu einem erhöhten Vorkommen von riskanten Kontakten.

Schaut man sich die heterosexuelle Seite der Bisexuellen an, ergeben sich auch hier Hinweise auf eine erhöhte Risikoexposition. Bisexuelle Männer scheinen vor allem dann ungeschützten Koitus oder Analverkehr mit ihren Partnerinnen zu haben, wenn diese nicht über ihre Bisexualität informiert sind. Aber auch wenn die Frauen Bescheid wissen, jedoch die Bisexualität des Mannes in der Ehe oder in der Beziehung tabuiert ist und darüber nicht kommuniziert werden kann, ist die Wahrscheinlichkeit ungeschützter sexueller Kontakte erhöht. In beiden Fällen würde der Gebrauch des Präservativs zum Symbol der - verleugneten oder tabuierten - Bisexualität des Mannes. Im ersten Fall vermeidet der Mann das Kondom, weil dessen Benutzung einem Geständnis gleichkäme, während im zweiten Fall auch die Frau an der Verleugnung mitwirkt, um durch das Kondom nicht an die homosexuelle Seite ihres Partners erinnert zu werden. Das aber setzt voraus, daß die Frau tatsächlich weiß, daß ihr Partner bisexuell ist. Hays und Samuels (1989) berichten, daß bisexuelle Männer ihre Frauen in der Mehrzahl vor der Ehe nicht über ihre sexuelle Orientierung informieren und daß die Frauen häufig erst nach langjähriger Ehe davon erfahren. Diese Einschätzung wird auch durch andere Untersuchungen bestätigt (vgl. Doll et al. 1991: 31; Jäger- Collet 1989; Gochros 1985). Ferner referiert Boulton (1991: 197) eine Studie, nach der nur 11 % der gegenwärtig verheirateten bisexuellen Männer ihre Frauen über ihre sexuelle Orientierung in Kenntnis setzten, bevor sie selbst von ihrem positiven HIV-Testergebnis erfuhren.

Anders betrachtet bedeutet dies, daß bisexuelle Männer ihre Partnerinnen nicht selten erst dann über ihre Bisexualität informieren, wenn sie durch die HIV-Infektion oder AIDS- Erkrankung dazu gezwungen werden (vgl. Gochros 1991). Dies verweist auf die in der Sexualwissenschaft lange Zeit kaum beachtete Problematik der Ehen homo- und bisexueller Männer. Die bisherige Forschung folgte zumeist einer homosexuell männlichen Perspektive und konzentrierte sich auf die Situation der Männer, während die Dynamik der Beziehungen so gut wie nie aus der Perspektive der Frauen untersucht wurde. Erst in jüngerer Zeit tritt, nicht zuletzt durch das Auftauchen von AIDS, die

Situation der Frauen, die in Beziehungen mit homo- oder bisexuellen Männern leben, deutlicher in den Vordergrund (vgl. Gochros 1985, 1991; Wolf 1985, 1987; Matteson 1985; Brownfain 1985; Coleman 1985; Jäger-Collet 1989; Buxton 1991).

In der Literatur wird meist die plausible Auffassung vertreten, daß Paare, die die Bisexualität der Männer nicht tabuieren, besser mit ihrer besonderen Situation zurechtkommen und sich dementsprechend auch adäquater mit den durch HIV und AIDS gegebenen Gefahren auseinandersetzen können. Gochros weist aber auch auf einen zumindest vorübergehenden gegenteiligen Effekt hin, darauf nämlich, daß Frauen sich nach dem Bekanntwerden der Bisexualität ihrer Partner "relativ häufig" in "risky sex" mit ihnen oder anderen Männern einlassen, was Gochros als Bewältigungsstrategie, als "Krisenverhalten" der Frauen auffaßt, die sich auf diese Weise ihrer durch die Bisexualität des Mannes in Frage gestellten sexuellen Attraktivität versichern wollen (Gochros 1991: 182).

Die dargestellten empirischen Forschungsergebnisse zeigen, daß die epidemiologische Bedeutung der HIV-Übertragung durch "bisexuelle" Männer differenziert betrachtet werden muß. Für lateinamerikanische Länder werden hohe Prävalenzraten des bisexuellen Verhaltens sowie hohe HIV-Infektionsraten bei bisexuellen Männern beschrieben. Berücksichtigt man ferner die Hinweise auf eine relativ große Häufigkeit riskanter Sexualpraktiken bei den sexuellen Kontakten bisexueller Männer, so scheint für diese Regionen die These, daß diese die "Hauptbrücke" (Cortes et al. 1989: 957) der Übertragung des HI-Virus zwischen homo- und heterosexuellen Gruppen darstellen, möglicherweise zuzutreffen (vgl. Cortes et al. 1989, Beach et al. 1989, sowie Boulton 1991: 195).

In Studien, die in den soziokulturell vergleichbaren Regionen Europa, Nordamerika und Australien durchgeführt wurden, findet die Auffassung, daß bisexuelle Männer in dramatischem Umfang das HI-Virus von homosexuellen Männern auf Frauen übertragen, indes keine Bestätigung. Die Prävalenz bisexuellen Verhaltens ist um ein Vielfaches geringer, als die in der Presse und gelegentlich auch in der Sexualwissenschaft gezeichneten Katastrophenszenarien suggerieren. Die Quote der gegenwärtig bisexuell aktiven Männer dürfte im unteren Bereich des durch die Schätzungen von Rogers und Turner (0,3 %) und Clements Angabe (4 %) gegebenen Intervalls liegen. Der ohnehin geringe Anteil der an AIDS erkrankten Frauen, die sich über sexuelle Kontakte mit bisexuellen Männern infiziert haben, zeigte zumindest in den USA in den letzten Jahren eine fallende Tendenz (Gochros 1991: 180). Die Einschätzung, nach der "neben der Beschaffungsprostitution der i.v. Drogenabhängigen gerade die Bisexuellen eine Eintrittspforte der Infektion in weitere Bevölkerungskreise" (Wille und Kröhn 1990: 375) seien, ist also überzogen und überschätzt die epidemiologische Bedeutung bisexuellen Verhaltens in der HIV-Epidemie deutlich.

Gleichwohl aber sind bisexuell aktive Männer und ihre Partner und Partnerinnen von AIDS in besonderer Weise betroffen. Vor allem im AIDS-Kontext ist es jedoch problematisch, pauschal von "Bisexuellen" oder von "bisexuellen Männern" zu sprechen. Männer mit gleich- und gegengeschlechtlichen sexuellen Kontakten bilden keine homogene Gruppe und stellen damit auch keine einheitliche "Risikogruppe" dar. Die Lebenssituationen etwa von verheirateten Männern mit heimlichen homosexuellen Kontakten, von Männern in Gefängnissen, von Strichern oder von selbstidentifizierten organisierten bisexuellen Männern unterscheiden sich erheblich. Insbesondere infolge ihrer Homo- oder Bisexualität sozial deklassierte Jugendliche, die ihr materielles Überleben durch Prostitution sichern, scheinen derzeit in besonderer Weise von HIV-Infektionen und AIDS bedroht zu sein (vgl. Gagnon 1989: 60). Potentiell riskant für Männer und ihre Partnerinnen scheinen ferner Situationen zu sein, in denen die Bisexualität der Männer tabuiert wird, weil damit auch eine Auseinandersetzung mit den durch HIV und AIDS gegebenen Gesundheitsrisiken erschwert oder verhindert wird.

9 Bisexuelle Erotisierung und die Neukonstruktion der Bisexualität

In der Sexualpathologie und der frühen Sexualwissenschaft war die Bisexualitätstheorie vor allem eine Theorie zur Erklärung der Homosexualität. Im Zentrum des sich formierenden Diskurses über die Sexualitäten stand die Figur des Homosexuellen. Die manifeste Bisexualität erschien dabei als Variante, als minderer Grad der Homosexualität, wie etwa in Krafft-Ebings Modell der conträren Sexualempfindung. Gegenstand der neueren und noch andauernden Bisexualitäts-Diskussion hingegen sind die manifesten Formen der Bisexualität, während die Bisexualität als theoretisches Erklärungsprinzip an Bedeutung verloren hat. Nicht zuletzt durch das "Hervortreten" der Bisexuellen und ihren Versuch, sich als soziale Gruppe zu konstituieren, ist die manifeste Bisexualität zum Gegenstand der Sexualforschung geworden.

Zum gegenwärtigen Zeitpunkt liegt es daher nahe, die Bisexualität, zumindest aus heuristischen Gründen, als eigene Kategorie neben Homo- und Heterosexualität zu berücksichtigen und zu untersuchen. Die Problematik dieser Kategorisierung besteht jedoch darin, daß die bloße Einstufung eines Mannes als hetero-, homo- oder bisexuell wenig über dessen Sexualgeschichte und Lebensweise aussagt. Insbesondere sind die Selbsteinstufungen der Subjekte häufig nicht mit ihrem sexuellen Verhalten und ihrer sexuellen Orientierung (im Sinne der frühen Differenzierung) kongruent. Da sexuelle Orientierungen jedoch nicht objektiv meßbar sind, bleiben sexualwissenschaftliche Untersuchungen auf die Angaben der Subjekte angewiesen.

Vorbehalte gegen eine "trichotome" Einteilung der sexuellen Orientierung ergeben sich vor allem dann, wenn nicht nur diese, sondern auch Aspekte der *sexuellen Identität* und die Lebensweise eines zu klassifizierenden Individuums mit erfaßt werden sollen. Coleman (1987: 9) bezeichnet in dieser Perspektive die dichotome oder trichotome Kategorisierung der sexuellen Orientierung als eine "massive Simplifizierung unseres gegenwärtigen Verständnisses der sexuellen Orientierung". Auch die Kinsey-Skala, die ja ein eindimensionales Einteilungsinstrument ist, stellt weder in der von Kinsey gedachten Form eines homosexuell-heterosexuellen Kontinuums noch in der Form ihrer häufigsten Anwendung als diskrete 7-stufige (oder auch nur 4- oder 5-stufige) Skala eine Lösung dieser Problematik dar. Ausgehend von einer Kritik bzw. einer Modifizierung der Kinsey-Skala wurden daher verschiedene mehr- bzw. *multidimensionale* Skalen und Modelle zur Erfassung sexueller Orientierungen entwickelt (Shively und De Cecco 1977; Suppe 1984; Klein et al. 1985; Klein 1990; Coleman 1987, 1990; Berkey et al. 1990). Bell und Weinberg (1978: 61) etwa trennten die beiden Dimensionen, die in der Kinsey-Skala zusammengefaßt sind, und ermittelten Kinsey-Werte jeweils gesondert für das "tatsächliche Sexualverhalten" und die "sexuellen Empfindungen".

Shiveley und De Cecco schlugen ein Modell der "sexuellen Identität" vor, in dem sie neben dem biologischen Geschlecht drei "psychologische Komponenten" (Shiveley und De Cecco 1977: 41), nämlich die Geschlechtsidentität ("gender identity"), die soziale Geschlechtsrolle ("social sex role") und die sexuelle Orientierung berücksichtigten. Bei letzterer werden zwei Aspekte unterschieden, eine "physical preference" sowie eine "affectional preference" (ebd.: 45), womit sexuelle oder emotionale Präferenzen für männliche und/oder weibliche Partner gemeint sind. Einstufungen werden in diesem Modell nicht nach Kinsey-Skalenwerten vorgenommen, vielmehr werden Homosexualität und Heterosexualität, analog der von Bem (1974) vorgeschlagenen Konzeptualisierung von Männlichkeit und Weiblichkeit, als unabhängige Variablen betrachtet (vgl. auch Storms 1980; s.o., Kap. 4). Für beide Dimensionen werden jeweils 5-stufige Skalen von "not at all homosexual" bis "very homosexual" bzw. "not at all heterosexual" bis "very heterosexual" (Shiveley und De Cecco 1977: 46) angegeben. Die sexuelle und die emotionale Präferenz sollen ferner sowohl in bezug auf das sexuelle Verhalten wie auf die Phantasie bewertet werden. Anders ausgedrückt heißt das, berücksichtigt werden "physische Faktoren (sexuelles Verhalten), intrapsychische Faktoren (erotische Phantasie) und interpersonale Faktoren (Affektion)" (Coleman 1990: 270).

Klein et al. verstehen sexuelle Orientierung als einen "multi-variable dynamic process" (Klein et al. 1985: 35). Berücksichtigt werden sieben Variablen, die jeweils nach einer 7-stufigen, den Kinsey-Werten entsprechenden Skala bewertet werden. Die einzelnen Dimensionen sind: "sexuelle Anziehung, sexuelles Verhalten, sexuelle Phantasien, emotionale Präferenz, soziale Präferenz, Selbstidentifizierung und Hetero/Gay Lifestyle (vgl. ebd.: 39). Da die Autoren explizit von einer Veränderbarkeit der sexuellen Orientierung ausgehen, werden alle Variablen jeweils in bezug auf die Vergangenheit, auf die Gegenwart und auf ein Idealbild hin eingeschätzt, woraus sich dann das "Klein Sexual Orientation Grid (KSOG)" mit insgesamt 21 Angaben ergibt.

Coleman (1987, 1990) schließlich legte ein vorwiegend für therapeutische Tätigkeiten entwickeltes Modell zur "klinischen Einschätzung" der sexuellen Orientierung (Coleman 1987: 19) vor, wobei es sich um den Versuch einer Synthese aus dem Komponenten-Modell von Shiveley und De Cecco, dem Klein Sexual Orientation Grid und der von Bell und Weinberg entwickelten Homosexualitätstypologie (s.o. Kap. 6) handelt. Colemans Modell umfaßt neun Dimensionen. Neben den vier Komponenten von Shiveley und De Cecco werden "Lebensstil oder gegenwärtiger Beziehungsstatus", "Selbstidentifizierung" und "ideale Selbstidentifizierung", ferner ein Maß der Zufriedenheit mit der "current sexual orientation identity" und schließlich eines für die vergangene und ideale zukünftige sexuelle Identität genannt (vgl. Coleman 1990: 274). Während Shiveley und De Cecco (1977) begrifflich zwischen sexueller Orientierung und sexueller Identität differenzierten, nimmt Coleman also in seinem Modell eine begriffliche Vermischung dieser Dimensionen vor.

Die skizzierten Modelle versuchen, die sexuelle Orientierung und/oder die sexuelle Identität eines Individuums bzw., wie bei Coleman, ein Konglomerat aus beiden durch möglichst differenzierte operationalisierbare Kriterien zu erfassen und damit die Begrenzung einer eindimensionalen Betrachtung, wie z.B. in der Kinsey-Skala, zu überwinden. Angestrebt wird über diese Differenzierung letztlich eine Perfektionierung der Erfassung der sexuellen Identitäten und Orientierungen. De Cecco und Shiveley (1983/84) haben demgegenüber vorgeschlagen, statt der sexuellen Identität die Strukturen sexueller Beziehungen zum Forschungsgegenstand zu machen. Sie vertreten die Auffassung, daß das Konzept der sexuellen Identität im wesentlichen ein biologisches sei, da es die anatomischen Unterschiede zwischen Mann und Frau als wichtigstes differenzierendes Kriterium zugrunde lege. Dementsprechend habe der lange Diskurs über die sexuelle Identität in erster Linie darin bestanden, sexuelle Beziehungen auf immer wieder neue Weise als Ausdruck des biologischen Geschlechts der Partner zu beschreiben (vgl. De Cecco und Shively 1983/84: 15). Vor allem wegen ihrer "Aura von biologischem Determinismus" (ebd.) werde die Idee der sexuellen Identität der Komplexität sexueller Beziehungen nicht gerecht, sondern sei vielmehr einer Denkweise verhaftet, die auf dem "Glauben basiert, daß das biologische Geschlecht die brutale Realität sei, vor der alle menschlichen Beziehungen sich beugen müßten" (ebd.: 12). Nun sind aber die anatomischen Unterschiede zwischen Mann und Frau nicht per se bedeutsam, sie werden dies erst durch die sozialen und psychischen Bedeutungen, die an den Geschlechtsunterschied geknüpft werden bzw. diesen als sozial bedeutungsvollen erst konstituieren. Nicht in erster Linie als biologisches Faktum, sondern vielmehr als soziokulturelle Konstruktion aber ist die Zweigeschlechtlichkeit in der Tat "brutale Realität", von der in sexualwissenschaftlichen Analysen nicht abstrahiert werden kann, unabhängig davon, ob diese die sexuelle Identität und damit das einzelne Subjekt oder die Strukturen sexueller Beziehungen ins Zentrum der Betrachtung stellen. Damit ist aber noch nichts über eine biologische Begründung der sexuellen Orientierung und schon gar nicht der sexuellen Identität gesagt und insbesondere keine biologische Determinierung unterstellt, wogegen sich De Ceccos Argumentation vor allem richtet.

Es kann aber angenommen werden, daß die Auseinandersetzung mit dem Geschlechtsdimorphismus sich für bisexuelle Männer anders als für monosexuelle darstellt und zu verschiedenen Resultaten, nämlich zu unterschiedlichen inneren Verankerungen der Wahrnehmung der Geschlechter und des Geschlechtsunterschiedes und insoweit zu unterschiedlichen seelischen Strukturen führt. Ein wesentlicher, die spätere Entwicklung zur Mono- oder Bisexualität präformierender Teil dieses Auseinandersetzungsprozesses ist die von Friedman beschriebene Differenzierung der erotischen Phantasie. Wie Friedman annimmt, läuft dieser Differenzierungsprozeß notwendig innerhalb einer biologisch vorgegebenen Zeitspanne in der Kindheit ab und führt im Resultat zu einer strukturellen Verankerung der sexuellen Phantasie als homo-, bi- oder heterosexuell, die im weiteren nicht mehr veränderbar ist und somit festlegt, ob einer später nur eine hetero- oder eine homosexuelle Option oder eine bisexuelle hat. Auf der Basis dieser frühen bisexuellen Differenzierung aber treten so strukturierte Männer mit anderen Voraussetzungen in die Pubertät ein als monosexuell differenzierte. Es sind dann nicht in erster Linie diverse geschlechtsunabhängige "soziale oder demographische Variablen", wie zum Beispiel "Klasse, Rasse, Einkommen und Religion" (Ross 1984: 68 f), die für die Analyse sexueller Beziehungen herangezogen werden müssen, sondern auch und vor allem das Besondere der bisexuell im Vergleich zu monosexuell differenzierten Männer, daß sie beide Geschlechter erotisieren können und von beiden Geschlechtern sexuell angezogen werden. Offen bleibt dabei die Frage, welche Bedeutung der biologische Geschlechtsunterschied in dieser besonderen Form der Erotisierung hat.

Es ist also nicht sinnvoll, von vorneherein vom biologischen Geschlecht zu abstrahieren bzw. das Geschlecht der Partner als eine von mehreren voneinander unabhängigen Variablen, die für sexuelle Beziehungen bedeutsam sind, zu betrachten. Vielmehr wäre gerade zu untersuchen, ob und in welcher Weise der Blick der Partner auf die Geschlechter, gewissermaßen die spezifische Erotisierung der Geschlechterdifferenz durch die beteiligten Akteure, sexuelle Beziehungen beeinflußt bzw. formt und strukturiert oder überhaupt erst konstituiert.

Ausgehend von der Überlegung, daß für Bisexuelle das Geschlecht ihrer Partner nicht ausschlaggebend für die sexuelle Partnerwahl sei, schlug Ross (1984) vor, insbesondere die Partnerwahl Bisexueller differenziert zu untersuchen. Dies erlaube es, die Bedeutung der nichtgeschlechtsgebundenen Dimensionen sexueller Beziehungen unabhängig zu beurteilen, was bei den Beziehungen von exklusiv Homo- oder Heterosexuellen, die ja in bezug auf das Geschlecht ihrer Partner festgelegt sind, nicht möglich sei.

Nun ist aber die Vermutung, daß Bisexuelle indifferent gegenüber dem Geschlecht ihrer Partner/-innen sind, nur *eine* denkbare Hypothese, auf die die Bisexualitätsforschung nicht reduziert werden sollte. Daneben gibt es vielmehr weitere Sichtweisen und Hypothesen über die Bedeutung oder die Bedeutungen des Geschlechtsunterschiedes für bisexuell differenzierte Männer, denen jeweils unterschiedliche theoretische Vorstellungen über die Bisexualität zugrunde liegen. Zinik (1985) hat die Annahmen über die Bisexualität einem "Konfliktmodell" bzw. einem "Flexibilitätsmodell" der Bisexualität zugeordnet. Daneben wäre die bereits genannte Indifferenzhypothese zu berücksichtigen sowie ferner jene Perspektive, die durch eine Verknüpfung von Bisexualität und Androgynie bestimmt ist.

Die Konflikthypothese geht von einer Unvereinbarkeit gleich- und gegengeschlechtlicher Erotisierung bei ein und derselben Person aus, bezieht sich also auf die dichotome Einteilung der sexuellen Orientierung in Hetero- und Homosexualität. In dieser Sicht ist es nicht vorstellbar, daß eine lustvolle Besetzung beider Geschlechter relativ konfliktfrei möglich sein kann. Manifeste Bisexualität wird dementsprechend als vorübergehendes Phänomen oder als Übergangsphänomen bzw. als Abwehr-Bisexualität oder als Symptom eines Identitätskonfliktes verstanden. Äußerungen, die sich in der Bisexualitätsliteratur häufiger finden, wie etwa "Ich liebe Menschen, nicht ihr Geschlecht" (vgl. Wolff 1979: 153) wären nach dieser Auffassung als Ausdruck der Verleugnung des Geschlechtsunterschiedes zu verstehen, und manifeste Bisexualität müßte ganz generell als ein Versuch aufgefaßt werden, den Geschlechtsunterschied auf eine sexuell aktive Weise zu verleugnen.

Mit der Indifferenzhypothese ist gemeint, daß Bisexuelle dem Geschlecht des Partners/der Partnerin keine oder nur eine nachgeordnete Bedeutung zumessen, daß also andere Faktoren für die Aufnahme sexueller Beziehungen entscheidend sind. So berichten Bisexuelle häufig, daß sie mehr von "Qualitäten bestimmter Personen als von Aspekten des Geschlechts an sich" (vgl. Zinik 1985: 11) angezogen würden, was an Hirschfelds (1906a: 69) Überlegung erinnert, nach der in der sexuellen Anziehung jeder sein "Genre", seinen bevorzugten "Typus" habe.

Die Indifferenzhypothese träfe auch auf jene Gruppe zu, die Masters und Johnson als *Ambisexuelle* bezeichnet haben. Diese sind gewissermaßen der Prototyp des geschlechtsindifferenten Bisexuellen insofern, als ihnen "das Geschlecht des jeweiligen Partners zu jeder Zeit vollständig gleichgültig erschien" (Masters und Johnson 1979: 138). Die Definition, die Masters und Johnson für die Ambisexualität wählen, ist indes sehr eng gefaßt und dürfte dementsprechend nur für einen kleinen Teil der manifest Bisexuellen zutreffen: "Nach dem Sprachgebrauch des Instituts sind ein Mann oder eine Frau ambisexuell, wenn sie auf jedwede sexuelle Gelegenheit ohne alle Rücksichtnahme auf das Geschlecht des Sexualpartners eingehen, sowie niemals Interesse an einer festen Zweierbeziehung zeigen, die sie ja zumindest zeitweise auf eine bestimmte sexuelle Präferenz festlegen würde" (ebd.).

In der androgynen Perspektive erscheinen Bisexuelle nicht als indifferent gegenüber bestehenden Geschlechtsunterschieden, vielmehr wird der Bisexualität eine Tendenz zur Aufhebung der Geschlechterdifferenz zugeschrieben. Vor allem Charlotte Wolff hat diese Auffassung prononciert vertreten: Bisexualität ebne die Geschlechtsunterschiede ein und lasse die androgyne Natur des Menschen hervortreten (vgl. Wolff 1979: 116), wobei "Bisexualität ... psychische Androgynie, aber Androgynie ... nicht eo ipso Bisexualität" impliziere (ebd.: 252). Wolff verbindet ihre Bisexualitätsvorstellung mit einer vor allem in der Emanzipationsliteratur der 70er Jahre populären, inzwischen etwas blaß gewordenen Utopie, von der Altman (1983: 14) meinte, sie habe sich als Illusion erwiesen, nämlich mit der Vorstellung, daß in einer sexuell freieren Gesellschaft die Unterschiede zwischen den Geschlechtern und damit auch die Differenzen zwischen sexuellen Orientierungen sich tendenziell aufheben würden. Bisexualität und Androgynie erscheinen in dieser Perspektive als utopischer Auftrag, als Keimform einer neuen *Normalität*, denn, so Wolff, ohne die Einmischung von Familie und Gesellschaft "wäre die zweigeschlechtliche Identität die Norm und Bisexualität eine Selbstverständlichkeit", wie es im "»Paradies« der Kindheit" nach wie vor der Fall sei (Wolff 1979: 78). Nun haben aber die mit der sogenannten sexuellen Liberalisierung und den Emanzipationsbewegungen der Frauen und der Homosexuellen einhergehenden Veränderungen nicht in erster Linie zu einer Verringerung der sexuellen Differenzen, sondern im Gegenteil zu einer Diversifizierung der Sexualformen geführt, was an der öffentlichen Artikulation unterschiedlicher Sexualformen bis hinein in die (Sexual-) Wissenschaft sichtbar wird. Abgelesen werden kann dies nicht zuletzt am Hervortreten der Bisexuellen als eigene soziale Gruppe.

Die Apologie der Bisexualität in den Schriften von Charlotte Wolff war zwar für die Formierung von Bisexuellengruppen recht bedeutsam (vgl. z.B. Initiativgruppe bisexueller Frauen und Männer 1987). Wolffs theoretische Fassung der Bisexualität indes ist für ein Verständnis der manifesten Bisexualität wenig hilfreich. Für Wolff ist "Bisexualität die Wurzel der menschlichen Sexualität und die Matrix aller biopsychischen Reaktionen, seien diese nun passiv oder aktiv". Die Bisexualität äußere sich "zunächst und vor allem in zwiegeschlechtlicher Identität, die zu bisexueller Lebensweise führen kann, aber nicht muß" (Wolff 1979: 11). Diese Definition vermengt alle Betrachtungsebenen - die des biologischen Geschlechts, der sozialen Geschlechtsrolle, der sexuellen Anziehung und der sexuellen Orientierung begrifflich miteinander und verstellt wegen der allumfassenden Bedeutung, die der Bisexualität zugeschrieben wird, den Blick auf das Besondere der manifest Bisexuellen. Für diese aber scheint sich Wolffs These über den Zusammenhang von Bisexualität und Androgynie nicht zu bestätigen. Empirische Untersuchungen sprechen bislang gegen die These, daß Bisexuelle "androgyner" seien als Monosexuelle, vielmehr finden sich die den Geschlechtsrollen zugeschriebenen Eigenschaften und Stereotypen (als maskulin, feminin, aktiv, passiv usw.) bei ihnen nicht wesentlich anders verteilt als bei anderen Männern (vgl. z.B. Morrow 1989: 297; Storms 1980; Stokes et al. 1983).

Wird Bisexuellen eine besondere Flexibilität zugeschrieben, ist gemeint, daß homo- und heterosexuelles Begehren sich nicht wechselseitig ausschließen, sondern in Form einer "bisexuellen Erotisierung" (Zinik 1985: 11) miteinander verbunden sein können. Bisexualität ist danach charakterisiert durch eine "Koexistenz von heteroerotischen und homoerotischen Gefühlen und Verhaltensweisen und eine Integration von homosexuellen und heterosexuellen Identitäten" (ebd.). Bisexuelle seien so etwas wie "Chamäleons", die die Fähigkeit besäßen, sich ohne größere Schwierigkeiten zwischen der heterosexuellen und der homosexuellen Welt hin- und herzubewegen und die so in der Lage seien, "das Beste beider Welten" (ebd.: 9) zu erfahren und zu erleben. Als Bedingung der Möglichkeit einer solchen "dualen Erfahrung" wird eine besondere Form "perzeptiver/kognitiver Flexibilität" (ebd.: 11) angenommen, die es erlaube, scheinbar gegensätzliche Sexualobjekte als erotisch und erregend wahrzunehmen. In dieser Sicht wäre das Spezifische der Bisexuellen also die Fähigkeit flexibel zwischen einer homosexuellen und einer heterosexuellen Position zu wechseln. "Bisexuell" würde danach bedeuten, sowohl hetero- als auch homosexuell zu sein. Diese Einschätzung aber leitet Bisexualität letztlich aus den Monosexualitäten ab, anstatt den Versuch zu unternehmen, sie aus sich heraus zu verstehen.

Bisexuelle Erotisierung kann demgegenüber aber auch so verstanden werden, daß Bisexuelle die Geschlechter und den Geschlechtsunterschied in einer spezifischen Weise erotisieren, die sich von den entsprechenden Formen der Erotisierung bei homo- oder heterosexuell differenzierten Männern unterscheidet. Die bisexuelle Erotisierung wäre dann keine bloße Addition von Homosexualität und Heterosexualität, sondern Ausdruck einer in dieser Hinsicht differenten Struktur der Bisexuellen. Dies führt zu einer spekulativen Überlegung über die idealen Sexualobjekte bisexuell differenzierter Männer. Vermutlich gilt für Bisexuelle (oder einen Teil der Bisexuellen), daß sie nicht Männer und Frauen an sich erotisch besetzen, sondern daß sie sich aufgrund ihrer bisexuellen Struktur von solchen Männern und Frauen sexuell angezogen fühlen, die nicht eine den monosexuellen Formen entsprechende sexuelle Aura haben, sondern die vielmehr, wie sie selber, die Geschlechter bisexuell erotisieren.

Das aber würde bedeuten, daß Bisexuelle sich gegenseitig anziehen, was bereits Hirschfeld vermutet hatte (vgl. Hirschfeld 1926: 559). Damit würde die Bisexualität über die Geschlechtsgrenzen hinweg gleichsam einen Zusammenhang stiften. Treffen diese Überlegungen zu, ist anzunehmen, daß Bisexuelle an den Orten, die nach den Erfordernissen homosexuellen oder heterosexuellen Begehrens und Erotisierens strukturiert sind, die ihnen entsprechende situative Sexualisierung, also sozusagen eine bisexuelle Sexualspannung, nicht oder nur in Ansätzen vorfinden. Bisexuelle hätten dann nicht zwei Welten, zwischen denen sie hin- und herpendeln könnten, um aus jeder das für sie Beste herauszunehmen, sondern vielmehr gar keine Welt, die ihrer sexuellen Verfaßtheit entspräche. Wenn Bisexuelle den Wunsch nach einer "bisexuellen Gesellschaft" (vgl. Wolff 1979: 253) äußern, heißt das also zunächst einmal nichts anderes, als daß sie sich eine gesellschaftliche Situation wünschen, in der sie sein können, wie sie sind, ohne sich verstellen zu müssen oder auf Ablehnung zu treffen, und die es ihnen erlaubt, die ihnen entsprechenden Partner zu finden. Dies dürfte auch eine der entscheidenden Triebfedern sein, die bisexuelle Männer und Frauen veranlaßte, sich zu organisieren und "bisexuelle Orte" zu schaffen, d.h. Orte, an denen sie nicht wie in hetero- oder homosexuellen Zusammenhängen ständig damit rechnen müssen, auf Partner/innen zu treffen, die sie auf die jeweilige Monosexualität festlegen wollen. An solchen Orten entsteht zudem eher eine spezifisch bisexuelle situative Erotisierung, und es kommt eher zu solchen sexuellen Situationen, die aufgrund ihrer sexuellen Spannung und Dynamik, unabhängig von der Zahl und dem Geschlecht der beteiligten Akteure, als *bisexuelle Kontakte* bezeichnet werden könnten.

Die Auffassung, daß Bisexuelle sich durch eine besondere Flexibilität auszeichnen, geht häufig mit der These einher, daß die Bisexualität durch eine bewußte Entscheidung zustande komme, daß es sich um eine frei gewählte "duale Orientierung" handele (vgl. z.B. Zinik 1985: 13). Dieser Eindruck kann entstehen, weil Bisexuelle, von außen betrachtet, in der Tat in bezug auf die Gestaltung ihrer sexuellen Beziehungen eine größere Wahlmöglichkeit als monosexuell differenzierte Männer haben. Dies gilt zumindest unter der Voraussetzung, daß sie sich ihrer Bisexualität nicht nur bewußt sind, sondern diese auch real im Sinne befriedigender sexueller Kontakte mit Männern wie mit Frauen erlebt haben. Ist das der Fall, sind sie in dem Sinne flexibel, daß sie sich entscheiden können, periodenweise monosexuell zu leben, ohne deshalb ihre bisexuelle Option aufzugeben. Das aber heißt nicht, daß die bisexuelle Orientierung als solche frei gewählt wurde. Dieser liegt, der derzeit plausibelsten theoretischen Auffassung zufolge, vielmehr eine psychostrukturell verankerte bisexuelle Differenzierung zugrunde. Eine bisexuelle Orientierung ist danach ebensowenig Ergebnis einer bewußten Entscheidung wie die monosexuellen Orientierungen.

Ob die Indifferenzhypothese, die androgyne Perspektive oder Hypothese des flexiblen Flottierens zwischen den Geschlechtern oder vielmehr die Annahme einer spezifischen bisexuellen Erotisierung die Bisexualität angemessen beschreibt, wäre durch differenzierte empirische Untersuchungen, etwa in der Form "begriffener Sexualgeschichten" (Dannecker 1991b: 292), zu klären, die zugleich Aufschluß über die verschiedenen Formen der Bisexualität und die Lebensweisen bisexueller Männer geben könnten.

Wie immer aber die den Bisexuellen zugeschriebene Flexibilität theoretisch zu beurteilen ist: Es scheint so zu sein, daß die Betonung dieses Aspektes, die

Hervorhebung der Möglichkeit zur "Überschreitung und prinzipiellen Offenheit" (Dannecker 1989b: 124) für bisexuell differenzierte Männer nicht der Versuch ist, "alle Mühen der Subjektwerdung" (ebd.) abzustreifen, sondern vielmehr das Gegenteil, nämlich gerade Ausdruck und Bestandteil der Mühen ist, zu sich selbst zu finden, das heißt zu werden, was sie sind.

Dies verweist auf eine andere Dimension der sexuellen Kategorien als die bisher diskutierten. In sexualwissenschaftlichen Untersuchungen sind die Kategorien der sexuellen Orientierung und der sexuellen Identität vor allem Begriffe, die Vergangenes und Gegenwärtiges erfassen und beschreiben sollen. Wenn die Sexologie die Lebenwelt untersucht, eilt sie mit ihren Instrumentarien den Erfahrungen der handelnden Subjekte hinterher und legt sie begrifflich fest und verfehlt damit tendenziell den fortschreitenden Konstruktionsprozeß. Die subjektiven Selbstdefinitionen sind demgegenüber offener und brüchiger. Sie sind nicht nur auf die sexuelle Präferenz bezogen, sondern sie sind auch Ergebnis einer Rekonstruktion der eigenen Lebensgeschichte und zugleich Zukunftsentwurf, insofern die, die sich selbst als bi, schwul oder lesbisch bezeichnen, nicht nur ein Bewußtsein ihrer sexuellen Verfaßtheit entwickeln, sondern auch eine Vorstellung davon, was es heißen könnte, bi, schwul oder lesbisch zu leben, und vielleicht auch davon, wie dies angesichts der gegenwärtigen monosexuell-heterozentrischen gesellschaftlichen Situation erreicht werden kann. In diesem Sinne sind sexuelle Selbstdefinitionen Instrumente und zugleich Ergebnis fortwährender Konstruktion sexueller Wirklichkeit, vielleicht auch auf der individuellen Ebene zugleich Vehikel, um überhaupt sexuell zu werden. Damit aber sind sie in ihrem Bedeutungsgehalt veränderbar und ständiger Veränderung unterworfen und verweisen so auch beständig auf ihre Begrenztheit und relative Unangemessenheit.

Bestand ehedem zumindest offiziell eine weitgehend ungebrochene Hegemonie gegengeschlechtlicher Monosexualität, die von den frühen Sexologen kritisch oder affirmativ bestätigt wurde, haben sich in der seit Ende des 19. Jahrhunderts andauernden "Phase der Konstruktion abweichender Sexualitäten und der ihnen entsprechenden Persönlichkeiten" (Dannecker 1991b: 285) und insbesondere im Zuge der Veränderungen seit den 60er Jahren dieses Jahrhunderts die monosexuellen Kulturen der schwulen Männer und lesbischen Frauen herausgebildet und zunehmend differenziert. Infolge des Rückgangs der sozialen Beeinträchtigung durch rechtliche, medizinische und andere Diskriminierungen sind die Differenten nicht mehr ständig gezwungen, sich mit Tarnung und Rechtfertigung zu beschäftigen; statt dessen konnten schwule und lesbische Lebens- und Sexualformen entwickelt - oder wenn man so will: konstruiert - werden.

Die Bisexualität als Sexualform und Lebensweise zeichnet sich demgegenüber gerade erst ab. So wie Foucault von der Homosexualität sagte, daß sie "keine Form des Begehrens, sondern etwas Begehrenswertes" sei, und hinzufügte "Wir müssen also darauf hinarbeiten, homosexuell zu werden, und dürfen uns nicht hartnäckig darauf versteifen, daß wir es schon sind" (Foucault 1981: 86), dürfte jener Flugblattitel, der lautete "Don't dream it - bi it!" (Initiativgruppe bisexueller Frauen und Männer 1987: 14), als Auftrag zu verstehen sein, eine eigene, d.h. eine bisexuelle Wirklichkeit überhaupt erst zu erschaffen. In dieser Perspektive sind die Bisexualität oder die derzeitigen Formen der Bisexualität Produkte eines sozialen Konstruktionsprozesses, ganz in dem Sinne, wie es der Konstruktivismus behauptet. Die Bisexualität erscheint, zumindest zum gegenwärtigen Zeitpunkt, in höherem Maße von der konstruierenden Aktivität der beteiligten Subjekte bestimmt als die bereits etablierteren Formen der Homosexualität und vor allem als jener breite, nur durch das Kriterium der Nichtabweichung vom sogenannten Normalen definierte Rest sexueller Wirklichkeit, der noch nicht zu differenzierten sexuellen Konstrukten aufgestiegen ist und der vorerst weiter unter der Residualkategorie der Heterosexualität zusammengefaßt wird.

Literaturverzeichnis

Abraham, K., H. Sachs und M. Eitingon (1922): [Rundbrief vom 1. Dezember 1921]. Columbia University Libraries, New York, Spec. Ms. Coll., Otto Rank Rundbriefe

Altendorf, M. und A. Feldhorst: Bisexuelle Identität und Sexualität. In: Sexualität in Berlin. Band I. Hrsg. vom Berliner Arbeitskreis Sexualität im Centrum für Sexualwissenschaft e.V. Berlin 1992

Altman, D.: The homosexualisation of America. Boston: Beacon Press 1983

Barr, G.: Chicago Bi-ways: an informal history. Journal of Homosexuality 11 (1/2), 231-234, 1985

BASG (Bundesarbeitsgemeinschaft Schwule im Gesundheitswesen): Psychoanalyse in Schwulitäten. Psyche 39, 553-560, 1985

Baumann, H.: Das doppelte Geschlecht. Ethnologische Studien zur Bisexualität in Ritus und Mythos. 2. Auflage. Berlin: Dietrich Reimer 1980

Bayer, R.: Homosexuality and American psychiatry. The politics of Diagnosis. New York: Basic Books 1981

Beach, R.S. et al.: HIV Infection in Brazil. New England Journal of Medicine 321, 830, 1989

Bell, A.P., M.S. Weinberg und S.K. Hammersmith: Der Kinsey- Institut-Report über sexuelle Orientierung und Partnerwahl. München: C. Bertelsmann 1981

Bell, A.P. and M.S. Weinberg: Der Kinsey Institut Report über weibliche und männliche Homosexualität. München: C. Bertelsmann 1978 (Originalausgabe: Homosexualities. A study of diversity among men and women. New York: Simon and Schuster 1978)

Bem, S.: The measurement of psychological androgyny. Journal of Consulting and Clinical Psychology 42, 155-162, 1974

Benjamin, J.: Die Fesseln der Liebe. Frankfurt a.M.: Stroemfeld/ Roter Stern 1990

Bennett, G., S. Chapman, and F. Bray: Sexual practices and "beats": AIDS-related sexual practices in a sample of homosexual and bisexual men in the western area of Sydney. The Medical Journal of Australia 151, 309-314, 1989 (a)

Bennett, G., S. Chapman, and F. Bray: A potential source for the transmission of the human immunal deficiancy virus into the heterosexual population: bisexual men who frequent "beats". The Medical Journal of Australia 151, 314-318, 1989 (b)

Berkey, R.B., T. Perelman-Hall and L.A. Kurdek: The multi- dimensional scale of sexuality. Journal of Homosexuality 19 (4), 67-87, 1990

Bieber, I. et al.: Homosexuality. A psychoanalytic study of male homosexuals. New York 1962

Bisexual Lives. London: Off pink publishing 1988

Bloch, I.: Das Sexualleben unserer Zeit in seinen Beziehungen zur modernen Kultur. Berlin: Marcus 1907

Bloch, I.: Das Sexualleben unserer Zeit in seinen Beziehungen zur modernen Kultur. 4.-6. Auflage. Berlin: Marcus 1908

Bloch, I.: Aufgaben und Ziele der Sexualwissenschaft. Zeitschrift für Sexualwissenschaft 1, 2-11, 1914

Blüher, H.: Die drei Grundformen der Homosexualität. Jahrbuch für sexuelle Zwischenstufen 13, 139-165, 326-342, 441-444, 1913

Blüher, H.: Die deutsche Wandervogelbewegung als erotisches Phänomen. Dritte Auflage. Berlin: Anthropos 1918

Blüher, H.: Werke und Tage. München: List 1953

Blüher, H.: Die Rede des Aristophanes. Hamburg: Kala 1966

Blumstein, P.W. and P. Schwartz: Bisexuality in men. Urban life 5, 339-358, 1976 (a)

Blumstein, P.W. and P. Schwartz: Bisexuality in Women. Archives of Sexual Behaviour 5, 171-181, 1976 (b)

Blumstein, P.W. and P. Schwartz: Bisexuality: Some social psychological issues. Journal of social issues 33, 31-45, 1977

Blumstein, P.W., and P. Schwartz: Intimate relationships and the creation of sexuality. In: McWhirter et al. 1990

Bochow, M.: AIDS: Wie leben schwule Männer heute? Bericht über eine Befragung im Auftrag der Deutschen AIDS-Hilfe. Berlin 1988

Bochow, M.: AIDS und Schwule. Individuelle Strategien und kollektive Bewältigung. Bericht über eine zweite Befragung im Auftrag der Deutschen AIDS-Hilfe e.V. Berlin 1989

Boswell, J.: Revolutions, universals and sexual categories. Salmagundi, No. 58-59, 89-113, 1982/83

Boswell, J.: Sexual and ethical categories in premodern Europe. In: McWhirter et al. 1990

Boulton, M.: Review of the literature on bisexuality and HIV transmission. In: Tielman et al. 1991

Boulton, M. and T. Coxon: Bisexuality in the United Kingdom. In: Tielman et al. 1991

Brownfain, J.J.: A study of the married bisexual male: Paradox and resolution. Journal of Homosexuality 11 (1/2), 173-188, 1985

Buxton, A.P.: The other side of the closet. The coming-out crisis for straight spouses. Santa Monica: IBS Press 1991

Carrier, J.M.: Cultural factors affecting urban mexican male homosexual behaviour. Archives of sexual behaviour 5, 103- 124, 1976

Carrier, J.M.: Male mexican bisexuality. Journal of Homosexuality 11 (1/2), 75-85, 1985

Casper, J.L.: Practisches Handbuch der gerichtlichen Medicin. Berlin: Hirschwald 1858

Cass, V.C.: Homosexual identity: A concept in need of definition. Journal of Homosexuality 9 (2/3), 105-126, 1983/84

Cass, V.C.: The implications of homosexual identity formation for the Kinsey model and scale of sexual preference. In: McWhirter et al. 1990

Chauncey, G.JR: From sexual inversion to homosexuality: Medicine and the changing conceptualisation of female deviance. Salmagundi, No. 58-59, 114-146, 1982/83

Chevalier, J.: Une maladie de la personnalité: L'inversion sexuelle; psycho-physiologie, sociologie, tératologie, aliénation mentale, psychologie morbide, anthropologie, médicine judiciaire. Lyon und Paris: Storck 1893

Chu, S.Y., T.A. Peterman, L.S. Doll, J.W. Buehler, and J.W. Curran: AIDS in bisexual men in the United States: Epidemiology and transmission to women. American Journal of Public Health 82, 220-224, 1992

Clement, U.: Sexualität im sozialen Wandel. Beiträge zur Sexualforschung, Bd. 61. Stuttgart: Enke 1986

Coleman, E.: Integration of male bisexuality and marriage. Journal of Homosexuality 11 (1/2), 87-99, 1985

Coleman, E.: Asessment of sexual orientation. Journal of Homosexuality 14 (1/2), 9-24, 1987

Coleman, E.: Toward a synthetic understanding of sexual orientation. In: Mc Whirter et al. 1990

Cortes, E. et al.: HIV-1, HIV-2 und HTLV-1 Infection in high- risk-groups in Brazil. New England Journal of Medicine 320, 953-958, 1989

Dannecker, M.: Der Homosexuelle und die Homosexualität. Frankfurt a. M.: Syndikat 1978

Dannecker, M.: Warum die Therapie der Homosexualität die Lage der Homosexuellen verschlechtert. In: Sigusch 1980

Dannecker, M.: Vorwort in: W.J. Schmidt (Hrsg.): Jahrbuch für sexuelle Zwischenstufen: Eine Auswahl aus den Jahrgängen 1899-1923, Bd. 1. Frankfurt a.M., Paris: Qumran 1983

Dannecker, M.: Das Drama der Sexualität. Frankfurt a.M.: Athenaeum 1987

Dannecker, M.: Kann empirische Sexualforschung kritisch sein? Zum Andenken an Alfred C. Kinsey. Zeitschrift für Sexual- forschung 2, 207-215, 1989 (a)

Dannecker, M.: Zur Konstitution des Homosexuellen. In: Gooß und Gschwind 1989 (b)

Dannecker, M.: Homosexuelle Männer und AIDS. Eine sexual- wissenschaftliche Studie zu Sexualverhalten und Lebensstil. Stuttgart, Berlin, Köln: Kohlhammer 1990

Dannecker, M.: Der homosexuelle Mann im Zeichen von AIDS. Hamburg: Klein Verlag 1991 (a)

Dannecker, M.: Sexualität als Gegenstand der Sexualforschung. Zeitschrift für Sexualforschung 4, 281-293, 1991 (b)

Dannecker, M. und R. Reiche: Der gewöhnliche Homosexuelle. Eine soziologische Untersuchung über männliche Homosexuelle in der Bundesrepublik. Frankfurt a. M.: S. Fischer 1974

Darwin, Ch.: Das Variieren der Thiere und Pflanzen im Zustand der Domestication. Zweiter Band. Stuttgart: E. Schweizerbart 1868

Darwin, Ch.: Die Abstammung des Menschen und die geschlechtliche Zuchtwahl I. Band. Stuttgart: E. Schweizerbart 1871

De Cecco, J.P.: Definition and meaning of sexual orientation. Journal of Homosexuality 6 (4), 51-67, 1981

De Cecco, J.P.: Homosexuality's brief recovery: From sickness to health and back again. Journal of Sex Research 23, 106- 114, 1987 (a)

De Cecco, J.P.: The two views of Meyer-Bahlburg: A rejoinder. Journal of Sex Research 23, 123-127, 1987 (b)

De Cecco, J.P.: Splash and Clash in Amsterdam. Essentialismus vs. Konstruktivismus und zwei Kongresse über Homosexualität. Zeitschrift für Sexualforschung 1, 146-153, 1988

De Cecco, J.P.: Sex and more sex: A critic of the Kinsey conception of human sexuality. In: McWhirter et al. 1990

De Cecco, J.P. and M.G. Shively: From sexual identity to sexual relationships: A contextual shift. Journal of Homosexuality 9 (1/3), 1-26, 1983/84

Dessoir, M: Zur Psychoanalyse der Vita sexualis. Allgemeine Zeitschrift für Psychiatrie 50, 941-975, 1894

Deutsche AIDS-Hilfe: Protokoll des Konzeptseminars Bisexualität im Waldschlößchen, Gleichen-Rheinhausen, vom 28.6.- 30.6.91. Unveröffentlicht.

Dörner, K.: Bürger und Irre. Zur Sozialgeschichte und Wissenschaftssoziologie der Psychiatrie. Frankfurt a.M.: Fischer Tb 1975

Doll, L.S., J. Peterson, J.R. Magana, and J.M. Carrier: Male bisexuality and AIDS in the United States. In: Tielman et al., 1991

Ellis, H. und J.H.Symonds: Das konträre Geschlechtsgefühl. Deutsche Original-Ausgabe besorgt unter Mitwirkung von Dr. Hans Kurella. Leipzig: Wigand 1896

Eros oder Wörterbuch über die Physiologie und über die Natur und Culturgeschichte des Menschen in Hinsicht auf seine Sexualität. Erster Band. Berlin: August Rückert 1823

Faderman, L.: Surpassing the love of men. Romantic friedship and love between women from the Renaissance to the Present. New York: Morrow 1981

Faderman, L.: The "new gay" lesbians. Journal of Homosexuality 10 (3/4), 85-95, 1984

Faderman, L.: Love between Women in 1928. Why progressivism is not always progress. Journal of Homosexuality 12 (3/4), 23-42, 1986

Fay, R.E., C.F. Turner, A.D. Klassen and J.H. Gagnon: Prevalence and patterns of same-gender sexual contact among men. Science 243, 338-348, 1989

Ferenczi, S. (1921): [Rundbrief vom 11. Dezember 1921]. Columbia University Libraries, New York, Spec. Ms. Coll., Otto Rank Rundbriefe

Féray, J.-C., and M. Herzer: Homosexual studies and politics in the 19th century: Karl Maria Kertbeny. Journal of Homosexuality 19 (1), 23-47, 1990

Fienbork, B., M. Peters und W. Stille: Ergebnisse aus der anonymen AIDS-Beratungsstelle Frankfurt/Main für das Jahr 1988 und 1989. Abstrakt 520. 3. Deutscher AIDS-Kongreß. Hamburg 1990

Fliess, W.: Die Beziehungen zwischen Nase und weiblichen Geschlechtsorgangen. In ihrer biologischen Bedeutung dargestellt. Leipzig und Wien: Franz Deuticke 1897

Fliess, W.: Der Ablauf des Lebens. Grundlegung zur exakten Biologie. Leipzig und Wien: Franz Deuticke 1906

Fliess, W.: Männlich und weiblich. Zeitschrift für Sexualwissenschaft 1, 15-20, 1914

Fliess, W.: Vom Leben und vom Tod. Biologische Vorträge. Jena: Eugen Diederichs 1924

Fliess, W.: Zur Periodenlehre. Gesammelte Aufsätze. Jena: Eugen Diederichs 1925

Fliess, W.: Von den Gesetzen des Lebens. Frankfurt a.M.: Ed. Qumran im Campus-Verlag 1985

fos. Forum on sexuality. Newsletter, No. 1. Amsterdam, Jan. 1992

Foucault, M.: Sexualität und Wahrheit. Band 1: Der Wille zum Wissen. Frankfurt a.M.: Suhrkamp 1977

Foucault, M. (1981): Von der Freundschaft als Lebensweise. Gespräch mit R. de Ceccatty, J. Darnet und J. Le Bitoux. In: Von der Freundschaft als Lebensweise. Michel Foucault im Gespräch. Berlin: Merve, o.J. (1984).

Foucault, M. und R. Sennett, (1980): Sexualität und Einsamkeit. In: Von der Freundschaft als Lebensweise. Michel Foucault im Gespräch. Berlin: Merve, o.J. (1984).

Freud, S. (1905/25): Drei Abhandlungen zur Sexualtheorie. 1. Aufl. 1905. 6. durchges. Aufl. 1925. Gesammelte Werke (GW) V. Frankfurt a.M.: S. Fischer 1942

Freud, S. (1913): Das Interesse an der Psychoanalyse. GW VIII. Frankfurt a.M.: S. Fischer 1945

Freud, S. (1915): Triebe und Triebschicksale. GW X. Frankfurt a.M.: S. Fischer 1946

Freud, S. (1919): Ein Kind wird geschlagen. GW XII. Frankfurt a.M.: S. Fischer 1947

Freud, S. (1920 a): Über die Psychogenese eines Falles von weiblicher Homosexualität. GW XII. Frankfurt a.M.: S. Fischer 1947

Freud, S. (1920 b): Jenseits des Lustprinzips. GW XIII. Frankfurt a.M.: S. Fischer 1940

Freud, S. (1923): Das Ich und das Es. GW XIII. Frankfurt a.M.: S. Fischer 1940

Freud, S. (1924): Der Untergang des Ödipuskomplexes. GW XIII. Frankfurt a.M.: S. Fischer 1940

Freud, S. (1925): Einige psychische Folgen des anatomischen Geschlechtsunterschiedes. GW XIV. Frankfurt a.M.: S. Fischer 1948

Freud, S. (1930): Das Unbehagen in der Kultur. GW XIV. Frankfurt a.M.: S. Fischer 1948

Freud, S. (1937): Die endliche und die unendliche Analyse. GW XVI. Frankfurt a.M.: S. Fischer 1950

Freud, S.: Aus den Anfängen der Psychoanalyse. Briefe an Wilhelm Fließ. Abhandlungen und Notizen aus den Jahren 1887 - 1902. Korrigierter Nachdruck der Ausgabe von 1962. Frankfurt a.M.: S. Fischer 1975

Freud, S. und O. Rank (1921): [Rundbrief vom 11. Dezember 1921]. Columbia University Libraries, New York, Spec. Ms. Coll., Otto Rank Rundbriefe

Freud, S. und O. Rank (1922): [Rundbrief vom 22. Januar 1922]. Columbia University Libraries, New York, Spec. Ms. Coll., Otto Rank Rundbriefe

Freund, K.: Male homosexuality: An analysis of the pattern. Its biological and psychological bases. In: Loraine, J.A. (ed.): Understanding homosexuality. Lancaster: Medical and technical publishing 1974

Freund, K., and R. Langevin: Bisexuality in homosexual pedophilia. Archives of Sexual Behaviour 5, 415-423, 1976

Friedländer, B.: Renaissance des Eros Uranios. Die physiologische Freundschaft, ein normaler Grundtrieb des Menschen und eine Frage der männlichen Gesellungsfreiheit. Berlin: Lehmann 1904

Friedländer, B.(1907): Aus der Denkschrift für die Freunde und Fondszeichner des Wissenschaftlich-Humanitären Komitees im Namen der Sezession des Wissenschaftlich-Humanitären Komitees. In: Friedländer 1909

Friedländer, B.: Die Liebe Platons im Lichte der modernen Biologie. Treptow-Berlin: Zack 1909

Friedman, R.C.: Male homosexuality. A contemporary psychoanalytic perspective. New Haven and London: Yale University Press 1988

Friedman, R.M.: Zur historischen und theoretischen Kritik am psychoanalytischen Modell der Homosexualität. In: Friedman, R.M. und L. Lerner (Hrsg.): Zur Psychoanalyse des Mannes. Berlin, Heidelberg, New York: Springer 1991

Futuyma, D.J., and S.J. Risch: Sexual orientation, sociobiology and evolution. Journal of Homosexuality 9 (2/3), 157- 168, 1983/84

Gagnon, J.H.: Science and the politics of pathology. Journal of Sex Research 23, 120-123, 1987

Gagnon, J.H.: Disease and desire. Daedalus 118 (3): 47-77, 1989

Gagnon, J.H.: Gender preference in erotic relations: The Kinsey scale and sexual scripts. In: McWhirter et al. 1990

Geller, T. (ed.): Bisexuality. A reader and source book. Ojai California: Times Change Press 1990

Gelman, D. et al.: Born or bred? Newsweek, February 24, 38- 44, 1992

Gley: Les aberrations de l'instinct sexuel d'après des traveaux récents. Revue Philosophique 17, 66-92, 1884

Gochros, J.S.: Wives' reactions to learning that their husbands are bisexual. Journal of Homosexuality 11 (1/2), 101-113, 1985

Gochros, J.S.: Bisexuality and female partners. In: Tielman et al. 1991

Gooren, L.J.G.: Biomedizinische Theorien zur Entstehung der Homosexualität: Eine Kritik. Zeitschrift für Sexualforschung 1, 132-145, 1988

Gooren, L., E. Fliers, and K. Courtney: Biological determinants of sexual orientation. Annual Review of Sex Research 1, 175-196, 1990

Gooß, U. und H. Gschwind (Hrsg.): Homosexualität und Gesundheit. Berlin: Rosa Winkel 1989

Gorsen, P.: Nachwort in: W.J. Schmidt (Hrsg.): Jahrbuch für sexuelle Zwischenstufen. Eine Auswahl aus den Jahrgängen 1899-1923, Bd. 2. Frankfurt a.M. und Paris: Qumran 1984

Green, R.: Gender identity in childhood and later sexual orientation: Follow-up of 78 males. American Journal of Psychiatry, 142, 339-341, 1985

Green, R.: The "sissy boy syndrom" and the development of homosexuality. New Haven and London: Yale University Press 1987

Griesinger, W.: Vortrag zur Eröffnung der psychiatrischen Clinik zu Berlin. Archiv für Psychiatrie und Nervenkrankheiten 1, 636-654, 1868/69

Haeberle, E.J.: Einleitung in: M. Hirschfeld: Die Homosexualität des Mannes und des Weibes. Nachdruck der Erstauflage von 1914. Berlin, New York: De Gruyter 1984

Haeberle, E.J.: AIDS und die Aufgaben der Sexualwissenschaft. In: Gindorf, R. und E. Häberle (Hrsg.): Sexualitäten in unserer Gesellschaft. Beiträge zur Geschichte, Theorie und Empirie. Berlin, New York: Walter de Gruyter 1989

Hays, D., and A. Samuels: Heterosexual women's perceptions of their marriages to bisexual or homosexual men. Journal of Homosexuality 18 (1/2), 81-100, 1989

Hekma, G.: Sodomites, platonic lovers, contrary lovers: The backgrounds of the modern homosexual. Journal of Homosexuality 16 (1/2), 433-455, 1988

Herdt, G.: Developmental discontinuities and sexual orientation across cultures. In: McWirther et al. 1990

Herzer, M.: Kertbeny and the Nameless love. Journal of homosexuality 12 (1), 1-23, 1985

Herzer, M.: Zum Ursprung des Angeborenseins. Capri. Zeitschrift für schwule Geschichte 1, 20, 1987

Herzer, M.: Magnus Hirschfeld. Leben und Werk eines jüdischen, schwulen und sozialistischen Sexologen. Frankfurt a.M./New York: Campus 1992

Hirschauer, S.: Die soziale Konstruktion der Transsexualität. Frankfurt a.M.: Suhrkamp 1993

Hirschfeld, M. (1896): Sappho und Sokrates: Wie erklärt sich die Liebe der Männer und Frauen zu Personen des eigenen Geschlechts? Reprint der 2. Auflage, Leipzig 1902. In: Documents of the homosexual rights movement in Germany 1836-1937. New York: Arno Press 1975

Hirschfeld, M.: Die objektive Diagnose der Homosexualität. Jahrbuch für sexuelle Zwischenstufen 1, 4-35, 1899

Hirschfeld, M.: Das Ergebnis der statistischen Untersuchungen über den Prozentsatz der Homosexuellen. Leipzig: Spohr 1904

Hirschfeld, M.: Vom Wesen der Liebe. Zugleich ein Beitrag zur Lösung der Frage der Bisexualität. Jahrbuch für sexuelle Zwischenstufen 8, 1-284, 1906 (a)

Hirschfeld, M. Die gestohlene Bisexualität. Wiener klinische Rundschau 20, 706-707, 1906 (b)

Hirschfeld, M.: Jahresbericht 1906/1908. Jahrbuch für sexuelle Zwischenstufen 9, 621-664, 1908

Hirschfeld, M.: Einleitung und Situationsbericht. Jahrbuch für sexuelle Zwischenstufen 10, 3-30, 1909

Hirschfeld, M.: Die Zwischenstufen-"Theorie". Sexual-Probleme 6, 116-136, 1910

Hirschfeld, M.: Die Homosexualität des Mannes und des Weibes. Berlin: Marcus 1914

Hirschfeld, M.: Zur I. internationalen Tagung für Sexualreform auf sexualwissenschaftlicher Grundlage. Jahrbuch für sexuelle Zwischenstufen 21, 99-105, 1921

Hirschfeld, M.: Die intersexuelle Konstitution. Jahrbuch für sexuelle Zwischenstufen 23, 1-27, 1923

Hirschfeld, M.: Geschlechtskunde. I. Band: Die körperseelischen Grundlagen. Stuttgart: Püttmann 1926

Hössli, H.: Eros. Die Männerliebe der Griechen; ihre Beziehungen zur Geschichte, Erziehung, Literatur und Gesetzgebung aller Zeiten. Glarus: Selbstverlag 1836

Initiativgruppe bisexueller Frauen und Männer (Hrsg.): Der Bisex-Theorie-Reader. Dokumentation der "Theorie-Diskussion" in der Initiativgruppe bisexueller Frauen und Männer 1984-1987. Mönchengladbach: Eigendruck 1987

Isay, R.A.: Schwul sein. Die Entwicklung des Homosexuellen. München, Zürich: Pieper 1990 (a)

Isay, R.: Psychoanalytic theory and the therapy of gay men. In: McWhirter et al. 1990 (b)

Jäger-Collet, B.: Psychosoziale Probleme bisexueller Männer und ihrer Partnerinnen. In: AIDS Brief 5, 25-28, 1989

Jones, E. (1921 a): [Rundbrief vom 1. Dezember 1921]. Columbia University Libraries, New York, Spec. Ms. Coll., Otto Rank Rundbriefe

Jones, E. (1921 b): [Rundbrief vom 21. Dezember 1921]. Columbia University Libraries, New York, Spec. Ms. Coll., Otto Rank Rundbriefe

Kennedy, H.: Karl-Heinrich Ulrichs. Sein Leben und sein Werk. Beiträge zur Sexualforschung, Bd. 65, Stuttgart: Enke 1990

[Kertbeny, K.M.]: § 143 des preussischen Strafgesetzbuches vom 14. April 1851 und seine Aufrechterhaltung als § 152 im Entwurfe eines Strafgesetzbuches für den Norddeutschen Bund. Offene, fachwissenschaftliche Zuschrift an Seine Exzellenz Herrn Dr. Leonhard, Königl.-preussischen Staats- und Justizminister. Leipzig: Serbe 1869

Khan, M.R.: Ego-orgasm in bisexual love. International Review of Psycho-Analysis 1, 143-149, 1974

Kiernan, J.G.: Sexual Perversion, and the White Chapel Murders The Medical Standard 4, 129-130, 170-172, 1888

Kiernan, J.G.: Psychological Aspects of the Sexual Appetite. The Alienist and Neurologist 12, 188-219, 1891

Kinsey, A.C., W.B. Pomeroy, C.E. Martin and C.H. Gebhard: Das sexuelle Verhalten der Frau. Berlin und Frankfurt a.M.: G.B. Fischer 1954

Kinsey, A.C., W.B. Pomeroy and C.E. Martin: Das sexuelle Verhalten des Mannes. Berlin und Frankfurt a.M.: G.B. Fischer 1955

Kirsch, J.A.W., and J.E. Rodman: Selection and sexuality: The Darwinian view of homosexuality. In: Paul, Weinrich, Gonsiorek and Hotvedt 1982

Klein, F.: The bisexual option. A concept of one-hundred percent intimacy. New York: Arbor House 1978

Klein, F.: The need to view sexual orientation as a multi- variable dynamic process: A theoretical perspective. In: Mc Whirter et al. 1990

Klein, F. and T.J. Wolf (eds.): Two lives to lead: Bisexuality in Men and Women. New York: Harrington Park Press 1985 (Erstpublikation: Bisexuality: Theory and Research. New York: Haworth 1985; zugleich: Journal of Homosexuality 11 (1/2), 1985)

Klein, F., B. Sepekoff, and T.J. Wolf: Sexual orientation: A multi-variable dynamic process. Journal of Homosexuality 11 (1/2), 35-49, 1985

Kokula, I.: Weibliche Homosexualität um 1900 in zeitgenössischen Dokumenten. München: Frauenoffensive 1981

Kokula, I.: Helene Stöcker (1869-1943) der "Bund für Mutterschutz" und die Sexualreformbewegung, mit besonderer Berücksichtigung des Emanzipationskampfes homosexueller Frauen und Männer. Mitteilungen der Magnus Hirschfeld Gesellschaft Nr. 6, 5-24, August 1985

Krafft-Ebing, R.v.: Psychopathia sexualis. Eine klinisch-forensische Studie. Stuttgart: Enke 1886

Krafft-Ebing, R.v.: Über psychosexuales Zwittertum. Internationales Centralblatt für die Physiologie und Pathologie der Harn- und Sexual-Organe 1, 55-65, 1889/90

Krafft-Ebing, R.v.: Psychopathia sexualis mit besonderer Berücksichtigung der conträren Sexualempfindung. Eine klinisch-forensische Studie. Neunte, verbesserte und theilweise vermehrte Auflage. Stuttgart: Enke 1894

Krafft-Ebing, R.v.: Zur Erklärung der conträren Sexualempfindung. Jahrbücher für Psychiatrie und Neurologie 13, 1-16, 1895

Krafft-Ebing, R.v.: Neue Studien auf dem Gebiete der Homosexualität. Jahrbuch für sexuelle Zwischenstufen 3, 1-36, 1901

Krafft-Ebing, R.v.: Psychopathia sexualis. Nachdruck der 14. Auflage, München: Matthes und Seitz 1984

Laplanche, J.: Die allgemeine Verführungstheorie und andere Aufsätze. Tübingen: Edition Diskord 1988

Laplanche, J. und J.B. Pontalis: Das Vokabular der Psychoanalyse. Frankfurt a.M.: Suhrkamp 1972

Lautmann, R.: Seminar: Gesellschaft und Homosexualität. Frankfurt a.M.: Suhrkamp 1977

Lenz, K., S. Deininger, I. Guggenmoos-Holzmann und U. Bienzle: HIV-I Antikörperprävalenz bei bisexuellen Männern im Vergleich zu homosexuellen Männern. Abstrakt 471. 3. Deutscher AIDS-Kongreß. Hamburg 1990

Le Rider, J.: Der Fall Otto Weininger. Wurzeln des Antifeminismus und Antisemitismus. Wien, München: Löcker 1985

Lever, J., D.E. Kanouse, W.H. Rogers, S. Carson, and R. Hertz: Behavior patterns and sexual identity of bisexual males. Journal of Sex Research 29, 141-167, 1992

Lewes, K.: The psychoanalytic theory of male homosexuality. New York: Simon and Schuster 1988

Lydstone, G.F.: Sexual Perversion, Satyriasis and Nymphomania. Medical and Surgical Reporter 61, 253-258 and 281- 285, 1889

MacDonald, A.P.Jr.: Bisexuality: Some comments on research and theory. Journal of Homosexuality 6 (3), 21-35, 1981

MacDonald, A.P.Jr.: A little bit of lavender goes a long way: A critic of research on sexual orientation. Journal of Sex Research 19, 94-100, 1983

Marmor, J. (Ed.): Sexual inversion. The multiple roots of homosexuality. New York, London: Basic books 1965

Marmor, J. (Ed.): Homosexual behaviour. A modern reappraisal. New York: Basic books 1980

Masters, W.H., and V.E. Johnson: Homosexualität. Frankfurt a.M., Wien: Ullstein 1979

Matteson, D.R.: Bisexual men in marriage: Is a positive homosexual identiy and stable marriage possible? Journal of Homosexuality 11 (1/2), 149-171, 1985

McConaghy, N.: Heterosexual experience, marital status, and orientation of homosexual males. Archives of Sexual Behaviour 7, 575-581, 1978

McWirther, D.P., S.A. Saunders, and J.M. Reinisch (eds.): Homosexuality/Heterosexuality. Concepts of sexual orientation. New York: Oxford University Press 1990

Meyer-Bahlburg, H.F.: Psychoendocrine research and the societal status of homosexuals: A reply to De Cecco. Journal of Sex Research 23, 114-120, 1987

Minton, H.L., and G.J. McDonald: Homosexual identity formation as a developmental process. Journal of Homosexuality 9 (2/3), 91-104, 1983/84

Mishaan, C.: The bisexual scene in New York City. Journal of Homosexuality 11 (1/2), 223-225, 1985

Moll, A.: Die conträre Sexualempfindung Berlin: Fischer 1891

Money, J.: Homosexuell, bisexuell, heterosexuell. Zum psychoendokrinologischen Forschungsstand. Zeitschrift für Sexualforschung 1, 123-131, 1988

Moor, P.: Homosexualität und Psychoanalyse. Psyche 39, 750-559, 1985

Moor, P.: Homosexualität und psychoanalytische Heuchelei. Psyche 44, 545-558, 1990

Morel, B.-A.: Traité des dégénérescences physiques, intellectuelles et morales des l'espèce humaine et des causes qui produisent ces variétés maladives. Paris: J.B. Bauilliere 1857

Morgenthaler, F.: Homosexualität. In: Sigusch 1980

Morrow, G.D.: Bisexuality: An exploratory review. Annals of Sex-Research 2, 283-306, 1989

Müller, K.: Aber in meinem Herzen sprach eine Stimme so laut. Homosexuelle Autobiographien und medizinische Pathographien im neunzehnten Jahrhundert. Berlin: Rosa Winkel 1991

Murphy, T.F.: Freud reconsidered: Bisexuality, homosexuality and moral judgement. Journal of Homosexuality 9 (2/3), 65-77, 1983/84

Nagera, H.(Hrsg.): Psychoanalytische Grundbegriffe. Frankfurt a.M.: S. Fischer 1974

Neugebauer, F.L.v.: Hermaphroditismus beim Menschen. Leipzig: Klinkhardt 1908

Nichols, M.: Lesbian relationships: Implications for the study of sexuality and gender. In: McWhirter et al. 1990

Ovesey, L.: Homosexuality and Pseudohomosexuality. New York: Science House 1969

Ovesey, L. and S.M. Woods: Pseudohomosexuality and homosexuality in men: Psychodynamics as a guide to treatment. In: Marmor 1980

Oxford English Dictionary. 2nd ed. Vol. II. Oxford: Clarendon Press 1989

Parin, P.: Kommentar zu "Psychoanalyse in Schwulitäten" von der Bundesarbeitsgemeinschaft Schwule im Gesundheitswesen. Psyche 39, 561-564, 1985

Paul, J.P.: The bisexual identity: An idea without social recognition. Journal of Homosexuality 9 (2/3), 45-63, 1983/84

Paul, J.P.: Bisexuality: Reassessing our paradigms of sexuality. Journal of Homosexuality 11 (1/2), 21-34, 1985

Paul, W., J.D. Weinrich, J.C. Gonsiorek, and M.E. Hotvedt (eds.): Homosexuality. Social, psychological and biological issues. Beverly Hills, London, New Dehli: Sage 1982

Perper, T.: Enough is enough: Reflections on the views of De Cecco and Meyer-Bahlburg. Journal of Sex Research 23, 127-129, 1987

Person, E. and L. Ovesey: The transsexual syndrom in males: I. Primary transsexualism. American Journal of Psychotherapy 28, 4-20, 1974

Person, E. and L.Ovesey: The transsexual syndrom in males: II. Secondary transsexualism. American Journal of Psychotherapy 28, 174-193, 1974

Pfennig, R.: Wilhelm Fliess und seine Nachentdecker: O. Weininger und H. Swoboda. Berlin: Goldschmidt 1906

Platon: Das Gastmahl oder Von der Liebe. Stuttgart: Philip Reklam jun. 1983

Plummer, K. (ed.): The making of the modern homosexual. London: Hutchinson 1981 (a)

Plummer, K.: Homosexual categories: Some research problems in the labelling perspective of homosexuality. In: K. Plummer (ed.): The making of the modern homosexual. London: Hutchinson 1981 (b)

Prinz, U. (Bearb.): Androgyn: Sehnsucht nach Vollkommenheit. (Neuer Berliner Kunstverein, Ausstellung und Katalog). Berlin: Dietrich Reimer 1986

Rado, S.: A critical examination of the concept of bisexuality. Psychosomatic medicine 2, 459-467, 1940

Reiche, R.: Die Aufnahme der Kinsey-Berichte. Argument 7, 15-34, 1965

Reiche, R.: Mann und Frau. Psyche 40, 780-818, 1986

Reiche, R.: Geschlechterspannung. Frankfurt a.M.: Fischer Taschenbuch 1990

Richardson, D.: The dilemma of essentiality in homosexual theory. Journal of Homosexuality 9 (2/3), 79-90, 1983/84

Roemer, L.S.A.M. von: Über die androgynische Idee des Lebens. Jahrbuch für sexuelle Zwischenstufen 5, 707-939, 1903

Rogers, S.M. and C.F. Turner.: Male-male sexual contact in the U.S.A.: Findings from five sample surveys, 1970-1990. Journal of Sex Research 28, 491-519, 1991

Ross, M.W.: Beyond the biological model: New directions in bisexual and homosexual research. Journal of Homosexuality 10 (3/4), 63-70, 1984

Ross, M.W.: A taxonomy of global behaviour. In: Tielman et al. 1991 (a)

Ross, M.W.: Male bisexuality in Australia. In: Tielman et al. 1991 (b)

Rubenstein, M., and C.A. Slater: A profile of the San Francisco bisexual center. Journal of Homosexuality 11 (1/2), 227-230, 1985

Runkel, G.: Bisexual behaviour in Germany. Vortrag am 15.7.1990 auf der "Third International Berlin Conference of Sexology". Arbeitsbericht Nr. 95 der Universität Lüneburg. Lüneburg 1991

Ruse, M.: Are there gay genes? Sociobiology and homosexuality. Journal of Homosexuality 6 (4), 5-34, 1981

Salzman, L.: Latent homosexuality. In: Marmor 1980

Schäfer, S.: Sexual and social problems of lesbians. Journal of Sex Research 12, 50-69, 1976

Schmidt, G.: Allies and Persecutors: Science and Medicine in the Homosexual Issue. Journal of Homosexuality 10 (3/4), 127-140, 1984

Schmidt, G., and E. Schorsch: Psychosurgery of sexually deviant patients: Review and Analysis of New Empirical Findings. Archives of Sexual Behavior 10, 301-323, 1981

Shively, M.G., and J.P. De Cecco: Components of sexual identity. Journal of Homosexuality 3 (1), 41-48, 1977

Shively, M.G., C. Jones, and J.P. De Cecco: Research on sexual orientation: Definitions and methods. Journal of Homosexuality 9 (2/3), 127-136, 1983/84

Sigusch, V.: Medizinische Experimente am Menschen. Das Beispiel Psychochirurgie. Jahrbuch für kritische Medizin, Band 2, Argument-Sonderband 17. Berlin 1977

Sigusch, V. (Hrsg.): Therapie sexueller Störungen. 2., neubearbeitete und erweiterte Auflage. Stuttgart: Thieme 1980

Sigusch, V.: Verfolgt, konform, subversiv. Zur gesellschaftlichen Lage des Homosexuellen. In: V. Sigusch: Vom Trieb und von der Liebe. Frankfurt a.M., New York: Campus 1984 (a)

Sigusch, V.: Folgerichtig hirnverbrannt. Psychochirurgische Eingriffe zur sozialen und politischen Kontrolle. In: V. Sigusch: Vom Trieb und von der Liebe. Frankfurt a.M.: Campus 1984 (b)

Sigusch, V.: Was heißt kritische Sexualwissenschaft? Zeitschrift für Sexualforschung 1, 1-29, 1988

Sigusch, V.: Bisexuell, homosexuell, heterosexuell. In.: V. Sigusch: Anti-Moralia. Sexualpolitische Kommentare. Frankfurt a.M.: Campus 1990

Sigusch, V.: Die Transsexuellen und unser nosomorpher Blick. Teil I: Zur Enttotalisierung des Transsexualismus. Zeitschrift für Sexualforschung 4, 225-256, 1991 (a)

Sigusch, V.: Die Transsexuellen und unserer nosomorpher Blick. Teil II: Zur Entpathologisierung des Transsexualismus. Zeitschrift für Sexualforschung 4, 309-343, 1991 (b)

Sigusch, V., B. Meyenburg und R. Reiche: Transsexualität. In: V. Sigusch (Hrsg.): Sexualität und Medizin. Köln: Kiepenheuer und Witsch 1979

Singer, J.: Androgyny: Toward a new theory of sexuality. London and Henley: Routledge and Kegan Paul 1977

Socarides, C.W.: Der offen Homosexuelle. Frankfurt a.M.: Suhrkamp 1971

Steakley, J.D.: The homosexual emanzipation movement in Germany. New York: Arno Press 1975

Stokes, K., P.A. Kilmann, and A.L. Vanlass: Sexual orientation and sex role conformity. Archives of sexual behaviour 12, 427-433, 1983

Stoller, R.J.: The "bedrock" of masculinity and femininity: Bisexuality. Archives of General Psychiatry 26, 207-212, 1972

Stoller, R.J.: Sex and gender. Vol. I: The development of masculinity and femininity. New York: Jason Aronson 1974

Stoller, R.J.: Sex and gender. Vol. II: The transsexual experiment. New York: Jason Aronson 1976

Storms, M.D.: Theories of sexual orientation. Journal of personality and social psychology 38, 783-792, 1980

Sulloway, F.J.: Freud, Biologe der Seele. Jenseits der psychoanalytischen Legende. Köln-Lövenich: Hohenheim 1982

Suppe, F.: In defence of a multidimensional approach to sexual identity. Journal of Homosexuality 10 (3/4), 7-14, 1984

Swoboda, H.: Die gemeinnützige Forschung und der eigennützige Forscher. Wien und Leipzig: Braumüller 1906

Tarnowsky, B.: Die krankhaften Erscheinungen des Geschlechtssinnes. Eine forensisch-psychiatrische Studie. Berlin: Hirschwald 1886

Tielman, R., M. Carballo, and A. Hendriks (eds.): Bisexuality and HIV/AIDS. A global perspective. Buffalo, New York: Prometheus Books, 1991

Trésor de la langue française. Dictionnaire de la langue française du XIXe et du XXe siècle (1789-1960). Tone quatrième. Paris: Éditions du centre national de la recherche scientifique 1975

Troiden, R.R.: The formation of homosexual identities. Journal of homosexuality 17 (1/2), 43-73, 1989

Ulrichs, K.H. (Numa numantius): "Vindex". Social-juristische Studien über mannmännliche Geschlechtsliebe. Leipzig: Matthes 1864 (a)

Ulrichs, K.H. (Numa numantius): "Inclusa". Anthropologische Studien über mannmännliche Geschlechtsliebe. Leipzig: Matthes 1864 (b)

Ulrichs, K.H. (Numa numantius): "Formatrix". Anthropologische Studien über mannmännliche Liebe.Leipzig: Matthes 1865 (a)

Ulrichs, K.H. (Numa numantius): "Ara spei". Moralphilosophische und socialphilosophische Studien über mannmännliche Liebe. Leipzig: Matthes 1865 (b)

Ulrichs, K.H.: "Memnon". Die Geschlechtsnatur des mannliebenden Urnings. Eine naturwissenschaftliche Darstellung. Körperlich-seelischer Hermaphroditismus. Anima muliebris virili corpore inclusa. Zwei Abtheilungen. Schleiz: Hübscher 1868

Ulrichs, K.H.: "Critische Pfeile". Denkschrift über die Bestrafung der Urningsliebe. An die Gesetzgeber. Leipzig: Otto und Kartler 1879

Ulrichs, K.H. (1898): Forschungen über das Rätsel der mannmännlichen Liebe. (Titel der einzelnen Schriften: Vindex, Inclusa, Vindicta, Formatrix, Ara spei, Gladius furens, Memnon, Incubus, Argonauticus, Prometheus, Araxes, Kritische Pfeile). Reprint der 2. Aufl. Leipzig: Spohr 1898. New York: Arno Press 1975

Ulrichs, K.H.: Vier Briefe von Karl-Heinrich Ulrichs (Numa numantius) an seine Verwandten. Jahrbuch für sexuelle Zwischenstufen 1, 36-70, 1899

Vance, C.S.: Keynote address. Social construction theory: Problems in the history of sexuality. In: Homosexuality, which homosexuality? International conference on gay and lesbian studies. Amsterdam: An Dekker, Schorer; London: GMP Publishers 1989

Van Wyk, P.H., and C.S. Geist: Psychosocial development of heterosexual, bisexual and homosexual behaviour. Archives of sexual behaviour 13, 505-544, 1984

Waldeyer, W.: Eierstock und Ei. Ein Beitrag zur Anatomie und Entwicklungsgeschichte der Sexualorgane. Leipzig: Wilhelm Engelmann 1870

Weeks, J.: Sexuality and its discontents. Meanings, myths and modern sexualities. London and New York: Routledge and Kegan Paul 1985

Weil, A.: Die Körpermaße der Homosexuellen als Ausdrucksform ihrer besonderen sexuellen Veranlagung. Jahrbuch für sexuelle Zwischenstufen 21, 113-120, 1921

Weininger, O.: Geschlecht und Charakter. Eine prinzipielle Untersuchung. Wien: Wilhelm Braumüller 1903

Weininger, O.: Geschlecht und Charakter. Eine prinzipielle Untersuchung. [Nachdruck der 1. Auflage mit Anhang] München: Matthes und Seitz 1980

Weismann, A.: Das Keimplasma. Eine Theorie der Vererbung. Jena: Gustav Fischer 1892

Weltgesundheitsorganisation: Internationale Klassifikation psychischer Störungen. ICD-10 Kapitel V (F) Klinisch- diagnostische Leitlinien. Herausgegeben von H. Dilling, W. Mombour und M.H. Schmidt. Bern, Göttingen, Toronto: Huber 1991

Westphal, C.F.O. (1869): Die conträre Sexualempfindung, Symptom eines neuropathischen (psychopathischen) Zustandes. Archiv für Psychiatrie und Nervenkrankheiten 2, 73-108, 1870

Wettley, A.: Von der Psychopathia Sexualis zur Sexualwissenschaft. Beiträge zur Sexualforschung, Bd. 17. Stuttgart: Enke 1959

Whitam, F.L.: Childhood indicators of male homosexuality. Archives of Sexual Behavior, 6, 89-96, 1977

Whitam, F.L.: The prehomosexual male child in three societies: The United States, Guatemala, Brasil. Archives of Sexual Behavior, 9, 87-99, 1980

Wille, R. und W. Kröhn: Was heißt bisexuell? Ein Drei-Ebenen-Modell für AIDS-präventive Ansatzpunkte. Sexualmedizin 19, 369-375, 1990

Wolf, T.J.: Marriages of bisexual men. Journal of Homosexuality 11 (1/2), 135-148, 1985

Wolf, T.J.: Group psychotherapy for bisexual men and their wives. Journal of Homosexuality 14 (1/2), 191-199, 1987

Wolff, C.: Bisexualität. Frankfurt a.M.: Goverts 1979

Zinik, G.: Identity conflict or adaptive flexibility? Bisexuality reconsidered. Journal of Homosexuality 11 (1/2), 7-19, 1985

www.ingramcontent.com/pod-product-compliance
Ingram Content Group UK Ltd.
Pitfield, Milton Keynes, MK11 3LW, UK
UKHW021825190726
13853UKWH00003B/1202

9 783898 061438

UNIVERSITÉ DE DIJON — FACULTÉ DE DROIT

DE LA PUBLICITÉ

EN

MATIÈRE D'ÉTAT ET DE CAPACITÉ

DES PERSONNES

EN FRANCE ET A L'ÉTRANGER

THÈSE POUR LE DOCTORAT

(Sciences juridiques)

SOUTENUE DEVANT LA FACULTÉ DE DROIT DE L'UNIVERSITÉ DE DIJON

Le 7 avril 1900, à une heure et demie

PAR

Henri IGONETTI

AVOUÉ AU TRIBUNAL CIVIL

SOUS LA PRÉSIDENCE DE M. TISSIER, PROFESSEUR

SUFFRAGANTS { M. DUVERDIER DE SUZE, PROFESSEUR
M. LOUIS-LUCAS, PROFESSEUR }

DIJON

IMPRIMERIE JACQUOT & FLORET

12, rue Berbisey, 12

—

1900

DE LA PUBLICITÉ

EN MATIÈRE D'ÉTAT ET DE CAPACITÉ DES PERSONNES

EN FRANCE ET A L'ÉTRANGER

PRÉLIMINAIRES

L'homme considéré au point de vue du droit, c'est-à-dire au point de vue sous lequel l'envisage le Code civil dans le Livre I (art. 7 à 516), constitue ce qu'on appelle la personne.

Toute personne a son état, sa capacité propre; son état se détermine par sa naissance, il est irrévocablement fixé par sa mort. Entre ces deux événements, il est susceptible de se modifier par différentes causes, mariage, divorce, adoption, etc. Sa capacité est son aptitude à devenir le sujet de droits et d'obligations. Elle aussi est susceptible de diverses restrictions, de diverses modifications, relatives soit à la jouissance ou à l'exercice de certains droits, soit à la faculté de contracter et de s'obliger. Ces dernières restrictions et modifications sont apportées par certains faits qui restent sans influence sur l'état et dont les principaux sont l'émancipation, l'interdiction, la séparation de corps, etc.

Comme il est d'une importance extrême pour tous de connaître la qualité d'une personne, il importe donc de connaître ces événements, qui, influant sur son état ou sur sa capacité, viennent y apporter des changements plus ou moins sensibles.

Mais à côté des hommes, personnes physiques, il y a des personnes morales, les sociétés qui, sous certains rapports, ont une vie comparable à celle des individus. Les tiers ont un intérêt égal sinon supérieur à connaître leur état et leur capacité; ces personnes ayant une puissance plus considerable, les actes qu'elles peuvent faire sont par suite plus dangereux.

Révéler les faits constitutifs ou modificatifs de l'état et de la capacité des personnes, tel est le but de la publicité personnelle; rechercher les moyens employés en France et à l'étranger pour y arriver, tel sera le but de notre étude.

Nous ne nous occuperons cependant, dans ce travail, que des mesures prises à l'égard des personnes physiques, réservant quelques brèves observations pour celles concernant les personnes morales. Après avoir étudié et critiqué l'œuvre du législateur français, nous essaierons d'établir un système de publicité en rapport avec l'état de nos mœurs actuelles.

PREMIÈRE PARTIE

De la publicité en France en matière d'état et de capacité des personnes

CHAPITRE PREMIER

De l'utilité de la publicité personnelle. — Insuffisance des moyens actuels

Il est indiscutable que la législation d'un pays doit être appropriée aux mœurs de la société qu'elle régit et se transformer dans la mesure où ces mœurs se transforment. Notre société moderne se caractérise par la rapidité des communications, par un mouvement très marqué vers les grands centres où les affaires se traitent, où les mariages se nouent avec des personnes inconnues la veille.

Nous ne sommes plus à une époque où les hommes vivaient et mouraient à l'ombre du clocher natal, étant restés toute leur vie les fidèles continuateurs de l'état de leur père; depuis la Révolution, un revirement complet s'est produit dans les mœurs et les habitudes sociales. Chacun veut s'élever, améliorer sa condition; plus d'esprit sédentaire comme autrefois, plus d'amour du sol natal. Obéissant aux exigences de sa position, désireux d'un avancement rapide, le fonctionnaire n'hésitera pas à s'éloigner de sa ville ou de son village, souvent sans esprit de retour. Par suite de ces fréquents déplacements, il arrivera nécessairement que pour une même personne, sa naissance, son mariage, la naissance de ses enfants seront reçus en des lieux différents et se trouveront épars dans des registres situés souvent en des endroits très éloignés les uns des autres. Et alors quelle facilité pour les personnes peu scrupuleuses de dissimuler leur véritable situation, de se dire célibataires alors qu'elles sont mariées, veuves alors qu'elles sont encore dans les liens du mariage, sans enfants alors qu'elles ont une nombreuse progéniture !

Tel individu pourra, en dissimulant un précédent mariage, en contracter un second sans que la fraude qu'il commet ne soit découverte, ni par son conjoint, ni par l'officier d'état-civil (1). Sans doute, il se rend coupable de bigamie et tombe sous le coup de la loi pénale ; mais fût-il puni sévèrement, cela ne peut réparer le mal qu'il a fait, et il y a lieu d'ajouter que souvent il saura, par la fuite, se mettre à l'abri de toute action. Tel autre, par une semblable dissimulation, pourra obtenir avec ses immeubles un crédit que l'hypothèque légale dont ils sont grevés, devrait lui faire refuser. Tel incapable interdit ou pourvu d'un conseil judiciaire pourra, en cachant soigneusement sa situation, traiter avec des tiers qui croiront agir avec lui en toute sécurité.

---

(1) Theureau, *Les Casiers judiciaires et un projet de casiers civils*, Paris 1892, p. 176.

Ce ne sont pas là de pures hypothèses, ce sont des faits constatés depuis longtemps et que l'expérience révèle de jour en jour plus nombreux (1). Mais, dira-t-on, les tiers ont des moyens de se renseigner, de connaître au point de vue juridique la situation de ceux avec qui ils sont en relations, de ceux avec qui ils veulent traiter. La commune renommée, les signes extérieurs de la vie des individus, les actes de l'état-civil, les insertions dans les journaux, les affiches, sont autant de moyens d'information auxquels ils peuvent avoir recours.

Tout d'abord, il est permis de douter de l'efficacité de ces moyens, et on peut même dire que la plupart d'entre eux ne sauraient fournir que des renseignements pleins d'incertitude et même de nature à induire les tiers en erreur. La commune renommée, la situation extérieure d'une personne, peuvent bien donner quelques indications sur son état, sur sa capacité, mais combien ces indications sont fragiles et souvent trompeuses! Dans les grandes villes principalement, les signes extérieurs de la vie des individus ne paraissent pas devoir constituer des moyens d'information sérieux. Il peut arriver, en effet, que deux personnes vivent en concubinage et passent cependant pour mariées, grâce à la cohabitation et à la vie commune.

Quant aux registres de l'état-civil, ils constatent, il est vrai, les différents actes de la vie juridique de

---

(1) *Gazette des Tribunaux* du 22 janvier 1877 (jugement du trib. civ. de la Seine du 26 décembre 1876.

celui sur qui on veut se renseigner, mais comme aucun lien n'existe entre eux, il sera toujours très difficile, sinon impossible, de retrouver le fait dont on cherche la preuve.

En définitive, ces registres ne renseignent que les tiers qui connaissent déjà ou pressentent l'événement dont ils cherchent la confirmation et qui savent le lieu où cet événement s'est accompli : ils restent muets et gardent le secret, au contraire, pour tous ceux qui auraient précisément le plus besoin d'être renseignés, pour tous ceux qui ignorent l'événement et le lieu où il s'est produit.

Quant aux annonces dans les journaux, aux affiches, aux inscriptions sur des tableaux placés dans les salles d'audience et dans les études de notaires et d'avoués, procédés en vigueur pour faire connaître les jugements de divorce, de séparation de corps (art. 250 Code civ.), d'interdiction ou de nomination de conseil judiciaire (art. 501 Code civ.), s'ils engendrent une publicité quelconque, ce ne peut être qu'une publicité fugitive et très précaire, bien que cependant elle se traduise par des manifestations extérieures. « Ceux auxquels ces manifestations ont échappé (1), « restent dans l'ignorance du fait qu'elles avaient « pour but de leur faire connaître, et cette ignorance « menace de rester définitive parce qu'elles ne se « renouvellent pas et qu'après elles il ne peut rester « qu'un souvenir... »

---

(1) Baudry-Lacantinerie et Houquet-Fourcade, Droit civil : *Des Personnes*, p. 524 et 526, t. I.

Ces annonces, ces affiches, ne touchent donc que ceux que l'intérêt du moment oblige à les connaître, elles n'atteignent pas les intéressés futurs qui n'entreront en rapport que plus tard avec la personne qu'elles concernent.

« Pour la généralité du public, la publicité sera « donc survenue trop tôt; elle aura cessé à l'heure « même où le besoin s'en fera le plus sentir : le jour- « nal qui lui avait servi de véhicule sera oublié et « même détruit, l'affiche aura été recouverte par « d'autres, et tout le monde aura perdu le souvenir « d'un fait qui devrait être gravé dans toutes les « mémoires. Peut-être même la personne qu'il con- « cernait, se sera-t-elle prémunie contre les indiscré- « tions de l'annonce officielle en s'éloignant du lieu « où elle a été faite, et mise ainsi en mesure de ca- « cher à tous son véritable état ou sa véritable capa- « cité. »

Ces constatations suffisent pour nous montrer d'une part, combien sont peu efficaces les mesures prises par le législateur pour constater et publier les faits intéressant l'état et la capacité des personnes, et de l'autre, combien sont désastreux les effets du défaut de publicité en cette matière.

Il y a donc une lacune dans notre législation, lacune qu'il faut combler le plus rapidement possible, afin de ne pas aggraver une situation qu'un état de choses nouveau dévoile de plus en plus inquiétante, de plus en plus dangereuse. Le meilleur moyen pour y arriver sera (nous le verrons dans la troisième partie de cette étude), de centraliser en un lieu unique, le même pour tous, très aisé à découvrir (le lieu de naissance), tous les renseignements intéressant l'état et la capacité des personnes. Ce lieu connu, toutes les facilités seront données pour qu'on puisse s'y adresser et y puiser les indications dont on aura besoin.

CHAPITRE II

Historique de la publicité en matière d'état et de capacité des personnes jusqu'à 1804

Jusqu'en 1804, le législateur français paraît n'avoir cherché à constater et révéler au public que les faits intéressant l'état des personnes, réservant quelques dispositions seulement à ceux influant sur leur capacité. Pour la constatation des premiers, il a créé ou plutôt développé une institution dont les bienfaits, malgré bien des défectuosités et des imperfections, sont encore de nos jours des plus appréciables : les registres de l'état civil.

Quelques auteurs (1) ont voulu faire remonter cette institution aux temps les plus reculés de l'antiquité, et ont cru en trouver des traces certaines à Rome et à Athènes. Cependant, ni dans l'une ni dans l'autre de ces deux villes, il n'a jamais existé à proprement parler d'organisation publique de l'état civil. A Rome (2), les registres du cens, qu'on a pu considérer comme les origines de nos registres actuels, n'avaient qu'une portée fiscale et de statistique : rien ne permet de conjecturer qu'ils aient été établis

(1) Berriat Saint-Prix, *Recherches sur la législation et la tenue des actes de l'état civil*. — Thibeaud, *Histoire des actes de l'état civil* (thèse, 1891).

(2) Hutteau d'Origny, *De l'état civil et des améliorations dont il est susceptible*, p. 10.

comme moyen de constatation officielle et de publicité. A Athènes (1), le mode normal de preuve pour tous les actes de la vie juridique d'une personne était la preuve testimoniale; les registres de la curie, qui étaient de beaucoup les plus importants, ne servaient guère que comme commencement de preuve par écrit.

L'antiquité ne laissant aucun vestige de législation sur les actes de l'état civil, trouverons-nous quelques traces dans le passé de la France à travers les ténèbres du moyen âge ?

C'est bien, croyons-nous, vers cette époque du moyen âge, que l'on peut retrouver les premières traces d'une tenue de registres portant la mention de certains faits intéressant l'état et la capacité des individus. Dès le XIIe siècle, on peut déjà observer certaines constatations faites par les ministres du culte sur des livres tenus par eux et sur lesquels ils inscrivaient les mariages qu'ils bénissaient, ainsi que tous autres faits, tels que fiançailles, sépultures, pour lesquels leur ministère était requis. Mais ces registres étaient plutôt des livres de compte relatant l'administration des sacrements que des écrits pouvant servir de moyens de preuve et de publicité au point de vue civil (2).

Au XIIIe siècle, certains faits modificatifs de la

---

(1) DANTY, *Traité de la preuve par témoins*. — Paris, 1727, p. 619.

(2) COCAT, *De la publicité en matière d'état et de capacité des personnes; Organisation d'un casier civil* (thèse). — Grenoble, 1898, p. 42.

situation juridique des personnes sont cependant portés à la connaissance du public dans quelques contrées de la France : ce sont les sentences d'interdiction, les séparations d'habitation faites aux audiences. Beaumanoir nous apprend qu'on donnait aux interdits, qui étaient abandonnés à la surveillance et à la protection de leur famille, un défenseur *ad litem* qui était chargé de les représenter en justice ; plus tard, cette curatelle *ad litem* fut étendue aux autres actes de la vie civile. Le juge, en fixant l'époque à laquelle la folie avait commencé, faisait, pour prévenir les tiers, publier son jugement d'interdiction à l'audience, aux marchés et aux carrefours des villes. De plus, le nom de l'interdit était inscrit sur un tableau placé près la Chapelle du Palais, sur un autre au greffe, et sur un troisième dans les études de notaires. (Pothier, *Traité des Personnes*, t. IX, n° 200.)

Mais le premier monument juridique et législatif en matière de constatation officielle de l'état des personnes, est l'ordonnance de Villers-Cotterets rendue en 1539, sous François Ier.

Cette ordonnance, qui avait pour but véritable de déjouer les fraudes auxquelles donnait lieu la collation des bénéfices, dépassa par ses développements la raison qui l'avait fait surgir, et c'est pour cela même qu'elle mérite d'être retenue.

Le roi François Ier y ordonnait « que des sépul-« tures des personnes tenans bénéfices, seroit faict « registre en forme de preuve, par les chapitres, « collèges, monastères et cures, qui feroit foi, et par « la preuve du temps de la mort, duquel temps

« seroit faict expresse mention esdicts registres, et « pour servir au jugement des procès où il seroit « question de prouver ledit temps de la mort, au « moins quant à la récréance. » (Art. 50 de l'ord.). La pratique étendit ces prescriptions aux décès de toute personne quelle que fût sa qualité. Comme l'art. 51 de la même ordonnance disposait qu'il fût « faict registres, en forme de preuve, des baptêmes, « qui contiendront le temps et l'heure de la nativité « et par l'extraict dudit registre, se pourra prouver « le temps de majorité ou minorité, et sert pleine « foy à ceste fin », les naissances et les décès se trouvaient par suite officiellement constatés.

Il ne restait plus à créer que le registre des mariages : ce fut l'œuvre de l'ordonnance de Blois de 1579 (art. 46).

Les ordonnances de Villers-Cotterets et de Blois ordonnaient en outre le dépôt des nouveaux registres aux greffes des juridictions royales, afin d'en assurer la conservation. Malheureusement cette prescription n'était pas observée, et les registres restaient toujours entre les mains de leurs rédacteurs, ce qui rendait leur compulsion difficile et n'était pas une garantie de leur bonne tenue.

Plus heureuse et mieux inspirée que les précédentes, a été l'ordonnance de 1667 qui semble poser pour la première fois le principe de la publicité des actes de l'état civil. Cette ordonnance porte, entre autres dispositions, que tout intéressé peut prendre connaissance des actes de l'état civil par la procédure compulsoire et s'en faire délivrer des extraits par les greffiers. La déclaration du 9 avril 1736, rendue sous le règne de Louis XV et sous la motion du chancelier d'Aguesseau, vint encore apporter une amélioration en instituant le double registre et en ordonnant le dépôt au greffe de l'un des doubles.

Malgré toutes ces dispositions, l'institution des registres de l'état civil demeura assez longtemps défectueuse, les curés ayant pleins pouvoirs en cette matière (1) et n'étant soumis à aucun contrôle. Il convenait de mettre un terme à cette situation, d'assurer la régularité des mentions et de permettre aux tiers de leur accorder pleine confiance. Le meilleur moyen était de rendre l'état civil indépendant de toute confession religieuse, de séparer le sacrement de l'acte civil correspondant, de créer une institution avec des rouages spéciaux et dégagée de tout lien religieux.

C'est ce que fit la Révolution de 1789, qui introduisit deux principes nouveaux : la liberté des cultes et la séparation de la loi civile de la loi religieuse. On décida qu'il y aurait pour toutes les personnes, sans distinction, un mode uniforme de constater les naissances, mariages et décès, et que ces événements seraient constatés indépendamment de toute cérémonie religieuse par une autorité purement civile.

Ainsi fut faite la sécularisation des actes de l'état civil.

---

(1) Les protestants, depuis la révocation de l'Edit de Nantes, étaient obligés de faire constater par les prêtres de la religion catholique les naissances, les mariages, les décès les intéressant, sous peine de ne pas avoir d'état civil.

S'il nous est permis de porter une appréciation sur cette première période, il y a lieu de remarquer qu'il a fallu plusieurs siècles pour arriver à perfectionner l'institution des registres de l'état civil et à lui donner les bases sur lesquelles elle repose actuellement. Cela tient à ce que ce n'est qu'assez tard que s'est fait sentir le besoin de constater et de faire connaître les faits intéressant l'état et la capacité des personnes. Les mœurs du moyen âge étant simples par leur nature, la vie humaine ne présentant pas à cette époque les complications actuelles, la sphère d'action de chaque individu étant très restreinte, le sentiment religieux dominant tout, il était naturel que pendant longtemps on se soit contenté d'actes dressés par le clergé et qu'on n'ait pas cherché d'autres moyens de constatation et de publicité. D'autre part, la hiérarchie féodale tendait à immobiliser la condition des personnes et des biens ; en principe, aucun immeuble, fief ou censive ne pouvait être aliéné, aucun droit réel ne pouvait être constitué sans le consentement du seigneur. L'individu restait donc attaché à la terre dont il tenait sa condition et dont il était pour ainsi dire l'accessoire. Tous les faits intéressant son état et sa capacité demeuraient par suite connus de ceux avec qui il était en relations et qui étaient toujours les mêmes. Lorsque les affranchissements se furent multipliés, lorsque les liens féodaux se furent relâchés, la vie sociale n'en fut pas moins très restreinte à cause de cet esprit sédentaire qui caractérise les peuples dans leur première évolution.

CHAPITRE III

Législation actuelle

Pour étudier la législation actuellement en vigueur en matière de publicité personnelle, nous diviserons nos explications de la façon suivante : dans une première section nous rechercherons les mesures prises par le législateur pour publier les faits intéressant l'état des personnes ; dans une seconde celles employées pour publier les faits modificatifs de leur capacité, et enfin dans une troisième nous étudierons les mesures prises à l'égard des personnes morales.

SECTION Ire

De la publicité des faits intéressant l'état des personnes

§ 1. — GÉNÉRALITÉS SUR L'ÉTAT CIVIL

Les trois principaux faits de l'état des personnes sont : la naissance, le mariage, le décès ; ils servent de base à l'institution et aux registres de l'état civil. Autour d'eux, on en trouve qui ne se rencontrent pas toujours dans la vie de chaque individu et qui sont : la reconnaissance, la légitimation, l'adoption, le divorce.

L'institution de l'état civil est confié à des fonctionnaires laïques spéciaux appelés officiers d'état civil.

C'est le maire (1) qui, dans chaque commune, remplit les fonctions d'officier d'état civil; en cas d'absence, de suspension ou de tout autre empêchement, il est de droit remplacé par l'adjoint ou par un des adjoints.

L'officier d'état civil tient en double des registres dont le nombre varie suivant l'importance de la commune (art. 40 Code civ.). Clos à la fin de chaque année, l'un des doubles est déposé au greffe du Tribunal civil (art. 42 Code civ.), l'autre devant rester aux archives de la commune.

Le double déposé au greffe sert à l'établissement des tables annales d'état-civil qui, elles-mêmes, servent à établir des tables décennales qui sont divisées suivant les actes qu'elles relatent en tables des actes de naissance, de mariage, de décès (décret du 20 juillet 1807).

Ces dernières tables, où se trouvent reportés pour une période de dix années les naissances, les mariages et les décès des personnes d'un même arrondissement, constituent un véritable registre de publicité et un véritable centre d'informations de nature à faciliter les recherches. Leur efficacité est d'autant plus grande, que l'article 5 du décret veut qu'elles soient faites en triple expédition, l'une restant au greffe du Tribunal, la seconde étant adressée au préfet du département, et la troisième adressée à chaque mairie du ressort

(1) Loi du 28 pluviôse an VIII, art. 13 à 16.

du Tribunal. Ces trois lieux différents sont autant de sources auxquelles les tiers en quête de renseignements pourront recourir; de plus, toute chance de perte ou de destruction semble être écartée.

Une autre mesure qui, à première vue, pourrait paraître inspirée par le désir de donner une certaine publicité aux actes de l'état-civil, résulte de l'article 45 du Code civil : « Toute personne, dit cet ar- « ticle, pourra se faire délivrer, par les dépositaires « des registres de l'état-civil, des extraits de ces « registres... » Est-ce pour venir en aide aux tiers, pour leur donner un moyen de se renseigner sur l'état des personnes, que le législateur a permis de délivrer à quiconque en ferait la demande, un extrait des registres? Nullement; l'intérêt des tiers n'a pas été envisagé par lui; nous en trouvons la preuve dans les termes du deuxième paragraphe de ce même article : « Les extraits délivrés conformes aux re- « gistres et légalisés par le président du Tribunal de « première instance ou par le juge qui le remplacera, « feront foi jusqu'à inscription de faux. » C'est donc d'une question de preuve plutôt que d'une question de publicité que s'est occupé le législateur, désireux de donner aux parties un moyen facile de fournir à tout moment la preuve de leur état et de leur capacité.

Des règles particulières, modifiées et complétées par la loi du 8 juin 1893, sont édictées par les articles 88 à 99 du Code civil concernant les actes de l'état-civil reçus dans certaines circonstances exceptionnelles, tels que ceux reçus à l'étranger, aux armées, sur les navires, dans les hôpitaux et dans les lazarets.

Nous ne nous arrêterons pas à ces dispositions qui offrent peu d'intérêt au point de vue de la publicité. Néanmoins, nous croyons utile de rappeler la disposition de l'article 48 du Code civil, complété par l'ordonnance du 23 octobre 1833 « sur l'intervention des « consuls relativement aux actes de l'état-civil des « Français qu'ils sont autorisés à recevoir par l'ar- « ticle 48 du Code civil, en pays étrangers. »

L'article 48 porte que tous actes de l'état-civil des Français en pays étrangers seront valables s'ils ont été reçus, conformément aux lois françaises, par les agents diplomatiques ou par les consuls. L'ordonnance de 1833, rendue pour l'application de cet article, a eu pour effet d'assurer dans une certaine mesure la conservation et la publicité de ces actes en instituant le ministère des affaires étrangères comme centre d'information et de publicité. C'est en effet au ministère des affaires étrangères que se trouvent réunies les expéditions des actes classés par les consuls (art. 2), que sont transmis les actes de notoriété ou autres renseignements utiles en vue de la rectification des actes dressés dans les consulats (art. 7); c'est également au ministère des affaires étrangères qu'est envoyé l'un des doubles des registres tenus par nos consuls (art. 9).

§ 2. — NAISSANCE, RECONNAISSANCE D'ENFANT NATUREL, LÉGITIMATION, ADOPTION

La naissance de tout individu est constatée par un acte inscrit à sa date sur les registres de l'état-civil.

C'est la première phrase du procès-verbal de la vie humaine, dont l'acte de décès sera la dernière.

Des plus importants au point de vue juridique et au point de vue social, l'acte de naissance caractérise la personnalité du nouveau né, lui assigne une place dans la famille et dans la société. Aussi le législateur l'a-t-il entouré de formes particulières (art. 57 et suivants Code civ.), afin qu'aucun doute ne puisse s'élever sur l'état de l'enfant (1). Mais a-t il pris quelques mesures pour le révéler au public? Aucune. Il a considéré que la constatation de la naissance, par le seul fait de l'inscription sur les registres de l'état-civil, suffisait pour assurer la publicité.

Il est vrai que l'acte de naissance étant des actes de l'état-civil le plus fréquemment demandé, celui qu'on a le moins d'intérêt à cacher, celui dont la demande de production ne saurait blesser personne et ne pas constituer une marque de défiance, il reçoit par là une certaine publicité, et c'est pour cette raison même que nous le considérons comme le pivot du système de publicité personnelle à établir.

La reconnaissance d'enfant naturel, la légitimation, vont bénéficier de cette publicité, puisque ces actes doivent être inscrits en marge de l'acte de naissance.

En effet, aux termes de l'article 62 du Code civil, l'acte de reconnaissance d'un enfant naturel reçu par l'officier d'état-civil, postérieurement à sa naissance,

(1) On peut regretter que l'acte de naissance ne mentionne pas la nationalité de l'enfant, ni celle des parents. — Il y a lieu cependant de reconnaître que, depuis la loi du 22 juillet 1893, cette mention serait peut-être difficile à opérer.

doit être inscrit à sa date sur les registres et mentionné en marge de l'acte de naissance de l'enfant. Avant 1897, c'étaient les parties elles-mêmes qui requéraient la mention; depuis la loi du 17 août 1897, la mention a lieu d'office. Aux termes de l'article 1er de la loi (nouvel art. 49 Code civ.), il est dit « que dans tous les cas où la mention d'un acte relatif à l'état-civil doit avoir lieu en marge d'un acte déjà inscrit, elle sera faite d'office. » La mention de la reconnaissance rentre bien dans celles qui doivent avoir lieu en marge d'un acte déjà inscrit, puisqu'elle a lieu en marge de l'acte de naissance.

N'aurait-il pas convenu également d'exiger la mention de la reconnaissance en marge de l'acte de naissance de celui qui l'a faite? Pareille mesure aurait produit les effets les plus heureux, soit pour l'enfant, en lui permettant de retrouver plus facilement la trace de l'acte de reconnaissance dont il est l'objet, soit pour les tiers qui peuvent aussi avoir intérêt à connaître cet événement.

Lors de la discussion de la loi du 25 mars 1896, relative aux droits des enfants naturels dans la succession de leurs père et mère, il avait été question d'exiger l'inscription de toute reconnaissance en marge de l'acte de naissance de son auteur. On n'avait pas mis en avant, il est vrai, l'intérêt de l'enfant, mais on avait fait valoir qu'une pareille mesure aurait pour effet immédiat de rendre impossible toute surprise et toute fraude en cas de mariage : la production de l'acte de naissance étant, aux termes de l'article 70 du Code civil, exigé de chacun des conjoints.

Il n'a cependant pas été donné suite à cette proposition considérée « comme très bonne, comme très « utile, comme constituant une sauvegarde pour les « familles », par ce motif qu'elle devait trouver sa place dans un ensemble de dispositions destinées à former ce qu'on pourrait appeler le Casier civil (*Journal Officiel*, Sénat, 18 mars 1895; débats parl., p. 200 et 202).

La légitimation est la source de droits importants pour celui qui en bénéficie; elle transforme son état et lui donne la qualité d'enfant légitime avec toutes les conséquences (art. 391 Code civ.).

Avant 1897, elle ne faisait l'objet d'aucune mention en marge de l'acte de naissance, et aucune mesure n'avait été prise par le législateur pour en assurer la publicité. C'est la loi du 17 août 1897 qui, par un paragraphe additionnel à l'article 331 du Code civ., est venue lui donner une publicité semblable à celle donnée à la reconnaissance en exigeant la mention de la légitimation en marge de l'acte de naissance de l'enfant légitimé.

Donc, aujourd'hui, la reconnaissance d'un enfant naturel et la légitimation sont portées à la connaissance des tiers par une mention d'office faite en marge de l'acte de naissance de l'ayant droit. Mais cette mention a-t-elle lieu dans tous les cas où se produit l'un de ces événements? L'article 1er de la loi de 1897, nouvel art. 49 Code civ., exige deux conditions pour qu'il y ait lieu à mention d'office. Il faut: 1° qu'il s'agisse d'un acte relatif à l'état civil à mentionner en marge d'un acte déjà inscrit; 2° que cet acte soit déjà inscrit ou transcrit sur les registres de l'état civil. Ces deux conditions se rencontrent-elles dans tous les cas de reconnaissance, dans tous les cas de légitimation ? Pour la reconnaissance, on ne se trouve dans les conditions d'application de l'article 1er de la loi de 1897 que si la reconnaissance a été faite devant un officier d'état civil. A-t-elle été faite devant un notaire, plus de mention possible. Il n'y a pas d'acte donnant lieu à mention, puisque ce n'est pas l'officier d'état civil qui a reçu la reconnaissance; il ne saurait être question de mention d'office en marge de l'acte de naissance.

Quant à la légitimation, elle se produit, on le sait, par le seul fait du mariage des père et mère de l'enfant, à condition que ce dernier ait été reconnu avant le mariage ou le soit au plus tard dans l'acte de mariage. Deux hypothèses bien distinctes peuvent se présenter (1) : ou bien, lors de la célébration du mariage, les époux font connaître la reconnaissance intervenue antérieurement; l'officier d'état civil, en ce cas, insère leur déclaration dans l'acte de mariage, et il y a lieu à mention d'office en marge de l'acte de naissance de l'enfant légitimé. Ou bien les parents ne font aucune déclaration; l'enfant n'en est pas moins légitimé, mais comme il n'y a pas d'acte de légitimation, il ne saurait être question de mention d'office.

Quant à l'adoption, l'art. 359 Code civ. prescrit son inscription à sa date sur les registres de l'état civil, mais aucune mention n'est faite ni en

(1) Cocat, thèse, p. 127.

marge de l'acte de naissance de l'adopté, ni en marge de celui de l'adoptant.

§ 3. — MARIAGE

Le mariage est un des événements les plus fréquents dans la vie des individus, une des sources les plus fécondes de droits et d'obligations, une des situations les mieux définies, les mieux caractérisées par le Code. Par le mariage, la femme voit sa capacité s'amoindrir, son état se modifier; par le mariage, le mari voit s'accroître ses droits et ses devoirs.

Il importe donc que cet événement capital dans la vie humaine soit officiellement constaté, qu'il soit entouré de formalités de nature à le révéler au public et à en conserver le souvenir.

Dans le mariage, deux choses sont à publier: l'acte et le contrat (1). L'acte est l'écrit qui constate le fait du mariage (art. 76 Code civ.); le contrat est celui qui constate les conventions matrimoniales des époux (art. 1387 et suiv. Code civ.).

I. — *Publicité de l'acte de mariage*

Avant 1897, rien ne révélait l'acte de mariage au public, rien ne le rattachait aux autres actes de la vie de l'individu; il demeurait donc généralement ignoré des personnes qui n'avaient pas assisté à la

(1) Pour plus de méthode et de simplicité, nous étudierons dans ce § 3 la publicité donnée au contrat de mariage, bien que, cependant, le contrat influe plutôt sur la capacité des époux.

célébration du mariage. Cette quasi-clandestinité du mariage rendait le crime de bigamie fréquent, et l'officier d'état civil était presque toujours désarmé contre les coupables, ne soupçonnant même pas la fraude commise.

En effet, des pièces à produire lors du mariage, aucune ne comportait en soi, à cette époque, la preuve du célibat; la copie de l'acte de naissance ne renfermait en elle-même aucune mention relative à cet état, pas plus qu'à celui de divorce ou de veuvage. L'officier d'état civil ne devant exiger que les justifications prescrites, s'il n'avait eu l'occasion de l'apprendre, il lui était donc impossible de connaître l'existence d'un mariage antérieur lorsque l'intéressé était muet à cet égard.

Pour donner une certaine notoriété au mariage, il y avait bien les publications (art. 63 et suiv. Code civ.), mais leur but était et est plutôt de mettre en demeure ceux à qui appartient le droit d'opposition au mariage, d'exercer ce droit, que d'avertir les tiers de l'événement qui va se produire. A l'égard de ces derniers, il n'y avait et il n'y a encore là qu'une vaine et stérile formalité, propre tout au plus à satisfaire la curiosité de quelques oisifs ou indiscrets et dont l'effet est encore amoindri par la manière dont elle se pratique.

En fait, l'événement du mariage était généralement ignoré et les fraudes et les dissimulations étaient des plus nombreuses.

Une telle situation avait, pendant ces dernières années, attiré l'attention du législateur : en 1894, un député, M. Michelin, pénétré des dangers que faisait courir la quasi-clandestinité du mariage, s'est fait le promoteur de la réforme qui aboutit à la loi du 17 août 1897, à l'étude de laquelle nous arrivons.

Loi du 17 aout 1897

A. — *Notions historiques et travaux parlementaires*

La loi du 17 août 1897 a donc pour origine une proposition de loi de M. Michelin déposée sur le bureau de la Chambre des députés le 22 janvier 1894, dont le but, très restreint, était simplement « d'assu- « rer la publicité du mariage par la mention de la « célébration en marge de l'acte de naissance, dans « le but de prévenir le dol et la bigamie dans les « contrats (1) ».

Un rapport du 6 novembre 1894 conclut immédiatement à la prise en considération de cette proposition qui, adoptée par la Chambre, fut transmise au Sénat le 26 février 1896.

Deux rapports furent successivement présentés et conclurent à l'adoption de la proposition de M. Michelin; le premier en date du 19 mars 1897, le deuxième du 14 juin 1897.

Ce dernier apporte quelques modifications à la proposition en vue de donner une plus large portée à la loi.

---

(1) Par suite de différentes additions, la loi a eu un plus large champ d'application que la proposition d'où elle tire son origine.

L'article 1er de la proposition, explique le rapporteur (M. Guérin), qui prescrit soit à l'officier d'état civil, soit au procureur de la République suivant les cas, d'opérer la mention de la célébration du mariage en marge de l'acte de naissance des époux, se termine par ces mots : « Il en sera de même dans les cas prévus par les articles 58, 59, 60, 61 et 62 du Code civil. »

Quels sont donc les cas prévus par ces articles? C'est le cas de la naissance de l'enfant trouvé (art. 58), celui de l'enfant né pendant un voyage en mer (art. 59, 60, 61), celui de l'enfant né de militaires, de marins, ou de personnes employées à la suite des armées (art. 93). Dans ces différents cas, les actes de naissance sont soumis, pour leur rédaction, aux formalités édictées par ces articles, et la transcription est opérée plus tard sur les registres de l'état civil du dernier domicile du père ou de la mère. Ils pourront donc recevoir les mentions prescrites par la proposition de loi.

Mais cette énumération, explique le rapporteur, est loin d'être complète : d'autres hypothèses peuvent se présenter. On peut citer notamment l'acte de naissance reçu en pays étranger par nos agents diplomatiques et consulaires (art. 43 du Code civ. et ordonnance du 23 octobre 1833). Cet acte est dressé en double : un des doubles est conservé au consulat et l'autre est déposé au ministère des affaires étrangères. De plus, une expédition est adressée à l'officier d'état civil du lieu du dernier domicile ou du père, si le père est inconnu, de la mère. Si le lieu du dernier domicile est inconnu, la transcription a lieu à Paris.

En cas de mariage dans cette première hypothèse, c'est au ministère des affaires étrangères dûment averti qu'il appartient de faire opérer les mentions prescrites.

Il y a encore d'autres hypothèses telle que celle où l'acte de naissance est rédigé en pays étranger dans les formes usitées dans ledit pays (art. 47 Code civ.), ou encore celle où l'acte de naissance est dressé aux colonies. M. Guérin énumère ces diverses hypothèses, les critique et conclut que, la mention variant suivant les circonstances et exigeant, dans certains cas, l'intervention d'autres fonctionnaires que l'officier d'état civil et le Procureur de la République, il y a lieu de donner à l'article 1er une portée plus large en le rédigeant dans des termes plus généraux.

B. — *Analyse de la loi*

a) Articles 1, 2 et 3

L'art. 1er de la loi est ainsi conçu :

« L'article 49 Code civ. est modifié ainsi qu'il suit :

« Dans tous les cas où la mention d'un acte relatif « à l'état civil devra avoir lieu en marge d'un acte « déjà inscrit, elle sera faite d'office.

« L'officier de l'état civil qui aura dressé ou trans- « crit l'acte donnant lieu à la mention, effectuera « cette mention dans les trois jours sur les registres « qu'il détient.

« Dans le même délai, il adressera un avis au Pro-

« cureur de la République de son arrondissement, et « celui-ci veillera à ce que la mention soit faite d'une « façon uniforme, sur les registres existant dans les « archives des communes et des greffes ou dans tous « autres dépôts publics. »

Cet article, comme on peut en juger par la généralité de ses termes, contient le principe de la loi dont les deux suivants ne sont que des applications. Il pose en règle générale que désormais dans tous les cas où la mention d'un acte relatif à l'état civil devra avoir lieu en marge d'un autre acte déjà inscrit, cette mention sera faite d'office. Les deux applications faites par la loi du principe de l'art. 1er, sont les suivantes : en cas de mariage, il sera fait mention de sa célébration en marge de l'acte de naissance (art. 2, complément à l'art. 76 Code civ.) ; en cas de légitimation, il sera fait mention de la légitimation en marge de l'acte de naissance de l'enfant légitimé (art. 3, complément à l'art. 331 Code civ.).

Cet article 1er (nouvel article 49) a donc un plus large champ d'application que la proposition de M. Michelin qui ne visait que le cas de mention d'office, en marge de l'acte de naissance, de l'acte de célébration du mariage; c'est la commission de la Chambre qui y a ajouté le cas de mention de la reconnaissance de l'enfant naturel (mention déjà prescrite par l'art. 62) et c'est le Sénat qui a généralisé la proposition en votant l'article 1er. Aussi la loi de 1897 a paru au *Journal officiel* sous la rubrique suivante : « Loi modifiant divers articles du Code civil »; elle avait été cependant votée par les Chambres sous la rubrique :

« Loi qui modifie l'article 49 du Code civil et qui prescrit que la célébration du mariage sera mentionnée en marge de l'acte de naissance des époux. »

Deux conditions, avons-nous vu au paragraphe précédent, sont nécessaires pour qu'il y ait lieu à mention d'office et que l'article 1er reçoive son application. Il faut : 1° qu'il s'agisse d'un acte relatif à l'état civil à mentionner en marge d'un acte déjà inscrit ; 2° que cet acte soit déjà inscrit ou transcrit sur les registres d'état civil par un officier d'état civil.

Le bénéfice de la disposition nouvelle n'est donc pas acquis dans tous les cas où il y a lieu à mention en marge d'un autre acte. Ainsi aux termes de l'article 311 Code civ. (rédaction de 1893), la réconciliation des époux survenue à la suite d'une séparation de corps ne modifie la capacité de la femme que si la reprise de la vie commune a été constatée par acte notarié et mentionnée en marge de l'acte de mariage. Il s'agit bien là d'une mention à faire en marge d'un acte de l'état civil déjà reçu ; mais la séparation de corps et la reprise de la vie commune ne sont pas des faits modifiant l'état civil, encore moins des actes relatifs à l'état-civil (1) ; l'article 1er (nouvel article 49) est donc inapplicable.

Il en est de même en cas d'adoption ; aux termes de l'article 359 Code civ., l'adoption doit être inscrite à la réquisition de l'une ou de l'autre des parties sur le registre de l'état civil du lieu où l'adoptant sera domicilié. Il ne s'agit donc pas là d'une mention en

---

(1) Beudant, *Droit civil*, t. 1, p. 164.

marge d'un acte de l'état civil déjà inscrit ; il s'agit seulement d'un acte à inscrire sur les registres. La disposition nouvelle ne saurait encore ici recevoir application. M. Guérin a dit cependant le contraire dans son rapport supplémentaire au Sénat ; mais la déclaration qu'il a faite est manifestement erronée et ne saurait prévaloir contre les termes formels du nouvel article 49.

Ce n'est d'ailleurs pas la seule erreur commise dans ce rapport ; il en commet une autre en disant que le nouvel article 49 doit s'appliquer en matière de désaveu et de jugements portant rectification d'actes de l'état civil Pour le désaveu aucun texte ne prescrit une mention spéciale en marge d'un acte de l'état civil déjà inscrit ; on ne comprend donc pas comment l'article 49 pourrait être appliqué. Le désaveu admis en justice, peut seulement donner lieu à une rectification de l'acte de naissance, si le demandeur a déposé des conclusions à fin de rectification ou si la rectification est demandée par le ministère public ; la rectification s'opère alors, suivant le droit commun, par la transcription du jugement de rectification sur les registres, à sa date, et par la mention en marge de l'acte rectifié. C'est sans doute à cela qu'a songé M. Guérin puisqu'il dit, d'autre part, que l'article 49 est applicable à la mention du jugement de rectification d'un acte de l'état civil en marge de l'acte réformé. Mais était-il besoin de l'art. 49 pour que la mention des jugements de rectification soit faite d'office? En aucune manière. La loi du 8 juin 1893 portant modification « *des dispositions du Code civil relatives à certains actes de l'état civil et aux testaments faits aux armées soit au cours d'un voyage maritime* », à laquelle le rapporteur n'a sans doute pas songé, ordonne précisément que la mention du jugement de rectification soit faite à la diligence du procureur de la République.

Quels sont donc les cas où la disposition nouvelle recevra son application ? C'est tout d'abord en cas de mariage: l'article 2 de la loi (art. 76 du Code civil, nouvelle rédaction) nous l'indique expressément. « *Il sera fait mention de la célébration du mariage en* « *marge de l'acte de naissance des époux.* » C'est ensuite en cas de divorce; aux termes de l'article 251, la sentence prononçant le divorce une fois transcrite sur les registres de l'état civil du lieu où le mariage a été célébré, doit être mentionnée en marge de l'acte de mariage. C'est enfin en cas de reconnaissance d'enfant naturel et de légitimation dans les conditions que nous avons précédemment indiquées.

En résumé, la mention d'office, en marge de l'acte de naissance, aura lieu dans les quatre hypothèses suivantes: reconnaissance d'enfant naturel, légitimation, mariage et divorce.

Lorsque l'un de ces faits se produira (1), l'officier d'état civil qui aura dressé l'acte ou transcrit le jugement, devra faire la mention en exécution de la loi de 1897, si les registres sur lesquels elle doit être faite sont entre ses mains; lorsqu'ils ne s'y trouvent

(1) Cocat, thèse, p. 121.

pas, il devra envoyer un avis au Procureur de la République de son arrondissement. Le Procureur de la République veillera à ce que la mention soit faite d'une façon uniforme partout où il existe un exemplaire de l'acte qui doit porter la mention.

b) Analyse des articles 4 et 5

Prévenir les tiers contre les fraudes, les manœuvres malhonnêtes qui pourraient être employées à leur égard, mais surtout assurer l'efficacité des dispositions des articles précédents, tel est le but des articles 4 et 5.

L'article 4 est ainsi conçu :

« L'article 45 du Code civil est ainsi complété :
« Art. 45...... — Ils (les extraits des registres) porte-
« ront en toutes lettres la date de leur délivrance. »

L'article 5 :

« Le paragraphe 1er de l'article 70 du Code civil
« est modifié comme suit :
« Art. 70. — L'officier de l'état civil se fera re-
« mettre l'acte de naissance de chacun des futurs
« époux. Cet acte ne devra pas avoir été délivré
« depuis plus de trois mois, s'il a été délivré en
« France, et depuis plus de six mois s'il a été déli-
« vré dans une colonie ou dans un consulat. »

Ces deux dispositions se complètent l'une l'autre. On veut, d'une part, réagir contre cet usage de libeller en chiffres la date de délivrance des expéditions d'actes de l'état civil et prévenir toute possibilité de surcharge et d'antidate du fait des particuliers ; on veut, d'autre part, prévenir tout danger de dol ou de fraude.

Avant 1897, il était très facile, nous l'avons dit, à une personne mariée de dissimuler son véritable état en vue de contracter une nouvelle union. La disposition de l'art. 2 de la loi de 1897 (art. 76 du Code civ., nouvelle rédaction), que nous venons d'étudier, rend cette fraude plus rare. En effet, lorsque deux personnes se présentent devant l'officier d'état civil pour se marier, et lui remettent, conformément à l'article 70 du Code civil, leur acte de naissance, si l'une d'elles a déjà contracté mariage, mention en aura été faite en marge de son acte de naissance; l'officier d'état civil refuse de célébrer un nouveau mariage tant que la dissolution du premier n'aura pas été établie.

Mais il pourrait arriver qu'un individu malhonnête produise un acte de naissance délivré antérieurement à son premier mariage, vierge par conséquent de toute mention, et parvienne de cette façon à tromper l'officier d'état civil. Pour prévenir cette fraude, il n'y avait qu'à exiger que l'expédition de l'acte de naissance soit de date récente; c'est ce qu'a fait l'art. 4 (art. 70, nouvelle rédaction) qui dispose que l'expédition de l'acte de naissance, remise à l'officier d'état civil lors de la célébration du mariage, ne devra pas avoir été délivrée depuis plus de trois mois si elle a été délivrée en France, et depuis plus de six mois si elle l'a été dans une colonie ou dans un consulat. La preuve que cette condition aura été remplie résultera de l'expédition elle-même, puisque les extraits des registres « porteront en toutes lettres la date de leur délivrance. »

Est-ce à dire que la bigamie soit désormais rendue impossible ? Evidemment non.

D'abord il pourra arriver que la mention de l'acte de mariage en marge de l'acte de naissance n'ait pas été faite, en dépit du nouvel article 76. Cette irrégularité n'a d'autre sanction que la responsabilité de droit commun des officiers de l'état civil (article 50 du Code civ.).

D'autre part, les prescriptions de la loi nouvelle ne mettent pas les officiers de l'état civil à l'abri de toute surprise. S'il faut, en effet, que l'expédition de l'acte de naissance ne remonte pas à plus de trois ou six mois, cette condition est suffisante. Or, il peut arriver que la personne, dont l'acte de naissance est présenté, ait contracté mariage depuis la délivrance de l'expédition, ou bien qu'elle ait été mariée avant cette délivrance pendant les délais impartis par la loi pour effectuer la mention et avant qu'elle ait été faite. La garantie est donc incomplète. A ceux qui ont fait cette observation aux cours des travaux préparatoires, M. Michelin a répondu « qu'il n'est pas à supposer que la même personne voudra contracter mariage deux fois dans ce même délai ». Réponse sans valeur, car la loi cherche précisément à déjouer les manœuvres des gens sans aveu, de la part desquels on peut s'attendre à tous les calculs comme à toutes les fantaisies.

En terminant nos observations sur la loi du 17 août 1897, on peut se demander, à propos de l'article 5, si le législateur, au lieu d'exiger la production d'un acte de naissance non antérieur à trois ou six mois, n'aurait pas dû se contenter d'un acte de naissance ordinaire sur lequel une sorte de visa aurait été apposé dans les délais impartis par la loi. Ce visa aurait été pur et simple ou accompagné d'indications très brèves, suivant qu'il n'y aurait pas eu ou qu'il y aurait eu un mariage antérieur.

On aurait, de cette façon, épargné aux particuliers les frais d'une expédition de l'acte de naissance, et atteint cependant le même but avec moins de difficultés et plus d'économie.

II. — *De la publicité du contrat de mariage*

Non seulement il importe aux tiers de savoir si telle personne est célibataire ou mariée, mais il leur importe également, en cas de mariage, de connaître le contrat qui règle ses intérêts pécuniaires afin de pouvoir traiter avec elle en toute sécurité.

Le contrat de mariage peut être défini : l'ensemble des conventions que les futurs époux font en vue de régler leur association conjugale quant aux biens. La loi laisse aux futurs époux la plus grande latitude pour le règlement de ces conventions. C'est à juste titre, car les intérêts pécuniaires jouent un rôle important dans la conclusion du mariage, et, en gênant la liberté des futurs époux quant au règlement de ces intérêts, on eût entravé nombre de mariages, au grand détriment de la Société.

Mais cette liberté, si utile aux époux, était dangereuse pour les tiers qui, avant 1850, n'avaient aucun moyen de se renseigner sur un contrat que des époux pouvaient tenir secret et que rien ne les obligeait à divulguer. On pouvait donc ignorer jusqu'à son existence, car il pouvait avoir été passé dans une étude quelconque de notaire, peut-être très loin du lieu de la célébration du mariage.

Et, cependant, n'y avait-il pas une urgence extrême à porter à la connaissance du public et l'existence du contrat et son contenu, ou tout au moins les nom et demeure du notaire rédacteur? La situation pécuniaire et juridique des époux, leur capacité ne varie-t-elle pas suivant le contrat de mariage, suivant le régime matrimonial qu'ils ont adopté?

Sous le régime d'exclusion de communauté, chaque époux ne conserve-t-il pas la fortune qu'il a apportée lors du mariage ou qui lui advient pendant la durée? Le mari n'administre-t-il pas, outre ses biens personnels, ceux de sa femme, et n'a-t-il pas la jouissance de tous les revenus de celle-ci?

Sous le régime de séparation de biens, n'est-il pas privé de cette administration, de cette jouissance?

Enfin, sous le régime dotal, si la femme n'est pas frappée d'une incapacité générale de s'obliger, sa dot, tout au moins, ne se trouve-t-elle pas soustraite aux conséquences des engagements qu'elle peut contracter pendant la durée du mariage?

Tous ces effets, si importants pour les époux, résultant de l'adoption de tel ou tel régime matrimonial, ne sont-ils pas encore plus considérables pour les tiers qui peuvent entrer en rapport avec eux?

Et cependant, jusqu'à 1850, comme nous l'avons déjà dit, aucune mesure n'avait été prise par le législateur, ni pour faire connaître le contrat de mariage, ni même pour révéler son existence au public.

Alors, qu'arrivait-il dans la pratique des affaires? C'est que si la femme, par exemple, voulait s'obliger, aliéner, etc... les personnes qui traitaient avec elle ne manquaient pas de lui demander la représentation de son contrat de mariage. Si le contrat était produit, pas de difficultés; les parties intéressées pouvaient s'éclairer sur la situation réelle des époux, sur les droits de la femme et sur les restrictions que sa capacité pouvait subir à raison du régime matrimonial adopté.

Mais si, comme cela arrivait fréquemment, les époux déclaraient s'être mariés sans contrat, on se trouvait engagé dans des embarras de toute nature. Souvent les tiers qui avaient ajouté foi aux déclarations des époux se trouvaient avoir été victimes de leur confiance; car il était arrivé (1) qu'après coup, la femme ou ses héritiers avaient produit le contrat de mariage dont ils avaient nié l'existence et en avaient tiré parti pour faire annuler l'obligation souscrite ou l'aliénation consentie.

Depuis longtemps des plaintes s'étaient élevées, non-seulement contre cette situation, mais contre l'état des personnes en général que l'on représentait comme mal assuré. On sentait le besoin d'une réforme

(1) *Moniteur Officiel* des 12 et 17 juin 1850. (Rapport de M. Valette).

et on entrevoyait déjà la nécessité de centraliser en un lieu unique, pour mieux les faire connaître, tous les renseignements concernant l'état et la capacité d'une même personne. Des auteurs (1) avaient même proposé des systèmes d'immatricule des personnes, consistant à réunir dans les registres publics certains faits de la vie des individus, tels que mariage, paternité, adoption, interdiction, condamnations pénales, faillite, etc. Mais comme il y avait là toute une institution à créer, le législateur de 1850, n'a pas cru le moment venu de réaliser pareille réforme; ses efforts se sont concentrés sur une question unique, la question à l'ordre du jour, la publicité du contrat de mariage, et ont abouti à l'élaboration de la loi du 10 juillet 1850.

Étude de la loi du 10 juillet 1850

La loi du 10 juillet 1850 a son origine dans une proposition de MM. Benoit-Champy, Moreau (Seine), et Valette, déposée sur le bureau de la Chambre le 16 janvier 1850 (*Moniteur* du 17), ayant pour but l'affermissement du crédit. Son objet est de faire connaître aux intéressés, par l'acte de célébration du mariage, si les époux ont ou n'ont pas de contrat destiné à régler leur association quant aux biens, et, par suite, de préserver les tiers contre la fausse dé-

(1) Loreau, *Traité du Crédit foncier*, 1841. — Hébert, *De l'utilité d'un système général d'immatriculation des hommes, des immeubles et des titres, et de quelques points se rattachant au notariat.* — Rouen, 1844-1846.

claration des personnes qui allèguent s'être mariées sans contrat, tandis qu'elles en ont un et d'où résulte pour elles l'incapacité d'aliéner leurs biens dotaux.

La substance de cette proposition se retrouve dans les observations présentées par deux Cours d'appel sur la réforme hypothécaire. Ces deux Cours (Rennes et Rouen), dans le ressort desquelles le régime dotal était fort en usage, s'étaient émues du mauvais état des choses en matière de publicité réelle et personnelle et avaient demandé que la loi prescrivît, en cas de mariage, la mention du contrat dans l'acte de célébration.

La loi de 1850 a répondu à leurs désiderata, et c'est par des additions faites aux articles 75, 76, 1391, 1394 du Code civil, que la publicité du contrat se trouve aujourd'hui assurée. L'économie de ces textes est la suivante : Si les futurs époux font un contrat de mariage, le notaire rédacteur du contrat doit, à peine de dix francs d'amende, leur donner lecture du dernier alinéa de l'article 1391, qui indique les conséquences de la non-déclaration du contrat dans l'acte de mariage. Il leur remet ensuite un certificat sur papier libre destiné à l'officier de l'état-civil et indiquant la date du contrat, les noms des parties et du notaire.

Puis, au moment du mariage, devant l'officier de l'état-civil, celui-ci doit interpeller les futurs époux, ainsi que les personnes qui autorisent le mariage, d'avoir à déclarer s'il a été fait un contrat de mariage, et, en cas d'affirmative, sa date et les noms et résidence du notaire qui l'a reçu ; la réponse est consignée dans l'acte de mariage, à peine d'une amende qui ne peut excéder 100 francs, contre l'officier d'état-civil. C'est cette réponse ou mieux l'inscription qui est faite ensuite de cette réponse qui assure la publicité du contrat.

Enfin, le dernier alinéa de l'article 1391 indique quelle est, vis-à-vis des époux, la sanction de cette loi nouvelle : « Si l'acte de célébration porte que les « époux se sont mariés sans contrat, la femme sera « réputée, à l'egard des tiers, capable de contracter, « dans les termes du droit commun, à moins que, dans « l'acte qui contiendra son engagement, elle n'ait « déclaré avoir fait un contrat de mariage. »

Du dernier alinéa de ce texte, il résulte que les conséquences de l'inobservation des formalités prescrites sont très limitées.

En premier lieu, cette inobservation est sans influence sur les rapports des époux entre eux, et les conventions matrimoniales n'en feront pas moins leur loi. C'est ce que l'on peut déduire de l'article 1391 « la femme sera réputée, à l'égard des tiers... », et aussi du but même de la loi, qui est uniquement de faire connaître aux tiers le régime sous lequel sont mariés les époux avec lesquels ils vont traiter.

En second lieu, même vis-à-vis des tiers, la déclaration inexacte des époux, qu'ils n'ont pas fait de contrat, n'a pas pour résultat de faire réputer non avenues toutes les dispositions du contrat, mais seulement de rendre la femme capable de contracter suivant les termes du droit commun. Le contrat reste opposable aux tiers sous tous autres rapports et notamment pour ce qui concerne la propriété et la consistance des apports de la femme ainsi que les donations faites aux époux par les tiers ou par l'un d'eux à l'autre.

Ainsi précisées, les dispositions de la loi de 1850 paraissent assez satisfaisantes et de nature à donner de bons résultats. Grâce à la publicité du contrat de mariage par la mention en marge de l'acte de célébration, les tiers n'auront plus de fraudes à redouter, plus de motif de refuser de traiter avec des époux qui déclarent s'être mariés sans contrat.

Toutes les fois qu'une allégation de non-existence de contrat se produira, ils diront aux époux : « Vous prétendez n'avoir pas de contrat, eh bien ! représentez nous l'acte de célébration de votre mariage et, si cet acte déclare que vous n'avez pas de contrat, nous ferons affaire avec vous, parce que nous sommes sûrs d'être protégés contre l'application d'un régime dotal clandestin. »

Mais de ce que la déclaration inexacte dans l'acte de mariage a pour effet de rendre la femme capable de contracter suivant les termes du droit commun, il n'en résulte pas qu'elle fasse réputer les époux mariés sous le régime de la communauté légale ; si par exemple des tiers sont créanciers du mari, ils n'auront pas le droit de saisir le mobilier de la femme comme s'il dépendait de cette communauté.

Au premier abord on est tenté de regretter (1) que le législateur de 1850 ne soit pas allé plus loin et n'ait

---

(1) Guillouard, *Traité du contrat de mariage*, t. I, p. 185.

pas dit aux époux : « Vous avez déclaré que vous étiez mariés sans contrat, je tiens votre déclaration pour vraie, et au respect des tiers que vous avez trompés par cette déclaration, vous serez mariés sous le régime de communauté légale, aussi bien en ce qui concerne la propriété des meubles qu'en ce qui touche l'inaliénabilité de la dot.»

Deux considérations expliquent toutefois pourquoi il n'a pas adopté pareil système. La première résulte des travaux préparatoires et des discussions qui ont eu lieu au sein de l'assemblée législative d'où il apparaît que l'objet de la loi n'a été que prévenir les fraudes que pouvaient commettre les femmes mariées sous le régime dotal en affirmant qu'elles étaient mariées sans contrat et en dissimulant ainsi l'incapacité de contracter dont elles étaient frappées en ce qui concerne l'engagement de leurs biens dotaux. La seconde est que, si les tiers ne peuvent saisir le mobilier de la femme, comme s'il dépendait d'une communauté légale, ils ne peuvent s'en prendre qu'à eux. Ils pouvaient en effet exiger qu'elle s'engageât avec son mari et par ce moyen ils avaient action sur ses biens propres comme sur les biens du mari.

Ajoutons que la femme peut réparer l'inexactitude de déclaration dans l'acte de mariage par une déclaration postérieure lorsqu'elle traite avec les tiers « à moins, dit en effet l'article 1391, que, dans l'acte qui contiendra son engagement, elle n'ait déclaré avoir fait un contrat de mariage.»

La loi de 1850 ne parlant ni de la nature des conventions matrimoniales, ni du régime adopté par les époux, mais uniquement du contrat de mariage, on peut se demander si ses dispositions sont applicables aux contre-lettres, c'est-à-dire aux conventions additionnelles par lesquelles les futurs époux auraient apporté des changements à leur contrat avant la célébration du mariage. La question est encore aujourd'hui controversée, mais l'opinion qui paraît triompher en jurisprudence (1) décide que la loi de 1850 est inapplicable aux contre-lettres.

Nous adoptons également cette solution pour les motifs suivants : la loi de 1850 n'a voulu qu'une chose, c'est que les tiers puissent savoir par l'acte de célébration du mariage, s'il y avait un contrat de mariage, quelle en était la date, quel était le notaire qui l'avait reçu. Il semble, dès lors, que le but que s'est proposé la loi est complètement atteint, que le notaire a fait ce que commandait l'intérêt des tiers, ainsi que l'intérêt des futurs époux, lorsqu'en rédigeant leur contrat de mariage, il leur a fait connaître par la lecture des art. 1391 et 1394 l'obligation qui leur est imposée et qu'il leur a délivré le certificat dont parle le dernier de ces articles. Pourquoi voudrait-on que dans le cas où il serait intervenu une contre-lettre modificative du contrat, le notaire renouvelle la lecture des articles 1391 et 1394 et qu'il délivre un nouveau certificat ; dans quel but, dans quel intérêt ? L'officier d'état civil n'a-t-il pas appris par

(1) Caen, 2 décembre 1856 ; Sirey, 57, II ; Cassation, 18 mars 1857 ; Sirey, 57, I, 251 ; Nîmes, 4 février 1858 ; Sirey, 58, II, 175 ; *contra* Paris, 12 janvier 1856 ; Sirey, 56, II, 106.

le premier certificat qui lui a été présenté, ce qu'il devait savoir, l'existence du contrat de mariage ? A-t-il besoin d'autres renseignements pour la rédaction de son acte et pour la mention qu'il doit y insérer ? La loi n'a pu vouloir imposer au notaire l'obligation de remplir une formalité dont on ne peut apercevoir ni l'utilité, ni la raison d'être.

D'ailleurs il y a lieu d'ajouter que du moment où le contrat de mariage est connu, la contre-lettre l'est également, puisqu'elle doit être rédigée à la suite de la minute du contrat de mariage (art. 1397 Code civ.). Il était donc inutile d'obliger les parties à déclarer spécialement l'existence de la contre-lettre puisqu'en prenant connaissance de l'un de ces actes, les tiers connaîtront l'autre.

Une autre raison nous fait décider que la loi de 1850 est inapplicable aux contre-lettres et réside dans la sanction prescrite par le législateur. En cas d'inobservation des formalités, il y a, d'une part, une amende contre le notaire et de l'autre, une déchéance contre la femme. Déchéance et peine étant de droit étroit, il ne faut pas les étendre hors des cas pour lesquels elles sont édictées. Or, les articles 75, 1391, 1394 du Code civ. ne parlant que du contrat de mariage et point des contre-lettres, c'est donc uniquement pour inobservation des formalités de publicité du contrat que la sanction existe. Le silence du législateur sur les contre-lettres démontre surabondamment qu'il n'entendait pas rendre applicables spécialement aux contre-lettres les dispositions nouvelles.

Nous avons dit plus haut que le but de la loi de

1850 était que les tiers puissent savoir par l'acte de célébration du mariage, s'il y avait un contrat, quelle en était la date, quel était le notaire qui l'avait reçu. N'aurait-il pas convenu que cet acte indiquât également le régime adopté par les époux et même les principales conventions matrimoniales ? On peut répondre, il est vrai, que la mention en conformité de la loi de 1850 est bien suffisante ; faisant connaître les nom et lieu de résidence du notaire rédacteur, on n'aura qu'à s'adresser à son étude pour se faire délivrer une expédition du contrat et prendre tous renseignements utiles.

Cependant on pourra se heurter à un refus de la part du notaire. Aux termes de la loi du 25 ventôse an XI (art. 23) il est dit : « Les notaires ne pourront « également sans l'ordonnance du Président du Tri-« bunal de première instance délivrer expédition, ni « donner connaissance des actes à d'autres qu'aux « personnes intéressées en nom direct, héritiers ou « ayants droit, à peine des dommages-intérêts, d'une « amende de cent francs, et d'être, en cas de récidive, « suspendus de leurs fonctions pendant trois mois... » Il faudra donc que les tiers se munissent d'une ordonnance pour obtenir le renseignement sollicité ; redoutant des ennuis ou des démarches inutiles, ils négligeront de présenter une requête à laquelle d'ailleurs le Président pourra refuser de répondre s'ils ne paraissent pas justifier d'un intérêt suffisant.

Il y avait un moyen facile de combler cette lacune et de rendre plus efficaces les dispositions nouvelles. Il n'y avait qu'à exiger que, dans le certificat délivré par le notaire, il fût fait mention du régime choisi par les époux et des principales conventions matrimoniales. L'officier d'état civil n'aurait eu qu'à transcrire tous les renseignements contenus dans ce certificat et les tiers auraient été suffisamment avertis de la situation des mariés. Une telle innovation, si elle avait été proposée, n'aurait pas manqué de soulever nombre d'objections et de critiques; pour l'écarter on aurait argumenté du secret professionnel imposé aux notaires, on aurait mis en avant que de telles mentions auraient été de nature à satisfaire plutôt la curiosité des tiers que leur propre intérêt. De semblables considérations auraient fatalement fait échouer la réforme; on a préféré se contenter d'une mention succincte que les parties sauront bien utiliser au mieux de leurs intérêts.

§ 4. — DIVORCE

Le divorce, on le sait, rompant le lien conjugal, transforme l'état des époux et rend à chacun d'eux sa pleine capacité.

Le législateur ayant fait connaître le mariage d'un individu, il convenait qu'il fasse connaître sa dissolution, le cas échéant.

Le Code civil et le Code de procédure civile contiennent quelques dispositions en vue d'assurer la publicité du divorce; deux lois, l'une du 18 avril 1886, l'autre du 9 février 1893, sont venues les compléter et y introduire d'heureuses modifications.

1° *Publicité de la demande en divorce*

Aucune publicité n'est organisée pour la demande en divorce; cela tient à ce que le jugement de divorce ne rétroagissant pas au jour de la demande dans ses effets à l'égard des tiers (arg. *a contrario* tiré de l'article 252 Code civ. *in fine*), le législateur a jugé que la publicité donnée au jugement est suffisante pour la sauvegarde des intérêts de tous. Il y a de plus un motif d'intérêt général et d'ordre moral; on a craint, en portant à la connaissance du public l'instance à engager, d'encourager les gens malhonnêtes à spéculer sur le procès, à s'y immiscer, alors que leur intervention doit être rigoureusement bannie. Les intérêts moraux qui, dans tout divorce, se trouvent mis en jeu à côté des intérêts pécuniaires, ont toujours été un objet de bienveillante sollicitude de la part du législateur. De nombreuses dispositions peuvent en témoigner.

Ainsi, sachant que trop souvent un époux, sous le coup d'une violente irritation et obéissant à un mouvement irréfléchi, introduit à la légère contre son conjoint une demande en divorce, il a tenu à laisser à cet époux le temps de la réflexion et lui a donné le moyen de revenir sur sa première détermination. C'est pourquoi, au début de l'instance, nous trouvons une tentative de rapprochement résultant de l'obligation imposée aux époux de se présenter en personne devant le Président du Tribunal qui, par de bienveillantes observations, cherche à les réconcilier (art. 238 Code civ.). De même, voulant éviter le scandale qui pourrait résulter des faits eux-mêmes, le législateur a donné aux tribunaux pleins pouvoirs pour ordonner le huis-clos pendant les débats et pour interdire, sous peine d'amende, leur reproduction par la voie de la presse (1) (art 87 Code de proc. civ.).

Publier la demande en divorce, ne serait-ce pas là rompre avec ces sages mesures, aller à l'encontre du but qu'elles poursuivent, diminuer les chances de rapprochement entre les époux et éveiller une curiosité malsaine chez les personnes toujours en quête de procès scandaleux.

2° *Publicité du jugement de divorce*

La publicité du jugement de divorce résulte de l'affichage d'un extrait dans l'auditoire des tribunaux de première instance et des tribunaux de commerce (2), dans les Chambres d'avoués et de notaires de l'arrondissement (art. 250 Code civ., modifié par la loi du 28 avril 1886; — art. 880 et 872 Code de proc. civ.).

De plus, le jugement doit être transcrit sur les registres de l'état-civil et mentionné en marge de l'acte de mariage conformément à l'article 49 du Code civil (art. 251 Code civ.). Un extrait doit, en outre, être inséré dans l'un des journaux qui se publient dans le lieu où siège le tribunal et, s'il n'y en a pas, dans l'un de ceux publiés dans le département.

De ces mesures, la seule pratique, la seule efficace, est la mention du divorce en marge de l'acte de

(1) Loi du 29 juillet 1881, art. 39.

(2) Même si l'intéressé n'est pas commerçant.

mariage. En effet, depuis la loi du 17 août 1897, mention de la célébration du mariage doit être faite en marge de l'acte de naissance : donc, connaissant le lieu de naissance d'une personne, on pourra savoir par le fait même si elle est mariée, si elle est divorcée, puisque l'acte de naissance contient la mention du mariage et l'acte de mariage la mention du divorce.

§ 5. — DÉCÈS

Le décès d'un individu se trouve constaté par un acte inscrit à sa date sur les registres de l'état-civil et qui se borne à mentionner le fait même du décès et l'individualité de la personne décédée (art. 77 à 87 Code civ.).

Tandis que pour l'acte de naissance la loi ordonné expressément l'indication des jour et heure de la naissance (art. 57), rien de semblable n'est spécialement exigé pour l'acte de décès. C'est là une grave lacune, car il importe bien plus de connaître le moment précis d'un décès que celui d'une naissance; c'est, en effet, le moment même du décès qui, d'une part, rend la personne décédée incapable d'acquérir des successions, et qui, d'autre part, donne ouverture à la sienne; en sorte qu'en avançant ou en reculant l'heure du décès, on peut changer l'ordre légal des successions.

Privé des indications essentielles pour bien le déterminer, l'acte de décès est dépourvu de toute publicité; rien ne le relie aux autres actes de la vie juridique, ni à l'acte de naissance, ni à l'acte de mariage;

il ne fait l'objet d'aucune mention en marge d'un acte déjà inscrit.

Ce manque de lien entre les divers actes de l'état-civil est un des plus graves reproches que l'on peut faire au législateur moderne, reproche très mérité, car un pareil état de choses produit les effets les plus déplorables, prête à la fraude et aux dissimulations. Une femme pourra, par exemple, en dissimulant son état de veuvage, faire inscrire l'enfant dont elle vient d'accoucher au nom de son mari mort depuis plusieurs années. Aucune pièce, aucune justification n'étant exigée au moment de la déclaration de naissance, elle peut sans crainte donner de fausses indications en s'assurant de la complicité des témoins. Pareille anomalie ne se produirait pas si la présentation de l'acte de naissance des père et mère de l'enfant était exigée au moment de la déclaration et si cet acte de naissance portait la mention des faits modificatifs de l'état et de la capacité. Il faudrait donc que tous les actes de l'état-civil se pénétrassent les uns des autres et que l'un d'eux, — l'acte de naissance, — fût comme la plaque sensible sur laquelle vinssent se fixer tous les faits de la vie juridique d'un individu.

Du décès, on peut rapprocher l'absence qui, à certains égards, produit des effets comparables à ceux du décès. La déclaration d'absence donne, pour ainsi dire, ouverture à la succession de l'absent en permettant à ses héritiers présomptifs de se faire envoyer en possession de ses biens (art. 120 Code civ.), en permettant aux donataires et légataires de l'absent d'exercer leurs droits à la seule charge de donner caution.

Pour ces raisons, il aurait convenu de donner au jugement de déclaration d'absence une certaine publicité. Le législateur a bien compris ce besoin de publicité, non toutefois pour prévenir les tiers, mais seulement pour permettre à l'absent de donner de ses nouvelles. L'article 118 du Code civil porte en effet : « Le procureur du Roi enverra, aussitôt qu'ils seront « rendus, les jugements (de déclaration d'absence), « tant préparatoires que définitifs, au ministère de « la justice qui les rendra publics. »

Cet article ne détermine pas le mode de publicité; il laisse ce soin au ministre de la justice qui a choisi comme organe de publicité le *Journal Officiel*. Ce choix n'est pas heureux, le *Journal Officiel* n'est consulté que par un nombre restreint de personnes; les renseignements qu'il donne ne parviendront pas à la connaissance des intéressés.

N'aurait-il pas mieux valu (surtout dans l'intérêt des tiers) mentionner le jugement de déclaration d'absence en marge de l'acte de naissance de l'absent ? C'est ce que nous proposerons à la fin de cette étude.

§ 6. — SANCTION DU DÉFAUT DE PUBLICITÉ EN MATIÈRE D'ÉTAT DES PERSONNES

Quelle va être la sanction des règles édictées par le législateur pour constater et publier les faits intéressant l'état des personnes ?

En principe, aucune formalité n'est prescrite à

peine de nullité; aussi s'accorde-t-on à reconnaître que le législateur a voulu laisser aux tribunaux un pouvoir discrétionnaire pour apprécier, eu égard aux circonstances, les conséquences que doit avoir l'irrégularité commise. En matière d'actes de l'état civil, ces irrégularités étant presque toujours imputables à l'officier d'état civil, il eût été injuste qu'elles pussent préjudicier aux tiers et à ceux dont l'acte était destiné à constater l'état. Ce sera donc au juge à mesurer la force probante de l'acte irrégulier.

La sanction n'étant pas la nullité, il faut la chercher dans la responsabilité des officiers d'état civil, auteurs des omissions, des irrégularités. A leur égard, le Code édicte une double responsabilité : une responsabilité pénale et une responsabilité purement civile.

L'article 50 Code civ. nous dit dans quels cas leur responsabilité pénale est engagée; c'est en cas de contravention aux prescriptions des articles 34 à 49 Code civ. C'est, par exemple, lorsque l'officier d'état civil aura omis de mentionner la lecture de l'acte qu'il a faite aux parties comparantes (art. 38), ou encore lorsqu'il aura écrit un mot par abréviation, ou qu'il aura mis une date en chiffres (art. 43). La conséquence de l'irrégularité est une amende qui peut aller jusqu'à cent francs.

La responsabilité de l'officier d'état civil peut encore se trouver engagée à raison des délits prévus par les articles 68, 156, 157, 192 Code civ. (célébration du mariage sans qu'il y ait eu mainlevée d'opposition, sans qu'il ait été procédé aux publications prescrites), et les articles 192, 195 Code pén. (acte inscrit sur feuille volante), et à raison des crimes prévus par les articles 145, 146, 254, 255 Code pén. (altération d'écriture ou de signatures, destruction d'acte ou de registre).

Dans ces divers cas, une amende est encourue, dont le quantum varie suivant la nature de la faute.

La responsabilité civile qui peut en outre incomber aux officiers d'état civil, est celle du droit commun, celle édictée par l'art. 1382 Code civ. L'art. 52 Code civ. y fait allusion : « Toute altération, tout « faux dans les actes de l'état civil, toute inscription « de ces actes faite sur une feuille volante autrement « que sur les registres à ce destinés, donneront lieu « aux dommages-intérêts des parties sans préjudice « des peines portées au Code pénal. »

Mais de ce qu'une irrégularité a été commise dans un acte de l'état civil et que, malgré cette irrégularité, l'acte demeure debout, il n'en résulte pas qu'aucune rectification, qu'aucune correction ne soit possible. Le législateur a, au contraire, tracé les règles pour parvenir à corriger ou modifier l'acte erroné ou inexact (art. 99 à 101 Code civ., 855 à 858 Code proc.). Il a dit dans quels cas la rectification peut être demandée d'office par le ministère public (art. 3 de la loi du 10 décembre 1850, art. 76 Code civ.), le droit commun étant que la demande de rectification doit émaner des parties intéressées.

La rectification a lieu par jugement, et le jugement, aux termes des art. 101 Code civ. et 857 Code proc. civ., est transcrit sur les registres de l'état civil et mentionné en regard de l'acte réformé.

Le principe que nous avons posé au début de ce paragraphe, à savoir que les formalités de publicité des faits intéressant l'état des personnes ne sont pas prescrites à peine de nullité, fléchit dans deux cas : en matière d'adoption et en matière de divorce.

Pour l'adoption, le législateur n'a pas pensé que ce fût là un simple contrat dans lequel n'eussent à intervenir que l'adoptant et l'adopté. Il a considéré, au contraire, qu'il était bon que la justice, représentant les intérêts généraux de la Société, vînt le sanctionner par son approbation. C'est pourquoi il l'a entouré de formalités particulières, qu'il a prescrites à peine de nullité (art. 353 et suiv. Code civ.). Parmi ces formalités, se trouve celle de l'art. 359 qui prescrit l'inscription dans les trois mois du jugement (il faut lire de l'arrêt) d'adoption sur les registres de l'état civil du lieu du domicile de l'adoptant. Si l'inscription n'a pas eu lieu dans le délai de trois mois, l'adoption « reste sans effet. »

Il en est de même pour le divorce ; aux termes de l'art. 252, § 4 : « A défaut, par les parties d'avoir « requis la transcription dans le délai de deux mois, « le divorce est considéré comme nul et non avenu. » Donc la transcription tardive ou le défaut de transcription du jugement et de l'arrêt de divorce fait tomber le divorce lui-même.

Ce sont les deux seuls cas où les règles de publicité sont prescrites à peine de nullité.

SECTION II

De la publicité des faits intéressant la capacité des personnes

La capacité est l'aptitude qu'a toute personne à exercer les droits et actions dont elle a la jouissance. Dans notre droit actuel, la capacité est la règle (1), l'incapacité l'exception; donc, à moins de textes formels, toute personne est présumée capable.

Cette question de capacité peut être étudiée à deux points de vue différents : au point de vue pénal et au point de vue civil. En droit pénal, certains faits, d'une gravité exceptionnelle, punis de peines criminelles, entraînent certaines incapacités particulières dites incapacités de répression, telles que la dégradation civique, l'interdiction légale (art. 28, 29 Code pén.). Ces incapacités, bien qu'elles aient plus d'effet sur les condamnés que sur les tiers, réclament néanmoins une certaine publicité; la loi pénale n'a cependant pas pris de mesures spéciales pour les faire connaître. Elle a considéré comme suffisante la publicité qui résulte des débats et de l'apposition des placards contenant extrait des condamnations.

Nous n'analyserons pas les mesures qu'il pourrait

---

(1) L'art 8 du Code civil dit en effet : « Tout Français jouira des droits civils », et l'article 1123 du même Code : » Toute personne peut contracter si elle n'a pas été déclarée incapable par la loi. »

être utile de prendre, nous ne critiquerons pas celles prises, pareille étude étant plutôt du domaine du droit pénal. Qu'il nous suffise de remarquer que les tiers ont toujours un moyen facile de se renseigner, en exigeant des individus qui leur paraissent suspects un extrait de leur casier judiciaire.

Nous ne nous occuperons que des incapacités du droit civil, de celles frappant certaines personnes dans leur propre intérêt, pour leur propre sauvegarde et appelées pour cela incapacités de protection.

Ces incapacités ont leur source dans certains faits spéciaux qui restent sans influence sur l'état des individus et qui sont la tutelle, l'émancipation, la séparation de corps, la séparation de biens, l'interdiction et la dation de conseil judiciaire.

§ 1. — TUTELLE ET ÉMANCIPATION

On peut dire, d'une façon générale, qu'aucune mesure de publicité ne semble nécessaire pour prévenir les tiers de l'incapacité résultant du jeune âge d'un individu, de sa situation particulière vis-à-vis de ses parents, sous le pouvoir desquels il se trouve placé. Sa constitution physique est pour ainsi dire récognitive de son incapacité, et si on a le moindre doute, on peut toujours lui demander de produire son acte de naissance.

Mais l'enfant n'est pas toujours placé sous la tutelle de ses parents; il peut se trouver sous la tutelle d'autres personnes (art. 402 et suiv. Code civ.); en ce cas, le besoin de publicité se fait sentir. Peut-être pourrait-on introduire en France, dans l'intérêt des tiers comme dans celui de l'incapable, l'institution du registre de tutelle, que l'on trouve dans certaines législations étrangères, en Espagne et en Italie, et qui y rend de très grands services.

Ce registre serait tenu au greffe du Tribunal civil de chaque arrondissement et contiendrait tous renseignements utiles à connaître sur la tutelle et ses rouages.

L'incapacité du mineur qui nous est révélée par son jeune âge et par son acte de naissance, peut se trouver modifiée par un fait spécial, l'émancipation, qui affranchit l'enfant de la puissance paternelle ou de la puissance tutélaire. Le législateur a-t-il pris quelques mesures pour rendre notoire cet événement? On n'en trouve aucune ni dans le Code civil ni dans les lois postérieures. Le Code de commerce paraît seul s'être occupé de la publicité de l'émancipation, en ce qui concerne le mineur commerçant (art. 2).

Il y a lieu toutefois de remarquer que l'absence de publicité en matière d'émancipation n'offre pas de grands dangers. En effet (1) le mineur émancipé ayant intérêt à faire connaître sa capacité nouvelle, ne manquera pas, lorsqu'il y aura le moindre doute, de renvoyer au greffe de la justice de paix où a été reçue la déclaration d'émancipation.

Il est un cas cependant où une mesure spéciale destinée à prévenir les tiers paraît s'imposer, c'est celui de retrait d'émancipation auquel fait allusion

(1) Cocat, thèse, p. 18.

l'art. 485 du Code civil ainsi conçu : « Tout mineur « émancipé dont les engagements auraient été réduits « en vertu de l'article précédent, pourra être privé du « bénéfice de l'émancipation, laquelle lui sera retirée « en suivant les mêmes formes que celles qui auront « eu lieu pour la lui conférer. »

Il aurait convenu que les tiers fussent avertis de ce retrait de capacité qui, en définitive, est provoqué par le mineur à la suite d'une demande formée par lui en réduction de ses engagements.

§ 2. — SÉPARATION DE CORPS, SÉPARATION DE BIENS

Le divorce, avons-nous dit, rompant le lien conjugal, rend aux époux leur état et leur capacité antérieurs au mariage ; la séparation de corps, au contraire, n'étant qu'un relâchement de ce lien, laisse subsister quelques-uns des rapports des époux, mais apporte d'importantes modifications à leur capacité, donne lieu à des mesures provisoires dans leur intérêt personnel, dans celui de leurs enfants, dans celui de leurs biens (art. 311 Code civ.). Il importe par suite que cet événement soit porté à la connaissance des tiers.

1° *De la publicité de la demande en séparation de corps, en séparation de biens*

Il n'y a de publicité que pour la demande en séparation de biens intentée par voie principale et cela à cause de l'effet rétroactif attaché au jugement. Comme pour le divorce, le législateur a jugé ici que le jugement de séparation de corps ne rétroagissant pas au jour de la demande, les tiers étaient suffisamment protégés par la publicité résultant du jugement. Ce sont les articles 866 à 868 du Code de proc. civ. qui édictent pour la séparation de biens les mesures à prendre, mesures peu nombreuses et dont l'efficacité est des plus contestables. Elles consistent dans l'insertion par les soins du greffier du Tribunal civil d'un extrait de la demande, dans un tableau spécial placé dans la salle d'audience (art. 866). Pareil extrait doit en outre être inséré dans des tableaux placés à cet effet dans l'auditoire du Tribunal de commerce, dans les Chambres des avoués et des notaires (art. 867) et publié dans l'un des journaux du lieu où siège le tribunal (art. 868). Il ne peut être prononcé de jugement qu'un mois après l'observation de ces formalités (art. 869).

Ces mesures sont peu pratiques et ne peuvent engendrer qu'une publicité très restreinte : les inscriptions des tableaux, les insertions dans les journaux (à la quatrième page, ordinairement page des réclames) passent le plus souvent inaperçues.

2° *De la publicité de jugement de séparation de corps, de séparation de biens*

Le jugement de séparation de corps et le jugement de séparation de biens reçoivent la même publicité que le jugement de divorce (art. 250 Code civ. modifié par la loi du 18 avril 1896, art. 880 et 872 Code proc. civ.). Toutefois aucune transcription de ces jugements n'est exigée sur les registres de l'état civil ; ce qui est très regrettable, car c'eût été le meilleur moyen de les porter à la connaissance effective des tiers.

Après la séparation de corps, une réconciliation peut survenir entre les époux. Le législateur a considéré avec raison que ce fait a suffisamment d'importance, pour qu'on prenne toutes mesures nécessaires pour le rendre notoire. Aussi déclare-t-il (art. 311 du Code civ., § 4, modifié par la loi du 6 février 1893), que la reprise de la vie commune ne sera opposable aux tiers que si elle a été constatée par acte passé devant notaire dont un extrait devra être affiché sur un tableau à ce destiné dans la principale salle du Tribunal de première instance et si le mari est marchand, banquier ou commerçant, dans celle du Tribunal de commerce du lieu de son domicile.

Mention de la réconciliation devra en outre être faite en marge de l'acte de mariage et en marge du jugement et de l'arrêt qui a prononcé la séparation. Enfin une publication en extrait est requise dans les journaux du département recevant les annonces légales.

§ 3. — INTERDICTION, DATION DE CONSEIL JUDICIAIRE

En dehors des faits dont nous venons de parler, tutelle, émancipation, séparation de corps, séparation de biens, qu'il peut être intéressant et utile de révéler aux tiers, il en est deux autres influant également sur la capacité des personnes et se rapprochant par les mesures prises pour les publier : la dation de conseil judiciaire et l'interdiction. Produisant de profonds troubles dans la situation juridique de l'individu, ils ne sauraient, sans danger, être cachés aux tiers.

L'individu pourvu d'un conseil judiciaire ne peut, en effet, sans l'assistance de son conseil, plaider, transiger, emprunter, recevoir un capital mobilier et en donner décharge, aliéner ou grever ses biens d'hypothèques (art. 513 Code civ.); s'il a fait seul un acte de ce genre, la sanction est la nullité, nullité qui est de plein droit, d'après l'article 502, en ce sens qu'une fois l'état d'incapacité prouvé, aucune appréciation des circonstances ne permettra au juge de ne pas la prononcer.

Vainement essaierait-on d'échapper à la nullité en démontrant qu'on a ignoré l'incapacité et même qu'il a été impossible de la connaître; vainement ferait-on la preuve absolue que l'incapable a induit l'autre contractant en erreur sur sa véritable situation et conclurait-on, en conséquence, à le faire considérer comme obligé, non plus par un contrat, mais par un délit civil.

Quant à l'interdiction, ses effets ne sont pas moindres pour les tiers. L'interdit est en tutelle et se trouve frappé d'une incapacité générale de contracter (art. 1124 et 502); certains actes qu'il a accomplis antérieurement à son interdiction dans une période que le législateur qualifie de suspecte, peuvent même être annulés suivant les cas.

Pour étudier les mesures prises jusqu'à ce jour pour constater et publier l'interdiction et la dation de conseil judiciaire, nous diviserons nos observations en deux parties. Dans une première nous retracerons l'état de la législation antérieure à 1893 ; dans une seconde nous analyserons les améliorations apportées par la loi du 16 mars 1893.

A. — *Période antérieure à la loi du 16 mars 1893*

La loi organique du notariat du 25 ventôse an XI, s'occupant dans son article 18 des moyens de publicité de l'interdiction et de la dation de conseil judiciaire, prescrivait aux notaires de tenir exposé dans leurs études un tableau sur lequel seraient inscrits, par leurs soins, les noms, prénoms, qualités et demeures des interdits et prodigues, et où il serait fait mention des jugements et arrêts les intéressant. L'article 501 du Code civil, dans sa rédaction première venant compléter ces dispositions, exigeait de plus l'inscription de ces jugements et arrêts, dans un délai de dix jours, sur des tableaux qui devaient être affichés dans les salles d'audience et dans les études des notaires de l'arrondissement.

Quelque bonnes que pouvaient paraître ces mesures, elles ne produisaient pas l'effet que le législateur attendait d'elles. Souvent même la loi n'était pas observée, c'est-à-dire que les affiches n'étaient pas apposées et, à Paris notamment, elles ne l'étaient habituellement pas dans les études de notaires (1) où, en place du tableau, on voyait le plus souvent un simple avis ainsi conçu : « le nombre des interdictions

(1) Theureau, *Les casiers judiciaires et un projet de casiers civils.* — Paris, 1892, p. 155.

et des nominations de conseils judiciaires étant trop considérable pour être rédigé en placard, le tableau en a été fait sur un registre qui est à la disposition de ceux qui désirent y prendre des renseignements. »

Ce registre existait ou n'existait pas. Dans le décret du 16 février 1807 portant tarif des frais et dépens en matière civile, il était dit, en effet, article 92, paragraphe 29 : « Le jugement d'interdiction ou de nomination de conseil judiciaire ne sera point signifié aux notaires; l'extrait en sera remis au secrétaire de leur Chambre qui en donnera récépissé et qui le communiquera à ses collègues, qui seront tenus d'en prendre note et de l'afficher dans leurs études. » Il avait été jugé par un arrêt de la Cour de Toulouse du 3 janvier 1820 « que la formalité de l'article 501 du Code civil était remplie par cela seul qu'un extrait du jugement avait été remis, dans les dix jours, au secrétaire de la Chambre des notaires, lequel en a donné récépissé, lors même que l'inscription n'aurait pas eu lieu dans les études. » On pouvait donc ainsi transgresser impunément la loi et se permettre de ne pas remplir une formalité qu'elle édictait cependant formellement.

D'autre part un prodigue, par exemple, à qui il a été imposé un conseil judiciaire pouvait, pour traiter sans les autorisations requises, se transporter dans un autre arrondissement que celui où étaient les tableaux sur lesquels figurait son nom, dans un arrondissement, par conséquent, où son incapacité n'était pas connue.

En effet, en présence du silence de l'art. 108 du

Code civil (1), il y a lieu de dire que le prodigue a son domicile à lui et qu'il reste maître d'en changer à son gré en se conformant aux prescriptions des articles 103, 104 et 105 du Code civil.

En fait, donc, l'état d'incapacité des prodigues pourvus d'un conseil judiciaire, et des interdits, était assez généralement ignoré. Les tiers ne pouvaient même pas se prévaloir de l'erreur commune où ils étaient de la situation légale de ces individus, encore bien que même les formalités prescrites n'auraient pas été remplies. Ces formalités étant dans l'intérêt des incapables, eux seuls étaient admis à exciper de leur inaccomplissement.

Une réforme s'imposait; elle a été réalisée en partie par la loi du 16 mars 1893.

B. — *Loi du 16 mars 1893*

La loi du 16 mars 1893 (2) a son origine dans une proposition de M. Royer, député de l'Aube, déposée sur le bureau de la Chambre des députés le 22 février 1891, ayant pour but de donner une plus large publicité à la dation de conseil judiciaire.

Cette proposition fut votée par la Chambre sans subir aucun changement ni dans ses termes ni dans son esprit; mais la Commission du Sénat y apporta,

---

(1) L'art. 108 du Code civil est ainsi conçu : « La femme mariée n'a point d'autre domicile que celui de son mari. Le mineur « non émancipé aura son domicile chez ses père et mère ou « tuteur; le majeur interdit aura le sien chez son tuteur. »

(2) Sirey, *Lois annotées*, 1891-1895, 11me série, p. 551.

indépendamment de quelques modifications de détail, deux modifications principales, l'une de fond, l'autre de forme. La modification de fond a pour but d'étendre à l'interdiction la nouvelle publicité, ce qui semble logique, l'incapacité en cas d'interdiction étant plus absolue qu'en cas de conseil judiciaire. Cependant, la même raison de publicité n'existe pas dans les deux cas. Si rien ne dénote extérieurement la situation de l'individu pourvu d'un conseil judiciaire, il en est autrement pour l'interdit. Ce dernier, qui n'a pu être frappé d'incapacité qu'à raison de son état habituel d'imbécillité, de démence ou de fureur, manifeste presque toujours son infirmité intellectuelle par des signes apparents, et presque toujours aussi il existe pour lui une sorte de notoriété publique qui suffit à mettre les tiers en défiance.

C'est l'article 1er, nouvel article 501 du Code civ., qui contient la nouvelle mesure de publicité. Elle consiste dans la transmission d'un extrait sommaire du jugement ou de l'arrêt (prononçant l'interdiction ou la dation de conseil judiciaire) par l'avoué qui l'a obtenu, au greffe du Tribunal du lieu de naissance du défendeur dans le mois du jour où la décision a acquis l'autorité de la chose jugée. Cet extrait doit être mentionné par le greffier, dans un délai de quinze jours, sur un registre spécial dont toute personne peut prendre communication et se faire délivrer une copie. Le greffier, dans un nouveau délai de quinze jours, adresse à l'avoué un certificat constatant l'accomplissement de la formalité.

A l'égard des individus nés à l'étranger, les décisions sont mentionnées dans les mêmes formes et délais, sur un registre tenu au greffe du Tribunal civil de la Seine ; ce registre mentionne également les décisions relatives aux individus nés dans les colonies françaises, indépendamment du registre qui est tenu au greffe de leur lieu d'origine.

Ces dernières dispositions ont été introduites par le Sénat afin de remédier, dans la mesure du possible, aux inconvénients de la clandestinité des décisions rendues à l'égard des individus nés à l'étranger. L'étranger pourvu d'un conseil judiciaire dans son pays, en vertu de la règle que les limites de sa capacité sont régies par sa loi nationale, peut s'en prévaloir même en France, et pour des contrats passés avec des Français : comment prémunir nos nationaux contre les fraudes dont ils pourront être victimes? La loi française ne peut pas s'imposer en pays étranger ; il lui était donc impossible de prescrire aucune obligation aux autorités publiques des autres nations. Il y avait là une lacune inévitable, mais qui n'était pas toutefois sans correctif. Il avait tout d'abord été admis par la jurisprudence que si la capacité de l'étranger est en principe réglée par son statut personnel, le Français qui a traité avec lui peut échapper aux conséquences de cette incapacité lorsqu'il a été dans l'impossibilité de la connaître, ou, dans tous les cas, lorsqu'il n'a commis aucune imprudence, aucune légèreté qui lui soit imputable.

Néanmoins, l'utilité d'une disposition législative sur ce point n'était pas douteuse.

La partie finale de l'article 1er est une mesure pénale contre les greffiers ou avoués ayant transgressé la loi : « toute contravention aux dispositions ci-dessus, « commise par les greffiers ou avoués, sera punie « d'une amende de cinquante francs, sans préju- « dice de tous dommages-intérêts. » La sanction diffère ici de celle édictée par la loi de 1850. Tandis qu'à défaut de l'accomplissement des formalités prescrites pour la publicité du contrat de mariage, la femme est réputée à l'égard des tiers, capable de contracter dans les termes du droit commun (art. 1391 Code civ.), — ici l'omission ou l'erreur commise sur le registre ou dans l'extrait n'empêche pas le prodigue d'invoquer son incapacité si elle existe réellement. La sanction consiste d'abord dans l'amende contre les officiers ministériels chargés d'assurer la publicité, et ensuite dans les dommages-intérêts dont ils sont passibles, le cas échéant, envers les personnes trompées par leur faute.

La publicité établie par la loi de 1893 est assurément excellente, et le choix qu'il y est fait du lieu de naissance comme centre d'information, est le meilleur que l'on puisse faire. Lorsqu'on aura des doutes sur l'état d'un individu, connaissant son lieu de naissance (1), on s'adressera directement au greffe du Tribunal civil de son arrondissement, et on deman-

(1) « On peut toujours demander à quelqu'un de faire connaître « son lieu de naissance; si l'individu refuse ou ment, on s'abs- « tiendra de traiter; si, au contraire, on connaît son lieu de nais- « sance et qu'on ait un doute quelconque sur sa capacité, on « demandera son extrait de naissance. » — Rapport au Sénat de M. Thézard sur la loi de 1893. (*Journal Offic.*, doc. parlem. d'avril 1893, p. 1).

dera un extrait du jugement (s'il en existe un) prononçant l'interdiction ou portant dation de conseil judiciaire. Le registre déposé au greffe est public; chacun peut le consulter ou s'en faire délivrer une copie.

Malgré son urgence, la loi de 1893 n'a été mise en application que deux mois après sa promulgation (art. 3). Il eût été désirable, à cette époque, que la publicité se fût étendue au passé : la sécurité aurait été immédiatement acquise, au lieu d'être réservée pour un avenir plus ou moins éloigné. Les personnes interdites ou pourvues d'un conseil judiciaire dans chaque arrondissement sont assez peu nombreuses ; il aurait suffi de jeter un coup d'œil sur les tableaux affichés dans les études des notaires pour établir très rapidement un relevé. Mais il y avait une difficulté très grave : il s'agissait de faire parvenir les extraits au lieu d'origine; or, ni les tableaux dressés à cette époque, ni même, la plupart du temps, les jugements n'indiquaient le lieu de naissance des individus; il aurait été nécessaire de faire des recherches longues et difficiles et souvent sans résultat. On n'aurait eu ainsi pour le passé que des indications incomplètes, et d'où n'aurait résulté qu'une sécurité trompeuse; mieux valait réserver pour l'avenir les bienfaits de la loi.

Du cas de l'interdit on peut rapprocher celui de l'aliéné non interdit enfermé dans un asile. Avant 1838, le cas d'un aliéné non interdit ne pouvait se présenter, le vœu du législateur de 1804 étant, à cette époque, que les aliénés ne fussent internés qu'après avoir été préalablement interdits. La loi du 30 juin

1838 est venue changer cette situation en n'exigeant plus l'interdiction préalable comme condition de l'internement. Aux termes de l'article 39 de cette loi il est dit : « Les actes faits par une personne placée « dans un établissement d'aliénés, pendant le temps « qu'elle y aura été retenue sans que son interdic- « tion ait été prononcée ni provoquée, pourront « être attaqués pour cause de démence conformé- « ment à l'article 1304 du Code civil. » Il résulte donc de ce texte une incapacité spéciale dont l'effet est la possibilité d'annulation des actes passés par un aliéné pendant son internement. On peut se demander si cette incapacité a besoin d'être publiée comme celles dont nous venons de parler. Le besoin ne semble pas ici se faire sentir, il ne sera pas facile à l'interné de tromper quelqu'un sur sa situation : sa seule présence à l'asile prévient suffisamment les tiers.

Il nous reste une dernière incapacité à mentionner ; elle découle de la loi du 24 juillet 1889 « sur la protection des enfants maltraités ou moralement abandonnés » et consiste dans la déchéance de la puissance paternelle, ensemble de tous les droits qui s'y rattachent (1).

Existe-t-il un moyen pour les tiers de connaître cette déchéance ? aucun ; il y a donc encore là une grave lacune dans notre législation.

---

(1) Aux termes de l'art. 8 de la nouvelle loi, cette déchéance entraîne une incapacité générale d'être tuteur, subrogé-tuteur, curateur ou membre d'un conseil de famille.

§ 4. — SANCTION DU DÉFAUT DE PUBLICITÉ EN MATIÈRE D'INCAPACITÉ

Nous pouvons répéter ici ce que nous avons dit pour l'état des personnes, à savoir que les formalités de publicité ne sont pas exigées à peine de nullité. Cela se comprend aisément, les mesures prises par le législateur auraient été illusoires si, pour y faire échec, il avait suffi de les omettre.

Ainsi en matière d'interdiction et de dation de conseil judiciaire, la non-validité des actes que l'interdit ou le prodigue a passés postérieurement à ces faits n'est point subordonnée à l'accomplissement de formalités prescrites par l'art. 501 Code civ.

Le contraire résulte même de l'article 502, qui dispose, d'une manière absolue, que le jugement d'interdiction ou portant dation de conseil judiciaire, produira son effet du jour où il aura été rendu, c'est-à-dire à une époque où il ne peut encore avoir été publié, et que les actes passés postérieurement seront nuls de droit. Il n'entrerait dans l'esprit de personne de contester qu'un jugement, dûment publié dans les dix jours, n'opère tous ses effets à partir de sa prononciation, et ce, même au détriment des tiers qui ne l'auraient point connu. Pourquoi en serait-il autrement si la publication n'avait eu lieu qu'après l'expiration des dix jours ? Cette observation suffit pour démontrer que les formalités prescrites par l'art. 501 sont purement réglementaires (1), et que

(1) AUBRY et RAU, t. I, p. 517, note 27.

leur omission peut bien donner ouverture à une demande en dommages-intérêts contre ceux auxquels elle est imputable, mais non frapper d'inefficacité le jugement d'interdiction. Donc les tiers ne peuvent se prévaloir de l'absence de publicité pour demander le maintien des actes consentis à leur profit.

Ils ne pourraient davantage invoquer à cet effet le défaut de mention de la sentence sur le registre spécial tenu en conformité de la loi de 1893. La seule sanction édictée par la loi est une pénalité contre les officiers ministériels négligents (amende de cinquante francs) et les dommages-intérêts dont ils peuvent en outre être passibles.

Il est cependant des cas où le défaut de publicité est une cause de nullité; tel par exemple celui de la séparation de biens intentée par voie principale. Aux termes de l'article 872 Code de proc. civ., le jugement de séparation de biens doit être lu publiquement, l'audience tenante, au tribunal de commerce du lieu, s'il y en a. Extrait de ce jugement contenant date, désignation du tribunal où il a été rendu, nom, prénoms, profession et demeure des époux, doit être inséré sur un tableau à ce destiné et exposé pendant un an dans l'auditoire des tribunaux de première instance et de commerce du domicile du mari même lorsqu'il n'est pas négociant; et s'il n'y a pas de tribunal de commerce, dans la principale salle de la maison commune du domicile du mari. Pareil extrait doit être inséré au tableau exposé en la Chambre des avoués et notaires s'il y en a. Eh bien! toutes ces formalités sont prescrites à peine de nullité, et cela résulte de la disposition finale de cet article 872 se référant aux dispositions contenues dans l'article 1445 du Code civil (1). Ici donc l'intérêt des tiers paraît l'avoir emporté sur celui de l'incapable.

En sera-t-il de même au cas de séparation de corps? Aux termes de l'art. 880 Code proc. civ., un extrait du jugement qui prononce la séparation doit être inséré aux tableaux exposés tant dans l'auditoire des tribunaux que dans les Chambres d'avoués et de notaires, ainsi qu'il est dit à l'article 872. Or les formalités prescrites par l'art. 872 sont prescrites à peine de nullité.

Le législateur ayant décidé dans l'art. 311 du Code civ. que la séparation de corps emporte toujours la séparation de biens, a jugé nécessaire que le jugement de séparation de corps reçût la même publicité que le jugement de séparation de biens, publicité commandée tant à l'égard des tiers qui auraient des droits à exercer pour le passé qu'à l'égard de ceux qui pourraient contracter à l'avenir. Il résulte donc que le jugement de séparation de corps, dénué de publicité ne peut être opposé par la femme aux tiers qui ont contracté avec le mari. C'est la solution admise par la Cour de cassation (arrêt du 14 mars 1837) et par la majorité des auteurs (2).

La séparation de corps peut cesser par la réconciliation survenue entre les époux ; la capacité de la

(1) Cassat., 28 avril 1879 ; S., 81, I, 169 ; P., 81, I, 146 ; D., 79, I, 30.

(2) Dalloz, v. *Contrat de mariage*, n° 1792 ; — Duranton, t. II, n 611 ; — Demolombe, n° 494.

femme est modifiée pour l'avenir et réglée par les dispositions de l'art. 1449 (art. 311, § 4, Code civ.). Cette modification n'est opposable aux tiers que si la reprise de la vie commune a été constatée par acte passé devant notaire avec minute, dont un extrait doit être affiché dans la forme indiquée dans l'art. 1445, et de plus par la mention en marge : 1° de l'acte de mariage ; 2° du jugement ou de l'arrêt qui a prononcé la séparation, et enfin par la publication en extrait dans l'un des journaux du département recevant les publications légales. Le législateur a pensé avec raison qu'il y aurait eu un danger considérable pour les tiers à ce que le régime antérieur leur fût opposable sans que le fait de son rétablissement fût porté à leur connaissance (1).

(1) Cocat, thèse, p. 32.

APPENDICE

De la publicité de certains faits intéressant l'état et la capacité des commerçants

Si en droit civil nous n'avons pas trouvé un ensemble de mesures bien appropriées pour constater et publier les faits intéressant l'état et la capacité des personnes, nous n'en trouverons pas plus en droit commercial en ce qui concerne les commerçants. Cependant ici, le besoin de publicité se faisait particulièrement sentir; la qualité de commerçant faisant à celui auquel elle s'applique une situation exceptionnelle et toute de faveur, il convenait que cette qualité même fût publiée et rendue notoire.

Certaines législations étrangères l'ont bien compris, notamment la législation suisse et la législation allemande, où fonctionne avec succès l'institution du registre de commerce, source précieuse de renseignements à laquelle il est toujours très aisé de recourir. Rien ne semblerait s'opposer à l'établissement en France d'un pareil registre, qui n'apporterait aucune entrave à la liberté du commerce, et n'entraînerait aucune mesure inquisitoriale à l'encontre des commerçants.

Quoi qu'il en soit, le législateur français n'a pas cru devoir prendre les mesures nécessaires pour qu'on puisse connaître d'un seul coup d'œil jeté sur un registre les faits de la vie juridique et économique d'un commerçant. Il a jugé suffisant de publier certains faits (divorce, séparation de corps, séparation de biens, régime matrimonial), et certaines incapacités (celle du mineur et de la femme mariée) ou mieux de nous dire dans quels cas ces incapacités peuvent être levées.

I. — *De l'incapacité du mineur et de la femme mariée*

A. — Du mineur

Le Code de commerce s'occupe du mineur, non pour dire qu'il est incapable de faire le commerce, ce qui va de soi, mais pour nous faire savoir quand et à quelles conditions il peut devenir commerçant.

C'est l'article 2 du Code de com. qui donne la solution : « Tout mineur émancipé de l'un ou l'autre « sexe, âgé de dix-huit ans accomplis, qui voudra « profiter de la faculté que lui accorde l'article 487 « du Code civil de faire le commerce, ne pourra en « commencer les opérations, ni être réputé majeur, « quant aux engagements par lui contractés pour « faits de commerce : 1° s'il n'a été préalablement au- « torisé par son père ou par sa mère, ou à défaut « du père et de la mère, par une délibération du « conseil de famille homologuée par le Tribunal « civil ; 2° si, en outre, l'acte d'autorisation n'a été « enregistré et affiché au Tribunal de commerce du « lieu où le mineur veut établir son domicile ». En résumé, quatre conditions sont exigées pour que le mineur puisse faire le commerce : 1° l'émancipation ;

2° l'âge requis (18 ans); 3° une autorisation expresse; 4° la publicité de cette autorisation. De ces conditions nous ne retiendrons que les deux dernières ayant trait plus spécialement à la matière que nous traitons.

Le mineur doit être autorisé; bien que la loi ne dise pas dans quelle forme cette autorisation doit être donnée, il est certain qu'elle doit être expresse et écrite puisque la publicité en est exigée.

La publicité résulte ici de la transcription de l'acte d'autorisation sur un registre spécial tenu au greffe du Tribunal de commerce, et de l'affichage d'un extrait dans l'auditoire du Tribunal de commerce. On atteste ainsi aux tiers la capacité du mineur et on le dispense de l'obligation d'en justifier.

Cette publicité n'est cependant pas faite dans l'intérêt des tiers qui ne sont pas admis à se plaindre de ce qu'elle n'a pas eu lieu; elle est dans l'intérêt exclusif du mineur qui, seul, peut se prévaloir de son absence (1).

Pendant combien de temps doit rester l'affiche? la loi ne le dit pas. On applique d'ordinaire par analogie l'art. 872 du Code proc. civ. d'après lequel l'affiche de l'extrait des jugements de séparation de biens doit rester apposée pendant un an.

Les formalités de publicité doivent précéder le moment où le mineur fait le commerce. Aucune disposition légale n'accorde un délai pour les remplir,

(1) Lyon, Caen et Renault, *Traité de Droit commercial*, p. 205. — Paris, 1889.

comme le fait la loi quand il s'agit des formalités de publicité relatives aux sociétés de commerce (art. 55 et suiv. Code de Com.; loi du 24 juillet 1867). En conséquence, le mineur qui aurait fait des actes de commerce après que l'autorisation lui a été accordée, mais avant qu'elle eût été publiée, pourrait soutenir qu'il n'était pas légalement commerçant quand il les a faits.

On a annoncé au public que le mineur était capable de faire le commerce, quand il cessera d'avoir cette capacité (cas de retrait d'émancipation), va-t-on avertir les tiers ? La loi commerciale n'ayant édicté aucune règle de publicité à ce sujet, les tribunaux auront à examiner en fait si les tiers qui ont traité avec le mineur depuis le retrait de capacité ont eu ou non connaissance de ce retrait. On fera bien de recourir ici aux mesures ordinaires de publicité, notamment à des insertions dans les journaux; il ne résultera cependant de là qu'une simple présomption de fait dont les tribunaux tiendront compte suivant les circonstances.

B. — De la femme mariée

Pour l'exercice du commerce, il n'y a aucune incapacité tenant au sexe : les filles et les veuves majeures sont pleinement capables au point de vue commercial comme au point de vue civil ; elles peuvent donc faire le commerce.

Il n'en est pas de même de la femme mariée qui, au point de vue civil, a besoin de l'autorisation maritale pour les différents actes juridiques qu'elle veut faire. Cette autorisation résulte, on le sait, soit du concours du mari à l'opération, soit d'un acte écrit. Dans certains cas, l'autorisation de justice peut suppléer à celle du mari (art. 215, 217, 218, 223 Code civ.).

Ces règles s'appliquent purement et simplement au cas où une femme mariée veut faire des actes de commerce isolés ; le Code de commerce ne s'est pas occupé de cette question, le droit commun suffit. Il n'a prévu que le cas où une femme mariée devient marchande publique, et encore là, en ce qui concerne l'autorisation maritale n'a-t-il édicté que des dispositions très incomplètes.

Le seul texte du Code de commerce sur ce point est l'article 4 ainsi conçu : « La femme ne peut être marchande publique sans le consentement de son mari ». Cet article n'indiquant pas en quelle forme le consentement doit être donné, et étant muet sur la question de publicité, il y a lieu de conclure que ce consentement peut être exprès ou tacite et résulter par exemple de ce que la femme fait le commerce au nom de son mari.

II. — *Publicité des jugements de séparation de biens, de séparation de corps, de divorce, du régime matrimonial des commerçants.*

Pour la publicité des jugements de séparation de biens, de séparation de corps et de divorce, nous renvoyons aux explications que nous avons précédemment données, — les mêmes formalités étant requises, quelle que soit la qualité des personnes qui se séparent ou qui divorcent.

Nous ne traiterons ici que de la publicité du régime matrimonial des commerçants (1).

L'objet de la publicité du régime, ses formes sont dans tous les cas les mêmes; mais au point de vue soit des personnes chargées d'accomplir les formalités de publicité, soit de la sanction de cette obligation, soit des régimes matrimoniaux pour lesquels la publicité est nécessaire, le Code distingue selon que les époux (ou l'un d'eux) étaient déjà commerçants lors de la célébration de leur mariage ou ne le sont devenus que postérieurement. Ce qui doit être rendu public, c'est exclusivement le régime auquel les époux se sont soumis. A cet effet, un extrait contenant seulement l'indication du régime doit être transmis aux greffes du Tribunal de commerce et du Tribunal civil pour être affiché pendant un an dans l'auditoire sur un tableau à ce destiné. S'il n'y a pas de Tribunal de commerce, cet extrait doit être affiché dans la principale salle de la maison commune du domicile du mari. Pareil extrait doit en outre être inséré au tableau exposé dans les Chambres d'avoués et de notaires (art. 67, 68 Code de com., art. 872 Code proc. civ.).

Ces formalités doivent être accomplies dans l'arrondissement du lieu où le commerce est exercé, quel

(1) Lyon, Caen et Renault, *Traité de Droit commercial*, p. 292 et suiv.

que soit le lieu dans lequel le contrat de mariage a été dressé. La loi ne le dit pas expressément, mais cela va de soi : autrement le but de publicité que le législateur a eu en vue, ne serait pas atteint.

Si les époux (ou l'un d'eux) sont commerçants lors de la célébration du mariage, la loi charge le notaire qui a reçu le contrat de faire aux greffes et aux Chambres des avoués et des notaires les dépôts d'extraits (art. 68 Code de com.). Ces dépôts doivent être effectués dans le mois du contrat (art. 67 Code de com.).

Si, au contraire, les époux (ou l'un d'eux) deviennent commerçants pendant la durée du mariage, ce n'est plus alors le notaire qui est chargé de déposer un extrait du contrat de mariage; il peut ignorer qu'un des conjoints est devenu commerçant. C'est l'époux lui-même qui doit remplir cette formalité dans le mois à partir du jour où il a ouvert son commerce (art. 69 Code de com.).

Il y a lieu toutefois de constater que la publicité n'est prescrite expressément que quand les époux sont mariés sous le régime dotal ou sous celui de la séparation de biens (1) (art. 67 Code de com.). Et

---

(1) Cette disposition restrictive se justifie aisément quand les époux sont mariés sous le régime de la communauté légale ou sous un régime extensif de cette communauté; la publicité les intéresse seuls, aussi la loi n'avait pas besoin de la leur prescrire. Toutefois, pour se conformer à l'esprit du législateur, il aurait fallu encore exiger la publicité du contrat de mariage sous les régimes restrictifs de la communauté légale, tels que le régime de la communauté réduite aux acquêts.

tions apportées aux statuts ainsi qu'aux changements survenus parmi les associés. La loi du 24 juillet 1867 (art. 61) a consacré la même règle.

Il importe toutefois de distinguer entre deux formalités de publicité prescrites par la loi, le dépôt au greffe et l'insertion d'un extrait dans les journaux.

Pour le dépôt, il paraît logique que, par cela même que maintenant on exige le dépôt de l'acte de société entier au greffe, il y ait lieu également au dépôt des actes modificatifs des statuts. Mais il ne saurait en être de même de la publication par voie d'insertion dans les journaux. Tout acte modificatif des statuts ne doit pas être ainsi rendu public. Comme on admet (1) que les clauses à insérer dans l'extrait sont celles qui intéressent les tiers, ce ne seront que les modifications à ces clauses qui pourront faire l'objet de publicité.

Quelle appréciation peut-on porter sur toutes ces formalités de publicité? Donnent-elles le résultat désiré? Il est permis d'en douter. La publicité par voie d'insertion d'un extrait dans les journaux ne peut être considérée comme sérieuse. A Paris, l'extrait peut être publié dans un des nombreux journaux désignés pour recevoir les annonces légales ou judiciaires. Dans les départements, les interessés ont le choix entre tous les journaux de l'arrondissement. Il est bien difficile de retrouver après un certain temps le journal dans lequel l'insertion a eu lieu.

(1) Lyon, Caen et Renault, *Droit commercial*, p. 145.

De plus, la loi ne prescrivant pas de publier les actes portant modification des statuts ou les changements d'associés dans le même journal que l'acte de société, ces deux faits pourront avoir été publiés par des journaux différents. Les recherches seront par là même plus difficiles : celui qui connaît le journal où a été publié l'extrait de l'acte de société, ne connaît pas, par cela même, le journal où les actes modificatifs ont été rendus publics.

En ce qui concerne spécialement les sociétés en nom collectif, il y a lieu de constater que la formalité du dépôt n'est d'aucune utilité, puisque la loi n'a pas imposé aux greffiers l'obligation de délivrer une expédition ou un extrait de l'acte de société déposé (art. 63 de la loi de 1867).

DEUXIÈME PARTIE

Étude des législations étrangères

Les législations étrangères ne sont guère en progrès sur la nôtre au point de vue de la publicité des faits intéressant l'état et la capacité des personnes. Chez aucune un système complet et rationnel n'est établi; la plupart même semblent avoir complètement ignoré l'utilité qu'il peut y avoir à constater et publier les faits intéressant de l'état et la capacité d'un individu pour ne songer qu'à perfectionner l'institution de l'état-civil. Néanmoins, comme on trouve çà et là quelques monuments curieux à étudier et fertiles renseignements, nous passerons en revue les principales législations pour essayer d'en tirer les matériaux avec lesquels nous établirons le système de publicité que nous proposerons dans la troisième partie de cette étude.

CHAPITRE PREMIER

Angleterre

La première législation offrant une grande originalité et une œuvre cohérente de constatation officielle et de publicité des actes de l'état-civil est la législation anglaise. Le critérium de son institution, — qui est plutôt une institution de statistique qu'une institution purement civile, — est la concentration, la centralisation à Londres, dans les mêmes mains, dans les mains du « *registrar general* », de tout l'état-civil de l'Angleterre. Cette centralisation n'a pas été obtenue d'une seule fois; il a fallu plusieurs siècles pour la faire admettre et lutter contre le clergé anglican qui se refusait obstinément à toute innovation.

Les ministres de l'église anglicane, comme le clergé catholique dans les premiers temps de la France, tenaient seuls autrefois les registres des baptêmes, bénédictions nuptiales, enterrements. Cette tenue de registre laissait bien à désirer et constituait une véritable oppression pour ceux appartenant à un autre culte que le culte anglican. Aussi sous le règne de Guillaume IV, on se décida à organiser des registres de l'état-civil et à remettre le soin de leur tenue à un corps de fonctionnaires laïques spéciaux placés sous le contrôle du pouvoir civil. Mais l'act du 17 août 1836 n'osa pas rendre obligatoire l'inscription sur ces nouveaux registres, et de fait, on pouvait s'abstenir de faire une déclaration; seul, le refus de répondre aux questions du « *registrar* » (officier d'état-civil placé à la tête d'une sorte d'arrondissement appelé sous-district) était puni. En ce qui concerne l'acte de naissance, il y avait ceci de particulier, c'est que six mois après la naissance, le « *registrar* » ne pouvait plus inscrire de déclaration sous aucun prétexte. Quant aux décès, le « *registrar* » avait mission de s'en enquérir, mais personne n'était tenu de le prévenir et l'inscription pouvait avoir lieu à toute époque.

Cette législation était manifestement insuffisante; l'act du 7 août 1874 vint combler les lacunes révélées par l'expérience, adopta pour principe fondamental la déclaration obligatoire et réorganisa complètement l'institution de l'état civil.

De par cet act le « *registrar* », pour les naissances et les décès, n'a plus qu'un délai de trois mois pour faire la mention de ceux de ces faits qui se sont produits dans son sous-district. Passé ce délai, il ne peut plus faire d'inscription qu'après avoir mis les personnes tenues de faire la déclaration en demeure de fournir au « *superintendant registrar* », (inspecteur placé à la tête de chaque district, qui a, entre autres missions, celle de poursuivre en justice toute personne coupable d'infraction à la loi de 1874), les éléments de l'acte à dresser, qui est alors signé par les deux fonctionnaires. Douze mois après la naissance et le décès, le « *registrar* » ne peut plus dresser d'actes qu'en vertu d'une autorisation écrite du « *registrar general* ».

Quant aux mariages, quel que soit le mode de leur célébration, — que la cérémonie ait eu lieu dans une église anglicane, dans un bureau du « *registrar* » ou suivant des rites spéciaux, — ils doivent toujours être constatés par une inscription sur des registres *ad hoc*, tenus soit par l'ecclésiastique, soit par le « *registrar* » compétent.

Les limites territoriales de chaque sous-district (1) à la tête duquel se trouve un « *registrar* » sont fixées par le « *registrar general* » suivant les besoins et sur la sanction du « *Local government Board* ». Chaque « *registrar* » peut, s'il le juge à propos, avoir plusieurs bureaux dans sa circonscription. Le « *registrar general* » fournit à tous les officiers sous ses ordres les modèles des tables alphabétiques des registres ; chaque « *superintendant registrar* » fait dresser les tables d'état civil de son district et les conserve.

Inscrits dans les délais légaux sur les divers registres du « *registrar* », les actes de naissance, mariage et décès, sont envoyés tous les trois mois au « *superintendant registrar* » qui les fait parvenir au « *registrar general* » de Londres. C'est dans les bureaux de ce dernier fonctionnaire, au « *Sommerthouse* », qu'on procède au dépouillement de tous les actes reçus et que l'on classe alphabétiquement les feuilles. On imprime ensuite à huit exemplaires un index de tous les actes dressés pendant le trimestre et chacun de ces exemplaires est ensuite déposé dans un endroit distinct

(1) *Ann. lég. étrang.*, 1874, p. 50.

afin d'éviter, dans la limite du possible, toute chance de perte ou de destruction.

Toute personne peut se présenter chaque jour non férié au « *Sommerthouse* » et se faire délivrer les renseignements qu'elle désire obtenir.

Si les recherches n'exigent que la consultation des quatre registres trimestriels, on ne paie qu'une rétribution d'un shilling; pour toute année supplémentaire on doit six pence en plus. Chacun a le droit d'obtenir immédiatement la délivrance d'une copie légalisée de tous les actes qu'il demande.

Tout cela se fait très promptement et très commodément: en quelques instants on peut savoir si un citoyen anglais est marié ou veuf, s'il vit encore et l'on a en même temps l'indication des lieux et date des événements que l'on veut connaître.

Quelque service que puisse rendre cette institution, si remarquable que soit la coordination de tous ses rouages, on ne peut s'empêcher de la trouver compliquée et nécessitant un personnel trop nombreux. Et cependant, malgré son vaste champ d'application, elle est encore remplie d'imperfections et de lacunes; elle ne s'occupe que des actes de l'état civil et délaisse complètement les faits intéressant la capacité d'un individu qu'il y aura intérêt à mentionner.

En Irlande, fonctionne un système semblable à celui dont nous venons d'analyser les éléments. Il est établi par l'act du 20 avril 1868 modifié par la loi du 2 août 1880 (1).

---

(1) *Ann. lég. étrang.*, 1875, p. 215.

CHAPITRE II

Italie

Dans la législation italienne, au point de vue de la publicité des faits intéressant l'état et la capacité des personnes, on peut signaler comme institution remarquable, celle du registre de tutelle.

Ce registre est tenu dans chaque préture (art. 343 à 349); tout tuteur, lors de sa nomination, doit y faire inscrire sa tutelle dans les quinze jours de son entrée en fonctions. Les membres du conseil de famille doivent veiller à cette inscription; le préteur peut lui-même l'ordonner d'office. La tutelle légale des père et mère est toutefois dispensée d'inscription.

Un chapitre spécial du registre est réservé à chaque tutelle et contient tous renseignements utiles à connaître sur le tuteur, le mineur, les membres du conseil de famille ou de tutelle, l'ouverture de la tutelle, la délibération, etc. Pour chaque tutelle, il doit en outre être tenu note sur le registre des états annuels de l'administration du tuteur et de leur résultat.

En cas de changement du siège de la tutelle, le tuteur doit faire une déclaration sur le registre de la préture qu'il abandonne et requérir l'inscription sur celui de la préture où la tutelle est transférée.

Le préteur surveille la tenue des registres et fait

à la fin de chaque année un rapport au Procureur du roi en vue d'obtenir l'exécution de la loi.

Le registre de tutelle n'est pas public ; tout le monde ne peut pas le consulter ou en demander des extraits. C'est un grave reproche que l'on peut faire au législateur italien. Il ne peut être consulté que par les membres du conseil de famille et par eux seuls. Il aurait convenu cependant qu'il fût mis à la portée du public afin que chacun pût y puiser les indications dont il aurait eu besoin. Cette très large publicité aurait eu pour effet de le rendre opposable aux tiers et de permettre au tuteur d'y puiser la justification à l'égard de tous des pouvoirs qui lui ont été conférés.

CHAPITRE III

Espagne

En Espagne comme en Angleterre, les lois qui régissent l'état des personnes et les actes s'y rattachant, sont de date récente. La loi fondamentale espagnole, en matière d'état civil, est du 17 juin 1870 (1). Elle crée un ensemble de registres destinés à constater authentiquement l'état naturel civil et politique des personnes et à conserver le souvenir des circonstances modifiant la situation domestique d'un individu, ses relations de famille et ses rapports avec l'État (2).

Aucune particularité à signaler sur les registres de l'état-civil, qui sont à peu près semblables aux nôtres. Ils sont toutefois divisés en quatre sections, naissance, mariage, décès, nationalité; dans la section réservée au mariage, on inscrit les mariages, célébrés en quelque lieu que ce soit, de personnes dont l'une au moins a son domicile en Espagne.

Il existe en Espagne un registre de tutelle établi sur les mêmes bases que celui que nous allons rencontrer dans la législation portugaise à l'étude de laquelle nous arrivons.

---

(1) Fuzier-Hermann, *Répertoire du Droit français*. (V. *Actes de l'état civil*, p. 63.)

(2) En Espagne, la tenue des registres est confiée non à des fonctionnaires de l'ordre administratif, mais à des fonctionnaires de l'ordre judiciaire.

CHAPITRE IV

Portugal

En Portugal, il y a quatre registres de l'état-civil : naissance, mariage, décès, reconnaissance et légitimation (1).

Ce dernier registre reçoit toutes les mentions d'actes ou de faits pouvant intéresser le légitimé ou le reconnu et ses parents; pour faciliter les recherches, on y indique sommairement les pièces justificatives de reconnaissance ou de légitimation.

Reconnaissance et légitimation peuvent en outre être inscrites en marge de l'acte de naissance du légitimé ou du reconnu, mais seulement à la suite d'une ordonnance du juge (art. 38 C. Port.).

Les actes de l'état-civil (art. 18) rédigés hors du domicile des parties intéressées peuvent, sur leur requête, être transcrits sur les registres de leur domicile sur la foi de certificats délivrés par les administrations compétentes. Grâce à cette disposition, les actes de l'état-civil se trouvent portés à la connaissance d'un plus grand nombre de personnes.

Enfin le Portugal possède un registre de tutelle établi par la loi du 1er juillet 1867 (2). Les feuilles

---

(1) *Ann. lég. étrang.*, 1878, p. 423.

(2) *Code civil portugais*, Laneyrie et Dubois, p. 108.

de ce registre (art. 301) sont divisées en colonnes ou cases dans lesquelles on indique :

1° La filiation, l'âge, le domicile du mineur ou de l'interdit ;

2° L'importance de son patrimoine;

3° Le nom, la profession, l'âge, l'état et le domicile du tuteur; s'il est testamentaire légal ou datif;

4° Si le tuteur est grevé d'hypothèque ou s'il a fourni d'autres sûretés;

5° Les dates du commencement et de la fin de la gestion du tuteur;

6° La date des comptes qu'il a rendus, s'il y a un reliquat et lequel.

Le registre est accompagné d'une table alphabétique du nom des tuteurs et des pupilles (art. 302).

Le jugement d'interdiction est inscrit sur le registre de tutelle du domicile de l'interdit et publié par extrait (art. 319). Il en est de même pour le jugement nommant un curateur au prodigue (art. 344).

CHAPITRE V

Belgique

La Belgique, au point de vue de la publicité personnelle, présente un système de publicité qui, pour n'être pas très juridique, n'en est pas moins très ingénieux et très fertile en renseignements.

Il consiste en un registre dit « registre de la population », tenu par chaque administration communale même la plus humble et sur lequel se trouve reporté tout ce qui peut intéresser les tiers concernant un même individu et sa famille. Le tableau ci-contre fera mieux comprendre que des observations abstraites les renseignements que peut fournir le registre de la population.

Ce registre, qui à première vue, semble fonctionner dans le seul but de constatation de la population, rend cependant d'immenses services au point de vue civil. Veut-on savoir, par exemple, si tel individu est marié, s'il est séparé de corps, s'il a adopté un enfant, s'il est décédé, connaissant son dernier domicile, on s'adressera directement à la commune qu'il habite ou habitait en dernier lieu, et le registre de la population fournira tous les renseignements désirables.

Il existe en outre en Belgique et depuis longtemps le livret de famille dont les avantages sont des plus appréciables (1). C'est une sorte de petit registre dont chaque famille a la garde et où se trouvent groupées les indications des actes les plus importants intéressant les membres d'une famille. Il constitue en quelque sorte un troisième dépôt des actes de l'état-civil confié aux intéressés et serait une source précieuse de renseignements au cas où les registres viendraient à être détruits. Par son usage facile et presque journalier on peut le considérer comme un véritable registre de publicité.

(1) L'usage du livret de famille a été vivement recommandé en France par une circulaire de M. Jules Simon du 18 mars 1877.

CHAPITRE VI

Allemagne

Avec la législation allemande, nous allons trouver une œuvre cohérente de publicité, un ensemble de dispositions dont la plupart, très récentes, paraissent édictées par l'expérience et être empreintes d'une profonde sagesse. Il y a en Allemagne comme une vaste chaîne de publicité qui s'étend sur tout le droit et dont les anneaux sont autant de signes révélateurs des événements juridiques que les tiers peuvent avoir intérêt à connaître. Il y a cependant bien des lacunes dans cette œuvre, bien des anneaux à ajouter à cette chaîne pour qu'elle puisse être considérée comme parfaite. Ainsi on ne trouve aucune trace de publicité pour l'incapacité résultant de l'insanité d'esprit, ni pour celle résultant de la prodigalité. Nous allons néanmoins étudier, avec soin, les pincipaux monuments de cette législation, dont quelques-uns sont très remarquables.

C'est d'abord le registre des associations qui vient ouvrir la série des mesures prises par le législateur allemand. Ce registre est tenu dans chaque bailliage; l'inscription qui y est faite et qui est la base (1) de

(1) Dans les projets français d'une loi sur les associations, la publicité par inscription est aussi la base principale du système préconisé.

l'institution, confère à toute association, dont le but n'est pas économique, la personnalité juridique. Différentes mentions assurent l'efficacité et déterminent la publicité de l'inscription; ces mentions sont faites d'après les dispositions contenues dans les statuts et dans les titres relatifs à la constitution et à la direction de la Société, dont la production (original et copie pour les statuts, copie seulement pour les autres titres) est exigée du déclarant. L'article 51 du Code civil allemand du 8 août 1896, en vigueur depuis le 1er janvier 1900, prévoit et énumère les renseignements qui devront être puisés dans les statuts, tels que date de l'entrée des membres, quantum des contributions à fournir par eux, conditions et formes de la convocation de l'assemblée générale, etc., etc. La vie juridique de l'association vient se refléter tout entière sur ce registre qui contient tout ce que les tiers peuvent avoir intérêt à connaître, tout ce qui peut leur nuire ou leur profiter.

L'utilité pratique du registre des associations est incontestable; grâce à lui, aucune modification ne passe inaperçue; grâce à lui, tout ce qui touche à l'organisation et au fonctionnement de l'association, devient opposable aux tiers. Toutes facilités sont données à quiconque veut se renseigner; tout le monde peut prendre connaissance du registre et en demande une copie.

A côté du registre des associations, on trouve en Allemagne un registre spécial, le registre du commerce, auquel le législateur allemand attache la plus grande importance et réserve de nombreuses dispositions. M. R. de la Grasserie, pénétré du rôle prépondérant que peut jouer ce registre, va jusqu'à le considérer, si son usage était étendu aux non-commerçants, comme le type du registre civil de l'avenir (1).

D'après le Code de commerce allemand, toute personne qui fait le commerce a nécessairement un nom sous lequel elle exerce sa profession, qui constitue sa signature commerciale, qu'elle met sur ses enseignes, ses lettres, ses factures, et, en général, sur tous les documents qui émanent d'elle (art. 15). Ce nom, appelé *firma*, doit être, en principe, le nom de famille du commerçant (art. 16). Il n'y a d'exception à cette règle que pour celui qui a acquis un fonds de commerce; il peut, du consentement de son prédécesseur, exercer le commerce sous le nom de ce dernier (art. 12). Tout commerçant doit, quand il s'établit, faire enregistrer son nom commercial au greffe du Tribunal du lieu où il exercera sa profession. Cet enregistrement se fait sur un registre appelé *Handelsregister*, c'est-à dire registre du commerce ou des commerçants. Il est tenu par un greffier sous la surveillance soit de l'*Amtsgericht*, sorte de justice de paix, soit du *Landgericht*, tribunal civil, selon les lois particulières des divers États.

Du jour de l'inscription, le fonds de commerce a son acte de naissance; il acquiert pour ainsi dire une existence détachée et devient un objet personnifié ayant son patrimoine propre.

---

(1) *Revue générale du Droit*, 1898, XXII, p. 228.

A chaque commerçant dont le nom est inscrit sur ce registre, un compte est ouvert sur une page spéciale appelée à conserver le souvenir des principaux faits de sa vie.

Les sociétés de commerce sont également inscrites sur le registre de commerce avec les principales clauses des statuts. Mais il y a d'ordinaire deux registres distincts, l'un consacré aux individus commerçants, l'autre destiné aux sociétés commerciales.

Toutes les mentions portées sur le registre de commerce sont soumises à la publicité. Cette publicité résulte : 1° de ce que toute personne, sans même avoir besoin de justifier d'un intérêt quelconque, peut demander communication du registre et s'en faire délivrer des extraits; 2° de ce que toute mention portée sur le registre doit être publiée plusieurs fois *in extenso* dans un journal désigné par l'autorité judiciaire (art. 12 et 13 du Code de com. all.).

C'est le greffier qui, dans chaque Tribunal, est chargé de la tenue du registre de commerce et sous le contrôle de ce Tribunal. Il inscrit les noms commerciaux et opère toutes les mentions prévues par la loi sur la réquisition des parties intéressées.

Si nous quittons ces matières qui appartiennent plutôt au droit commercial, pour revenir au droit civil, nous pouvons signaler comme institutions remarquables celle du registre matrimonial et celle du certificat d'héritier.

Ce sont les articles 1558 et suivants du nouveau Code civil, en vigueur depuis le 1er janvier 1900, qui s'occupent du registre matrimonial.

Ce registre est tenu au tribunal de bailliage du domicile du mari et reçoit l'inscription du contrat de mariage qui règle les rapports pécuniaires des époux. Cette inscription a lieu sur requête : dans certains cas, à la requête du mari seul ; dans la plupart, à la requête des deux conjoints. Le Tribunal publie l'inscription par l'insertion dans un journal spécialement désigné à cet effet. Toute modification au contrat (1) reposant sur une décision judiciaire doit faire l'objet d'une mention spéciale sur ce registre, dont chacun peut prendre connaissance ou s'en faire délivrer une expédition.

En matière successorale, il est en France une situation délicate et des plus difficiles à régler, celle de l'héritier apparent. Lorsque quelqu'un veut établir ses droits héréditaires, il n'a d'autres moyens que de faire un inventaire où de faire dresser par un notaire un acte de notoriété. Ces actes sont établis sans preuves ; aussi, s'ils sont suffisants auprès des administrations, ils ne le sont pas pour rendre le public certain de la qualité de celui qui agit et ne le couvrent pas lorsque l'héritier apparent n'est pas l'héritier réel.

C'est pour parer à tous les inconvénients, à tous les dangers de cette position si critique de l'héritier apparent, que le Code civil allemand de 1896 dans les articles 2353 et suivants a institué le certificat

(1) On inscrit également sur ce registre le refus ou la restriction par le mari du droit donné à sa femme de conduire le ménage, et le retrait d'autorisation pour cette dernière du droit de faire le commerce.

d'héritier, qui est une des meilleures applications du système de publicité de nos voisins d'outre-Rhin. C'est au Tribunal civil de première instance du lieu où la succession s'est ouverte qu'il appartient de le délivrer. Préalablement, ce Tribunal s'entoure de tous renseignements utiles en faisant d'office toute vérification, toutes enquêtes nécessaires et en appelant par une procédure provocatoire tous les héritiers possibles. Ce n'est qu'ensuite qu'il délivre le certificat qui va créer un titre à l'héritier apparent, valider par avance les actes de disposition qu'il pourra faire et permettre aux tiers d'agir avec lui en toute sécurité.

Ce certificat peut être délivré en commun à plusieurs héritiers ; il peut être annulé ou retiré par le Tribunal s'il a été donné par erreur, mais aucun effet rétroactif n'est attaché au retrait.

CHAPITRE VII

Suisse

Des législations étrangères, la moins autonome, la plus disparate au point de vue des institutions, est assurément la législation suisse.

Néanmoins dans certaines matières d'intérêt général, le législateur est parvenu à substituer à des principes locaux plus ou moins étroits et vieillis, des règles générales, égales pour tous, universellement reconnues sur tout le territoire de la Confédération. C'est ainsi qu'en matière d'état des personnes, une loi fédérale du 24 décembre 1874 est venue rompre avec des traditions anciennes, et poser des principes nouveaux, les mêmes pour tous les cantons. Elle n'a toutefois pas produit l'unification complète, car elle a laissé aux autorités cantonales certains pouvoirs d'administration et une certaine liberté pour l'organisation de l'institution de l'état-civil dans les limites de leur territoire (art. 3 de la loi).

Loi du 24 décembre 1874

I. — *Généralités sur l'état civil*

Aux termes de l'article 3 de la loi, il doit être tenu trois registres d'état-civil : naissance, mariage, décès. En réalité, il y en a six (1), car chaque registre a

(1) Martin (Alp.) *Commentaire de la loi fédérale concernant l'état-civil et le mariage du 24 décembre 1874*. — Genève, 1897, t. II.

deux subdivisions en vertu de la disposition contenue dans l'article 5 qui prévoit, outre les registres principaux, une seconde subdivision des registres des naissances, décès et mariages pour les actes provenant d'autres arrondissements d'état-civil (1) de la Suisse ou de l'étranger, et intéressant les habitants ou ressortissants de l'arrondissement. Le règlement du 20 septembre 1881 désigne les deux subdivisions par les lettres A et B; ainsi, pour les naissances, le registre A reçoit les actes de naissance des personnes nées dans l'arrondissement; le registre B est au contraire réservé aux actes de naissance de celles nées hors l'arrondissement, mais dont les parents sont originaires ou habitent cet arrondissement.

Dans chaque cas particulier, il faut donc rechercher en quel endroit habite telle personne ou savoir de quelle commune elle est originaire pour faire l'inscription prescrite.

Les registres étant tenus en double, il y a en définitive douze registres d'état-civil. L'un des doubles de chaque registre reste à la disposition de l'état-civil; l'autre est transmis dans les dix jours à la fin de chaque année à l'autorité désignée pour être déposé et conservé dans les archives (art. 2, al. 2).

Ce qui mérite d'être signalé à propos de la tenue des registres, c'est le système de correspondance et de communication établi entre les divers officiers

---

(1) Chaque commune forme un arrondissement d'état-civil (art. 2 de la loi).

d'état-civil pour leur permettre de tenir à jour le registre B.

Chaque officier d'état-civil doit, dans la huitaine de la rédaction, envoyer à son collègue du lieu du domicile et du lieu d'origine, les inscriptions des naissances, mariages et décès concernant des personnes ayant domicile (1) ou origine dans un autre arrondissement d'état-civil. Comme conséquence de cette obligation d'envoi, il doit inscrire dans les subdivisions des registres B des naissances, mariages et décès, les mentions que lui communique son collègue d'un autre arrondissement.

Grâce à cette communication d'actes et à la tenue du registre B, il devient aisé de se renseigner sur l'état d'une personne dont on connaît le domicile ou le lieu d'origine, puisque dans ces deux endroits les actes qui la concernent doivent s'y trouver réunis. Donc, tandis qu'en France, il est très difficile de se procurer des actes concernant des familles dont quelques-uns des membres sont quelquefois nés dans des départements très éloignés, rien de semblable ne peut se présenter en Suisse. En effet, veut-on savoir si tel individu est marié ou décédé et ignore-t-on son lieu de naissance, on s'adressera à l'officier d'état-civil du domicile de cet individu qui sera toujours possesseur du renseignement, soit qu'il ait dressé l'acte lui-même, soit qu'il en ait reçu la copie de son collègue.

(1) Par domicile, le législateur suisse entend l'habitation ordinaire d'un individu ; il serait trop difficile pour l'officier d'état civil de s'enquérir de son domicile juridique.

II. — *Dispositions de la loi de 1874 relativement à chaque acte ou chaque fait intéressant l'état et la capacité des personnes.*

A. — Naissance

Le législateur s'est occupé d'assurer dans les articles 18 et suivants la publicité de la reconnaissance d'un enfant naturel par une mention faite en marge de l'acte de naissance.

Mais cette mention n'est possible que si la reconnaissance (volontaire ou judiciaire) engendre, outre des conséquences pécuniaires (obligation d'aliments à la charge des parents), des conséquences juridiques au point de vue de l'état de l'enfant qu'elle fixe d'une façon définitive. Pour apprécier les effets de la reconnaissance, la loi fédérale renvoie aux législations cantonales. Comme dans la plupart d'entre elles, la reconnaissance n'engendre qu'une obligation d'aliments, la mention ne figurera pas en marge de l'acte de naissance.

Le législateur a pris aussi en considération le cas de légitimation par mariage subséquent, mais il n'a pas pris de dispositions spéciales pour assurer la publicité de ce fait.

B. — Mariage

Sur quel registre trouve-t-on trace du mariage? C'est tout d'abord sur le registre A, tenu dans l'arrondissement où l'époux était domicilié au moment du mariage, et exceptionnellement sur le registre A si l'officier d'état civil a donné l'autorisation prescrite par l'article 37, al. 3 (1); c'est ensuite sur les registres B du domicile de l'époux, et du domicile de l'époux et de l'épouse, si le mariage a été célébré dans un autre arrondissement.

Aucune mention du mariage n'est faite en marge de l'acte de naissance.

C. — Divorce et nullité de mariage

Tout jugement prononçant le divorce ou la nullité du mariage doit, aux termes de l'art. 57 de la loi, être mentionné sur le registre des mariages et en marge de l'acte de mariage. Cette mention s'opère grâce à la transmission aux officiers d'état civil du lieu d'origine et du domicile des époux, d'un extrait du jugement prononçant le divorce ou la nullité du mariage.

Cette disposition cadre avec le vœu du législateur tendant à ce que ces jugements soient transcrits en marge de tous actes où le mariage est inscrit, de telle sorte qu'on ne puisse plus délivrer d'extraits d'actes de mariage sans la mention constatant le divorce ou la nullité du mariage. Si le mariage n'a pas

(1) Art. 37: Sur la présentation du certificat de publication, l'officier d'état civil procède à la célébration du mariage, laquelle a lieu dans l'arrondissement du domicile de l'époux.

....

Avec l'autorisation écrite de l'officier d'état civil du domicile de l'époux, le mariage peut aussi être célébré devant l'officier d'état civil d'un autre arrondissement dans le territoire de la Confédération. — Dans ce cas, celui-ci doit immédiatement expédier une copie de l'acte de mariage pour l'inscription sur les registres officiels du domicile.

été célébré par l'officier de l'état civil du domicile de l'époux, ce fonctionnaire doit envoyer à celui qui l'a célébré, la communication du jugement afin que celui-ci fasse en marge du registre A l'inscription nécessaire. En pareil cas, l'officier du domicile des époux opérera exceptionnellement l'inscription sur son registre B.

Il est à remarquer que la séparation de corps ne fait en Suisse l'objet d'aucune prescription de mention en marge de l'acte de mariage. Le législateur considère la séparation de corps comme une situation temporaire motivée par des causes peu graves et ne devant pas influer sur l'état d'un individu ; la séparation de corps ne peut, en Suisse, durer plus de deux années.

D. — Décès. — Absence

Le décès est constaté par un acte porté à sa date sur le registre spécial à cette catégorie de faits. Rien ne relie cet acte aux autres actes de la vie juridique d'un individu; il ne fait l'objet d'aucune mention en marge d'un acte déjà inscrit.

L'absence ne fait, en règle générale, l'objet d'aucune mention sur les registres d'état civil, le législateur suisse étant parti de cette idée que l'absent ne peut être considéré comme décédé, puisqu'on ne sait justement s'il est mort ou vivant. Cependant il est des cas où l'on peut déduire de certaines circonstances, que le décès est certain (naufrage de navire par exemple). Dans ces cas qu'il est impossible de prévoir et énumérer à l'avance, les intéressés peuvent, si la loi cantonale les y autorise, s'adresser à l'autorité compétente pour obtenir une décision qui constatera le décès. L'article 24 fait allusion à ces cas lorsqu'il parle des personnes disparues, dont le décès est reconnu par jugement (*als todt erklärte Verschollenes*), mais la loi fédérale ne contient aucune disposition particulière sur les conditions de déclaration de mort. Elle décide seulement que quand la déclaration de mort a lieu, le décès doit être inscrit sur le registre de décès avec la mention que l'inscription est faite en vertu d'une déclaration de mort prononcée par l'autorité compétente.

Telles sont les principales dispositions de la loi fédérale du 24 décembre 1874 au point de vue qui nous occupe.

L'avant-projet du Code civil fédéral dont nous allons dire quelques mots, n'a apporté que quelques modifications peu importantes à la loi de 1874 qui demeure toujours la loi fondamentale en matière d'état des personnes.

Comme institution nouvelle établie par l'avant-projet, nous ne pouvons guère citer que le registre des régimes matrimoniaux (section VI). Ce registre est destiné à recevoir toutes les conventions matrimoniales et les décisions judiciaires qui s'y rapportent : l'inscription qui y est faite rend ces conventions et ordonnances opposables aux tiers (art. 222 et 223). Cette inscription a lieu au domicile du mari et doit être renouvelée dans chaque arrondissement où le mari transporte son domicile (art. 224).

Le registre des régimes matrimoniaux est tenu à l'office du registre du commerce; il est public.

tout le monde peut s'en faire délivrer des extraits (art. 225).

La Suisse possède en outre un registre de commerce ayant à peu près les mêmes bases que celui que nous avons rencontré en Allemagne, mais dont il diffère cependant par quelques côtés. Ce registre est tenu dans chaque canton (art. 859 Code fédéral des obligations); les mentions qui y sont portées doivent être insérées dans la feuille officielle suisse du commerce, qui est un organe fédéral (art. 862).

TROISIÈME PARTIE

Exposé des différents systèmes préconisés pour publier les faits intéressant l'état et la capacité des personnes.

CHAPITRE PREMIER

Du centre et de l'agent de publicité

Nous arrivons à la partie de notre étude la plus intéressante, la plus pratique, consistant, d'une part, dans l'exposé des différents systèmes préconisés pour constater et publier les faits intéressant l'état et la capacité des personnes; et, d'autre part, dans la critique de ces systèmes, critique d'où nous ferons sortir la solution que nous croyons la meilleure pour réaliser le but proposé.

Les observations présentées au cours de ce travail sur la législation française et sur les législations étrangères, vont nous permettre d'éviter certains écueils, de combler certaines lacunes et de poser les bases rationnelles de l'institution à établir. Il convient tout d'abord de remarquer que la première préoccupation du législateur devrait être de relier entre eux, pour les grouper en un seul tableau, tous les faits échelonnés dans la vie d'un individu, tous les faits qui constituent les éléments de son état et de sa capacité. Ce tableau trouverait sa place naturelle dans un lieu toujours le même pour tous, très aisé à découvrir et qui serait un centre sûr d'information. La publicité actuellement en vigueur en France réalise, dans une très faible mesure, cet idéal.

En effet, des deux procédés qu'emploie le législateur, enregistrement et annonces officielles (affiches, insertions dans les journaux), l'un, celui des annonces officielles, paraît être d'une inefficacité absolue. Il ne rend, nous l'avons constaté et il est inutile de le répéter plus longuement ici, aucun des services que l'on peut attendre de lui. Par lui, les faits qu'il devrait rendre notoires ne sont portés à la connaissance que d'un très petit nombre de personnes, de celles qui n'ont souvent aucun intérêt à les connaître.

Ayant ainsi éliminé le procédé des annonces officielles, il reste celui de l'enregistrement, et c'est bien là, croyons-nous, la forme type de la publicité en matière d'état et de capacité des personnes. Mais tel qu'il est appliqué dans l'état actuel du droit, ce procédé est incomplet et irrationnel. Incomplet et irrationnel, car il est conçu plutôt dans l'intérêt des parties que dans celui des tiers, et se borne plutôt à constater et faire connaître un fait dans le lieu et au moment où il se produit, qu'à le porter à la connaissance effective de ceux qui l'ignorent. Il devra donc être réformé et rétabli sur de nouvelles bases.

Nous avons cependant dans nos institutions tous

les éléments nécessaires à l'établissement d'un bon système de publicité. Nous avons, d'une part, des registres (les registres d'état civil) où peuvent être centralisés les actes et les faits intéressant l'état et la capacité des personnes; d'autre part, certains faits, tels que reconnaissance d'enfant naturel, mariage, font déjà l'objet d'une mention en marge de l'acte de naissance, et l'expérience a démontré que c'était là le plus sûr moyen de les porter à la connaissance des tiers.

Ce ne serait donc pas une œuvre à faire de toutes pièces, une ébauche existe déjà; il n'y aurait qu'à la reprendre et à lui donner une forme plus concrète. Il est vrai que jamais le législateur n'a pris de mesures d'ensemble, n'a posé ce principe général que tous les faits intéressant l'état et la capacité des personnes devaient être constatés et publiés de la même façon. Aussi, sur le fondement même de ce que nous pouvons appeler d'un mot la publicité personnelle, comme sur le système destiné à la réaliser, le plus grand désaccord existe encore parmi les auteurs.

Il y a quelques années, on ne s'entendait même pas sur le choix du siège et l'agent de publicité; plusieurs théories avaient été émises. En présence de la grande importance attribuée par le législateur au domicile d'une personne, ce lieu avait paru devoir constituer un centre d'information juridique où seraient réunis tous les renseignements sur la vie civile d'un individu.

C'est en effet au domicile d'un individu que doivent

être faites toutes les significations d'actes; c'est le domicile de l'un des époux qui fixe la compétence de l'officier civil qui procède à la célébration du mariage (art. 74 et 165 Code civ.); en matière d'adoption, c'est encore le domicile de l'adoptant qui détermine quel juge de paix est compétent pour connaître du contrat d'adoption (art. 353 Code civ.); enfin, en matière de succession, c'est le domicile de la personne qui vient de mourir (peu importe le lieu où elle est morte) qui détermine le lieu où s'ouvre sa succession et où seront centralisées toutes les poursuites et contestations.

Quelque important que soit le domicile d'une personne, nous ne croyons pas qu'il puisse être choisi comme siège de publicité. Une trop grande facilité est accordée pour en changer. Il suffit en effet, pour changer de domicile au sens de la loi, d'habiter réellement à un autre endroit et de faire une déclaration tant à la municipalité du lieu qu'on quitte qu'à celle du lieu où l'on a transféré son domicile (art. 103, 104 Code civ.). Cette non fixité du domicile, qu'un individu peut changer à plaisir, est plus que suffisante pour faire écarter ce lieu comme un centre d'information sérieux et certain, où l'on pourrait faire converger les renseignements destinés à établir à la connaissance des tiers la situation sociale des personnes.

A l'encontre du domicile, le lieu de naissance offre toutes les garanties de stabilité et de sécurité désirables pour constituer le siège de la publicité personnelle ; aussi son choix paraît s'imposer. « Il n'est ni vague (1), ni mobile, ni multiple et nul ne peut changer le sien pas plus que celui des autres. » Il est caractérisé par un fait identique pour tous et capital tant au point de vue de l'individu que de la société, la naissance. C'est la naissance qui est le point de départ des droits du nouveau-né, c'est la naissance qui le rattache à une famille, le fait entrer dans la société, et lui confère dans une certaine mesure et dans certains cas la nationalité (art. 8 et 9 Code civ., et loi du 22 juillet 1893).

Ce lieu est de beaucoup le plus aisé à connaître: l'acte de naissance étant de tous les actes de l'état civil le plus répandu dans le commerce des individus, celui dont on demande le plus souvent la production; d'ailleurs le lieu de naissance se recommande d'une institution qui y fonctionne déjà depuis un certain nombre d'années, le casier judiciaire.

Ayant ainsi choisi le lieu de naissance comme siège de publicité de tous les faits intéressant l'état et la capacité des personnes, voyons quel sera l'agent qui tiendra le registre de publicité et opèrera les mentions au vu des actes, pièces ou titres se référant à ces faits. Sera-ce l'officier d'état civil, le receveur de l'enregistrement, le conservateur des hypothèques, ou le greffier du Tribunal civil de première instance?

L'officier d'état civil ne semble guère apte à ces nouvelles fonctions, surtout dans les petites communes où il n'aura pas les connaissances nécessaires et suffisantes. De plus, la tenue du nouveau registre lui

(1) Theureau, p. 172.

donnerait un surcroît de travail au-dessus de ses forces et le résultat serait que, le nouveau registre se trouvant mal tenu, on ne pourrait lui accorder aucune confiance. On arriverait de la sorte à avoir des erreurs et des complications inextricables et à manquer le but que l'on veut atteindre. Il convient donc de mettre à la tête du registre de publicité un fonctionnaire plus habile et de chercher d'autre part à donner à l'institution plus de concentration et de simplicité. Pour cela il n'y aurait qu'à centraliser au chef-lieu d'arrondissement tous les renseignements concernant les personnes nées dans l'une des communes de l'arrondissement. Mais quel sera le fonctionnaire que l'on choisira pour classer les renseignements et tenir le registre ? le receveur de l'enregistrement, le conservateur des hypothèques ou le greffier du Tribunal?

M. Loreau, dans son *Traité du Crédit foncier* publié en 1841, a proposé le receveur de l'enregistrement (1) à qui il confie la tenue des registres non seulement de tout ce qui se rapporte à la publicité de l'état et de la capacité, mais de tout ce qui a trait au crédit immobilier des personnes. Pour faire œuvre utile et comme conséquence de son système, il supprime les conservateurs des hypothèques. Cette réunion dans les mêmes mains des registres de la personne et des biens paraît assurément rationnelle et de nature à simplifier les choses ; mais que de remaniements laborieux et de difficultés n'engendrerait-elle pas? Le

---

(1) Cocat, thèse, p. 170.

receveur de l'enregistrement n'ayant actuellement ni les registres de la propriété immobilière, ni les registres de l'état civil, ce serait une refonte complète de notre régime hypothécaire, une véritable réforme à opérer. Les avantages que pourrait procurer cette centralisation ne compenseraient certainement pas les inconvénients qui pourraient en résulter.

Dans une proposition de loi déposée sur le bureau de la Chambre des députés en 1887, M. Morel, député du Nord, a proposé, pour donner une certaine publicité aux différents faits de la vie civile d'une personne, de les réunir en un lieu unique, le chef-lieu d'arrondissement, et de les faire mentionner dans un casier spécial tenu par le conservateur des hypothèques et appelé casier civil. Le conservateur, nous dit M. Morel (1), ayant déjà entre ses mains les registres hypothécaires, registres de la propriété, rien ne semble plus facile ni plus logique de lui confier le registre de la personne, eu égard surtout à cette considération « que les extraits du casier seront requis principale-« ment par les notaires et le plus souvent à propos « d'actes suivis de formalités hypothécaires.

« Les notaires trouveront ainsi dans le même bu-« reau tous les documents relatifs aux affaires qui leur « sont confiées. »

Pour l'établissement de ce casier un règlement d'administration publique ordonnera que le double des registres de l'état civil déposé au greffe du Tribunal civil soit momentanément confié au conservateur.

---

(1) *Journal Offic.*, doc. parl., Ch., 5 février 1887; n° 1514, p. 302.

M. Morel envisage les heureux résultats de son système qui rendra « d'immenses services au point « de vue des affaires et de la sécurité publique relativement aux transactions de toutes sortes » et sera pour l'État « une source sérieuse de bénéfices qui « dépasseraient dix millions par an. »

Cette proposition fut prise en considération, mais son rapporteur, M. Ganivet, fit remarquer le 17 février 1887 (1) dans les explications qu'il eut à fournir à la Chambre, que si le système de M. Morel avait pour but de prévenir les erreurs auxquelles on est quelquefois exposé dans les transactions ; que si, au point de vue des affaires il présentait des avantages, il n'était pas d'un autre côté sans avoir de sérieux et réels inconvénients. Il fit observer d'une façon générale que le casier civil fonctionnerait dans des conditions moins favorables que le casier judiciaire et qu'avec une telle institution « on pourrait en toute sécurité scruter la vie de chaque citoyen. »

Sans vouloir apprécier ici le bien-fondé de ces critiques, il nous semble que les mêmes motifs qui nous ont fait écarter le receveur d'enregistrement se retrouvent ici pour faire écarter le conservateur des hypothèques. L'encombrement des registres serait peut-être encore plus grand dans les conservations des hypothèques que dans les bureaux du receveur, par suite de la tenue par les conservateurs des registres relatifs à la propriété immobilière ; les erreurs et irrégularités deviendraient plus nombreuses. De

(1) *Journal Offic.*, 1887. Ann. n° 1542, p. 372.

plus, comme il faudrait transporter du greffe (1) au bureau de la conservation les registres de naissance, cela demanderait un travail d'installation considérable qui ne pourrait être accompli qu'après un certain temps.

Ayant écarté le conservateur des hypothèques, il ne reste plus que le greffier du Tribunal civil, et c'est bien lui qui devra être choisi pour tenir le registre de publicité personnelle. En effet, faire appel au greffier du Tribunal civil, c'est assurer le fonctionnement régulier du nouveau service avec toute l'exactitude qu'il exige et tout le soin que le greffier apporte aux actes de son ministère. Déjà chargé de la tenue du casier judiciaire, du dépôt et de la conservation des registres de l'état-civil de toutes les communes de son arrondissement, habitué à faire des recherches et à compulser des dossiers; appelé chaque jour à entendre débattre devant le Tribunal les questions relatives à l'état privé des personnes, le greffier est tout naturellement désigné pour ces nouvelles fonctions : personne ne saurait mieux que lui en comprendre et en apprécier l'importance.

En outre, le greffe est un lieu ouvert au public et où, à toute heure du jour, pourraient être donnés en communication les renseignements demandés par les tiers. Enfin, le contrôle des parquets, auxquels incombe la surveillance de tout ce qui touche à l'état civil, pourrait par ce moyen s'exercer efficacement à toute heure de chaque jour.

---

(1) Cocat, thèse, p. 169.

CHAPITRE II

Du mode de publicité

Le greffier du Tribunal civil étant choisi comme l'agent de publicité, quelle va être l'organisation du service à la tête duquel il sera placé, quel sera le mécanisme du système par lequel s'opèreront les mentions des faits intéressant l'état et la capacité des personnes.

Trois systèmes sont en présence : le premier appelé communément système de *la transcription*, le deuxième, du *casier civil* et le troisième, du *tableau complémentaire;* le dernier est le meilleur et c'est celui que nous adopterons.

SECTION Ire

Système de la transcription

Le premier système consiste dans la généralisation d'une formalité employée dans certains cas spéciaux, la transcription. Cette formalité est employée particulièrement en matière de divorce, d'adoption et dans certaines hypothèses particulières pour des actes de l'état-civil. Ainsi l'article 251 Code civ. exige la transcription du jugement ou de l'arrêt prononçant le divorce sur les registres de l'état-civil du lieu où le mariage a été célébré; de même l'article 359 Code civ. exige que le jugement d'adoption soit inscrit dans les trois mois où il a été rendu, à la réquisition de l'une des parties, sur le registre de l'état-civil du lieu où l'adoptant est domicilié. Il n'y aurait, dit-on, pour arriver à une publicité parfaite, qu'à étendre cette formalité à tous les cas où un acte quelconque viendrait à modifier l'état d'un individu. On choisirait le lieu de naissance comme centre de la transcription, et il serait prescrit à tout fonctionnaire recevant un acte, d'en adresser une expédition à l'officier d'état-civil du lieu de naissance qui la transcrirait sur ses registres et pourrait en délivrer des extraits.

On pourrait encore agir d'une autre façon pour arriver toujours à la transcription de l'acte sur les registres d'état-civil. Supposons par exemple un acte de mariage d'une personne native d'une commune autre que celle où l'acte est dressé; l'officier rédacteur serait tenu d'expédier au procureur de la République deux extraits dudit acte, destinés à être transcrits l'un sur le registre de la commune natale, l'autre sur le double conservé au greffe où les intéressés pourraient le retrouver facilement grâce aux tables décennales exigées par le décret du 6 juillet 1807.

Ce système, quelque séduisant qu'il puisse paraître, quelque garantie qu'il offre, doit être rejeté, il n'est pas pratique. Le Dr Loir (1), qui a été l'un de ses

(1) *Mémoire sur la centralisation des actes de l'état civil au domicile d'origine*, par le Dr Loir; — *Sciences morales et politiques*, 1856, t. XXXVIII, p. 429.

plus fervents préconisateurs, a renoncé ensuite à en proposer l'application en présence de son manque d'ampleur (1).

En 1856, dans un mémoire qu'il adressait à l'Académie des sciences morales et politiques, il en avait cependant exposé très clairement le mécanisme et montré les avantages.

« Nous proposons de réunir à la commune natale les trois actes principaux de l'état-civil : l'acte de naissance, l'acte de mariage, l'acte de décès. Le procédé est d'une application simple, facile, économique. A Paris, il faudrait créer un dépôt central qui comprendrait simplement les actes exceptionnels de mariage et de décès dont l'expédition n'aurait pu être adressée à l'arrondissement natal resté inconnu. Ce dépôt renverrait les actes au lieu de naissance au fur et à mesure qu'on le découvrirait. On ferait ainsi pour le civil ce qu'on fait journellement aux ministères de la guerre, de la marine et des affaires étrangères pour les militaires. »

La portée trop limitée du système de la transcription serait pour nous une raison suffisante pour le faire rejeter. Mais il a en outre d'autres inconvénients, des plus sérieux, et des difficultés d'application presque insurmontables. Il y aurait d'abord une complication très grande dans les écritures, puisqu'au lieu de se contenter d'une simple mention, l'officier d'état civil devrait transcrire tout au long

---

(1) Le système de la transcription n'est possible théoriquement que pour les actes de l'état-civil.

l'acte qui lui est envoyé. De ce fait, des erreurs, des irrégularités ne manqueraient pas d'être commises; l'officier d'état-civil à qui l'on demanderait un extrait d'un acte qui lui a été transmis, pourrait se trouver très embarrassé et être conduit, faute d'un discernement judicieux, à omettre les indications les plus indispensables. La conséquence serait que l'authenticité des extraits se trouvant compromise, aucune confiance ne saurait plus leur être accordée.

SECTION II

Système du casier civil

Ce second système a été présenté sous deux formes différentes et deux auteurs y ont attaché leur nom.

M. Lionel d'Albiousse, ancien juge au Tribunal de Privas, et M. Louis Theureau ont émis tous deux un projet de casier civil dont l'organisation et le fonctionnement diffèrent par de nombreux côtés (1).

M. Lionel d'Albiousse expose et développe son idée dans la *Revue pratique* (1860, t. IX, p. 457; — 1862, t. XIII, p. 332). Il propose d'une part la création dans

(1) M. Denos, chef du bureau de l'état civil de la mairie de Chartres dans une brochure parue en 1891 et intitulée : « *La Bigamie, rétablissement du casier civil* », a proposé l'établissement d'un registre qu'il dénomme improprement « casier civil », et qui serait tenu en double dans toutes les communes et soumis aux mêmes formes et aux mêmes conditions d'ouverture, de clôture et de conservation que les registres de l'état-civil.

toutes les communes d'un casier civil, et d'autre part l'organisation aux greffes des Tribunaux d'arrondissement d'un casier d'objets divers.

Le casier établi dans chaque commune aurait une portée assez limitée; il serait réservé aux seuls actes d'état-civil et ne recevrait que les bulletins de mariages et décès. Pour l'envoi de ces bulletins, un système de correspondance serait établi entre les officiers d'état-civil et les parquets d'instance. Chaque officier rédacteur d'un acte de mariage ou de décès devrait envoyer en double au parquet de l'arrondissement du lieu de naissance un bulletin dont l'un des doubles resterait au greffe du Tribunal d'arrondissement et l'autre serait adressé à l'officier d'état-civil de la commune où a été reçu l'acte de naissance.

Le casier des objets divers tenu au chef-lieu d'arrondissement serait appelé à avoir plus d'extension; on y trouverait groupés tous les faits modificatifs de l'état et la capacité d'un individu né dans l'arrondissement. Pour chaque fait particulier il y aurait un bulletin spécial envoyé par le fonctionnaire ou l'officier public ayant reçu l'acte ou enregistré la décision, d'où il résulte soit une incapacité, soit une restriction de capacité. Tous les dix ans, les bulletins recueillis au greffe de chaque arrondissement seraient dépouillés par les soins du greffier et transcrits par ordre alphabétique sur des registres qui serviraient de tables.

M. Lionel d'Albiousse escompte à l'avance les heureux résultats de son système; il espère que, grâce à la création de ces deux casiers, les différentes phases, les différentes modifications de la vie juridique d'un individu se trouvant en état d'être connues des tiers, les fraudes étant rendues impossibles, la bonne foi règnera dans les affaires.

M. Theureau (1) s'est rendu compte des complications, des erreurs possibles, conséquence inévitable de cette existence simultanée en des lieux différents des deux casiers du système de M. d'Albiousse. Aussi, tout en adoptant le principe du casier civil, préfère-t-il un système beaucoup plus simple, un système d'un casier unique tenu au greffe du tribunal civil d'arrondissement et établi sur le modèle du casier judiciaire (2).

Ce casier civil serait appelé à faire connaître, au triple point de vue de la possession des droits sociaux, de l'exercice de ces droits et du crédit, la situation de toute personne née dans l'arrondissement. Il comprendrait tous les renseignements concernant l'état et la capacité des personnes et garderait le souvenir de tous les événements qui s'y rattachent.

Pour les personnes dont le lieu de naissance n'est pas en France ou en Algérie, il y aurait un casier central au ministère de la justice.

---

(1) Theureau, p. 174 et suiv.

(2) M. Morel, nous avons vu, proposait aussi un casier civil, mais tenu par le Conservateur des hypothèques; il donnait même à ce casier une grande extension en lui permettant de contenir des mentions de faits tels que la faillite, la réhabilitation, le concordat. — *J. Offic.*, doc. parlem., Ch., 5 février 1887, n° 1514, p. 302 (art. 4 de la proposition).

Les bulletins contenant les mentions des faits constitutifs ou modificatifs de la capacité d'un individu, ou bulletin n° 1, seraient classés alphabétiquement d'après la première lettre du nom de famille et constitueraient les minutes du casier civil. Il serait délivré, sous le nom de bulletin n° 2, des extraits à quiconque en ferait la demande. Pour faciliter l'établissement et la tenue du casier civil et pour que les lieux de naissance soient toujours connus, tous les actes authentiques indiqueraient les lieux de naissance des parties, Les art. 57, 63, 73, 76 et 79 Code civ.; l'art. 141 Code de procéd. civ., et les art. 11 et 13 de la loi de ventôse an XI, seraient notamment modifiés; à la mention que ces articles prescrivent aux officiers d'état civil, aux juges, aux notaires de faire des domiciles ou demeures des parties, serait ajoutée la mention à faire de leurs lieux de naissance dans les actes, jugement ou arrêt, et contrats. M. Theureau, confiant dans l'accueil qui sera fait à son système, rédige lui-même une proposition de loi pour la création et l'organisation du casier civil.

Le système de M. Theureau n'est pas acceptable, son mécanisme entraînant un travail trop considérable ne saurait convenir.

Il ne saurait d'ailleurs se recommander du casier judiciaire, dont les conditions d'application sont beaucoup plus simples, beaucoup plus favorables. Le casier judiciaire a, en effet, un fonctionnement des plus faciles (1), puisqu'il ne s'applique qu'à une catégorie

(1) Le bon fonctionnement du casier judiciaire est encore

d'individus, les condamnés, qui constituent heureusement la minorité de la population. Un seul fonctionnaire, le greffier du Tribunal qui prononce les condamnations, est chargé de faire les extraits nécessaires que le Procureur de la République transmet au lieu de naissance du condamné. Ce service d'expédition et de transmission n'est pas surchargé; dès lors, il se fait avec régularité. Pour la confection du casier civil, la situation serait bien différente; le nombre des dossiers à tenir au courant serait considérable, les événements de la vie civile à consigner étant variés et multiples. On n'aurait même pas la ressource de supprimer, à un moment quelconque, quelques-uns de ces dossiers, ce qui peut être fait sans inconvénient pour le casier judiciaire.

En effet, si les bulletins qui constituent le casier judiciaire forment un faisceau de renseignements utiles à connaître lorsqu'on s'informe de la vie et de la moralité d'un individu, ces mêmes bulletins perdant à sa mort toute leur utilité, peuvent sans difficulté et doivent même, dans l'intérêt de la famille, être anéantis et ne laisser aucune trace des condamnations qu'ils constatent.

On ne saurait faire une semblable observation à propos du casier civil (1); les dossiers qui le consti-

---

mieux assuré aujourd'hui depuis la loi du 3 juillet 1899. Aux termes de l'article 8 de cette loi, certaines condamnations, dont le nombre et la durée sont déterminés, cessent d'être inscrites au casier après un certain délai à compter de l'expiration de la peine.

(1) Cocat, thèse, p. 165.

tuent ne devraient jamais être anéantis, car les renseignements qu'ils contiennent sont relatifs à des faits dont il importe d'assurer la publicité, non pendant un nombre d'années déterminé, mais indéfiniment.

Le système de M. Theureau offre donc des difficultés d'application considérables : il participe en outre aux critiques que nous avons adressées au système de M. d'Albiousse. Par suite de la conservation de tous les bulletins et de leur amoncellement, on pourrait craindre des erreurs de classement, des pertes ou encore des inexactitudes et des omissions dans la délivrance des extraits au public.

SECTION III

Système du tableau complémentaire d'état-civil

Les inconvénients et les difficultés pratiques des deux systèmes que nous venons d'exposer, nous font fixer notre choix sur un troisième, qui compte aujourd'hui de nombreux partisans et qui paraît devoir être en faveur auprès du législateur : le système du tableau complémentaire de l'état civil.

Dans ce système, dont nous allons examiner le mécanisme et montrer le champ d'application, la formalité de la mention qui en est la base se trouve complètement réformée. Plus de mention laissée comme autrefois au bon gré des particuliers qui agissaient ou n'agissaient pas suivant leur fantaisie : dans tous les cas où il y a lieu à mention, cette mention sera toujours faite d'office par l'officier d'état civil et le greffier.

C'est le greffe du Tribunal d'arrondissement du lieu de naissance d'un individu qui constituera le centre d'information en ce qui le concerne, et c'est en marge de son acte de naissance que se trouvera le tableau de tous les faits modificatifs de son état et de sa capacité. D'un seul coup d'œil on connaîtra la vie juridique d'une personne, sa situation dans sa famille, dans la société.

Un système d'envoi et de correspondance de bulletins sera établi entre les officiers d'état civil ou autres agents rédacteurs et le Procureur de la République près les tribunaux de première instance. Un officier d'état civil ou un greffier enregistrera-t-il un acte ou une décision relatifs à l'état ou à la capacité d'un individu, il rédigera immédiatement un bulletin qu'il enverra dans un délai de quinzaine (1) au Procureur du Tribunal de l'arrondissement du lieu de naissance du *de cujus*, qui le remettra au greffier. La rédaction du bulletin devra être claire et succincte, de manière à éviter, dans la mesure du possible, tout danger d'erreur et de confusion. En tête on indiquera le nom de la commune, le siège du Tribunal ou de la Cour

---

(1) La loi du 17 août 1897 donne un délai uniforme de trois jours pour faire procéder aux mentions qu'elle crée et réglemente. — La loi de 1895, au contraire, accepte un délai de quinze jours pour effectuer la mention de l'interdiction ou de la dation du conseil judiciaire sur le registre spécial qu'elle organise. Nous croyons préférable ce dernier délai, le premier ne nous paraissant pas suffisant.

d'où émane l'acte ou la décision. Le corps même du bulletin comprendra toutes les indications nécessaires pour opérer la mention et portera la signature de l'agent rédacteur. Pour assurer au fonctionnement de ce système de correspondance plus d'ordre et de régularité, pour donner en même temps à tous les bulletins une rédaction uniforme, l'administration les fera imprimer d'avance. Pour chaque catégorie d'actes, un modèle spécial sera adopté, et les fonctionnaires chargés de l'envoi des bulletins n'auront qu'à garnir les blancs qui y seront ménagés d'après les indications qu'on aura soin de leur fournir. Dans ces conditions, il n'y aura plus à redouter l'inexpérience d'un officier d'état civil de commune rurale ou la maladresse d'un greffier.

En marge du bulletin il sera fait mention du greffe du Tribunal du lieu de naissance auquel il est destiné.

L'envoi du bulletin, avons-nous dit, sera fait dans la quinzaine de la rédaction de l'acte ou de l'inscription de la décision; dans un même délai de quinzaine, le Procureur qui aura reçu le bulletin devra le transmettre au greffier du Tribunal civil du lieu de naissance, qui devra faire la mention prescrite en marge de l'acte de naissance qu'il a entre mains.

Cette mention sera également des plus simples et des plus succinctes: elle ne fera que résumer les indications portées dans le bulletin.

Pour permettre de la faire convenablement il faudra, afin de se ménager un espace suffisant, doubler dans le registre des naissances qui est destiné à être déposé au greffe du Tribunal de l'arrondissement, doubler, disons-nous, le nombre des feuillets de papier nécessaires à la rédaction des actes. Ainsi, en supposant qu'un registre annuel des naissances composé de dix feuillets soit suffisant pour le double destiné aux archives de la commune, on composera de vingt feuillets le double destiné au greffe.

Les actes ne seront rédigés sur ce dernier qu'au recto de chaque feuillet (moins le premier qui restera en blanc) de manière à laisser en blanc le verso du feuillet précédent. Ce verso sera destiné à recevoir toutes les inscriptions et mentions dont il sera parlé ci-après et se rapportant à la personne à laquelle s'appliquera l'acte de naissance inscrit en regard.

En tenant compte de l'interdiction de rédiger les actes au verso de chaque feuillet, il sera satisfait à l'obligation imposée par la loi de ne laisser ni blancs ni lacunes entre les actes.

Quelques auteurs (1) proposent, pour éviter tout danger d'erreur et de confusion dans les mentions, de diviser le verso de chaque feuillet en plusieurs colonnes dont chacune serait appelée à recevoir une catégorie spéciale de mentions. La première serait réservée par exemple à tous les actes se rattachant au fait de la naissance : reconnaissance, adoption, etc. La deuxième contiendrait toutes les mentions relatives au mariage. Une troisième serait spéciale à la descen-

(1) Cocat, p. 219.

dance, une quatrième, aux déchéances et incapacités, interdiction, dation de conseil judiciaire, etc.

Nous ne croyons pas, pour notre part, pareille mesure utile. Les faits modificatifs de l'état ou de la capacité ne se produisant pas pour tous les individus, la plupart des colonnes du registre resteraient vierges de toute mention.

Ne sera-t-il pas plus simple de laisser le greffier inscrire sur le verso du feuillet du registre et en regard de l'acte de naissance, les mentions les unes à la suite des autres à mesure que les événements se produiront? Si on redoute sa négligence ou si on veut donner plus d'uniformité à ces inscriptions, on n'aura qu'à établir dans chaque greffe un formulaire contenant la structure des mentions à opérer, formulaire sur lequel se guidera le greffier.

Mais avant tout, et comme première condition d'application de notre système, il faudra que le lieu de naissance soit énoncé dans tous les actes de la vie civile.

Il suffira pour cela de compléter les articles 34, 57, 73, 76, § 3, et 79 du Code civ. et l'article 741 du Code de proc. civ. et d'obliger les officiers d'état civil, les juges ou les notaires à mentionner dans les actes, jugements, ou contrats de leur ministère, outre le domicile, le lieu de naissance des parties.

§ 1. — APPLICATION DU SYSTÈME DU TABLEAU COMPLÉMENTAIRE

Passons de la théorie à la pratique et voyons les diverses applications de notre système soit en ce qui concerne les événements influant sur l'état d'un individu, soit en ce qui concerne ceux influant sur sa capacité.

I. — *Événements influant sur l'état des personnes*

A. — Naissance

Supposons qu'il s'agisse de dresser l'acte de naissance d'un enfant légitime, acte qui intéresse à la fois le père et la mère de l'enfant. On devra présenter à l'officier d'état civil l'acte de mariage des père et mère de l'enfant. Cet acte, outre la date du mariage, contient l'énonciation du lieu et de la date de naissance de chacun des époux. Ces diverses énonciations seront reproduites dans l'acte à dresser, dont un double extrait sur papier libre, sous forme de bulletin, sera rédigé par l'officier d'état civil. Le premier sera envoyé au parquet de l'arrondissement natal du père, le second à celui de la mère.

S'il s'agit de la naissance d'un enfant né hors mariage, il faudra distinguer :

1° Le cas où le père et la mère sont désignés dans l'acte ;

2° Le cas où l'un d'eux y est seul indiqué ;

3° Enfin le cas où ni l'un ni l'autre n'y est dénommé.

Dans la première hypothèse, un double bulletin sera dressé ; on se bornera à remplacer l'énonciation relative au mariage par ces mots : *Non mariés*. Dans le second cas, un seul bulletin sera établi et le nom de l'auteur non désigné en l'acte sera remplacé par le mot : *Inconnu*. Enfin, dans la troisième hypothèse, il ne sera pas dressé de bulletin, puisque la naissance ne sera à mentionner nulle part.

B. — Reconnaissance d'un enfant naturel, légitimation, adoption

Le Code civil dans son article 62 ordonne que l'acte de reconnaissance d'un enfant naturel soit mentionné en marge de l'acte de naissance. S'il s'agit de reconnaissance postérieure à la naissance et faite devant l'officier d'état civil, pas de difficultés pour l'application de notre système : la publicité sera assurée de la même façon que pour l'acte de naissance lui-même. Mais, si on se trouve en présence non plus d'une reconnaissance faite devant un officier d'état civil, mais d'un acte de reconnaissance reçu par un notaire, comment devra-t-on procéder? En général, on recourt au ministère du notaire pour que le secret de la reconnaissance soit gardé ; on ne peut donc songer à imposer une publicité complète. Il faudra, dans ce cas particulier, se contenter de prescrire au notaire sous peine de dommages-intérêts, de rédiger un bulletin où le nom du père ou de la mère ne sera pas désigné, mais qui contiendra l'indication de l'étude et de la date de la reconnaissance ; ce bulletin sera envoyé par ses soins au parquet du Tribunal du lieu de naissance de l'enfant, pour qu'il soit fait mention de la reconnaissance en marge de son acte de naissance. De cette façon, tout en gardant le secret de la reconnaissance, on permettra à l'enfant de reconstituer sa filiation.

Pour la légitimation, l'officier de l'état-civil qui

aura célébré un mariage entraînant légitimation, fera parvenir un bulletin au lieu de naissance de l'enfant légitimé afin que le fait de la légitimation soit mentionné au tableau complémentaire.

Pour l'adoption, le greffier de la Cour qui aura rendu l'arrêt d'adoption devra envoyer un bulletin au lieu de naissance de l'adopté, un ou deux au Parquet de l'arrondissement natal de l'adoptant ou des adoptants, suivant que l'adoption est faite par l'un des époux ou conjointement par les deux.

C. — Mariage

Le bulletin de mariage indiquerait s'il existe un contrat de mariage, le nom et la résidence du notaire qui l'aura reçu. Il sera dressé en double et mentionné en regard de l'acte de naissance de chacun des époux.

D. — Divorce

Le divorce fera l'objet d'un bulletin qui sera envoyé au lieu de naissance de chaque époux par le greffier du tribunal compétent. La mention faite en marge de l'acte de naissance contiendra la date du jugement intervenu et les noms des parties.

E. — Décès

Lorsque surviendra un décès, l'acte qui en sera dressé devra contenir l'indication, non seulement du lieu et de la date de la naissance du défunt, mais encore, le cas échéant, du lieu et de la date de la naissance de son époux. Le bulletin sera fait en double si le défunt était marié à l'époque de sa mort ; il sera simple au cas où il s'agirait d'un célibataire ou d'un veuf. La mention du décès sera faite en regard de l'acte de naissance du défunt et de l'acte de naissance de son conjoint.

L'effet utile de cette double mention sera d'avertir les tiers de la dissolution de la communauté, de la liberté de convoler rendue au survivant, de la réintégration de la femme survivante dans son aptitude à l'exercice de ses droits civils, de l'ouverture d'une tutelle, s'il y a lieu, et de l'appel du conjoint veuf à bénéficier des dispositions stipulées à son profit dans son contrat de mariage, etc., etc.

La mention du décès terminera la série des mentions à faire en regard de l'acte de naissance de toute personne.

Du cas de décès on peut rapprocher celui de l'absence, qui devra faire, selon nous, l'objet d'une mention au tableau complémentaire. Pour des motifs divers, il est impossible parfois de s'assurer de l'existence d'une personne qui a disparu ou de rapporter la preuve d'un décès dont on ignore le lieu. On a recours alors aux moyens indiqués par les articles 112 et suivants du Code civil dans le but de faire prononcer judiciairement la déclaration d'absence.

La mesure en elle-même n'est qu'un palliatif plein d'incertitudes, mais enfin elle offre une issue légale.

Constatons tout d'abord que ces procédures longues et hérissées de formalités diminueraient dans une proportion notable si les décès étaient rendus publics au moyen de bulletins.

Mais il faut bien le reconnaître, il y aura toujours des individus dont il sera impossible de justifier du décès à raison soit du nom que s'étaient attribué les défunts en échange de leur nom patronymique qu'ils avaient intérêt à cacher, soit de ce qu'ils sont inconnus de ceux qui ont déclaré le décès à la mairie, soit encore de ce que le décès a eu lieu en pays étranger ou dans un naufrage, ou dans une bataille, etc. Le recours à la déclaration d'absence est le seul mode dont l'emploi soit alors possible pour tenir lieu de l'acte de décès.

L'absence déclarée qui doit, en définitive, suppléer au défaut d'acte de décès, est actuellement rendue publique par une insertion au *Journal Officiel*, conformément à l'article 118 Code civ.

C'est assurément insuffisant; le *Journal Officiel* ne se trouvant pas à la portée de tout le monde, l'insertion qui y est faite demeure sans effet, n'avertissant pas ceux qui ont intérêt à connaître l'absence et ne laissant aucune trace de l'événement relaté. Il convient cependant de donner à la déclaration d'absence une publicité suffisante, une publicité semblable à celle que nous souhaitons pour le mariage, le divorce, le décès.

Une mention basée sur un bulletin rédigé et envoyé par le greffier du Tribunal civil qui a prononcé la déclaration d'absence sera donc faite en marge de l'acte de naissance de l'absent. Elle avertira le public et les parties intéressées que tel individu a été déclaré absent par jugement du Tribunal civil de première instance de. . . . . . . à la date du. . . . . .

devenu définitif le. . . . . et que ses héritiers présomptifs ont été envoyés en possession de ses biens dans les termes des articles 120 et suivants Code civ.

Cette mention laissant une trace permanente de la décision intervenue, évitera à ceux qui pourraient l'ignorer, d'en provoquer plus tard et à grands frais une nouvelle d'où naîtrait peut-être une contrariété de jugements.

II. — *Événements influant sur la capacité d'une personne*

A. — Séparation de corps, séparation de biens

Même bulletin et même mention en marge de l'acte de naissance que pour le divorce.

B. — Interdiction, dation de conseil judiciaire

Les décisions prononçant l'interdiction et la dation de conseil judiciaire comme les jugements en proclamant la mainlevée seront mentionnés sur un bulletin envoyé par le greffier du Tribunal ou de la Cour d'appel qui aura statué.

Le greffier du Tribunal du lieu de naissance, sur le vu de ce bulletin, fera mention de la décision en regard de l'acte de naissance de l'intéressé. Nous croyons préférable de confier le soin de cette correspondance aux greffiers et d'en décharger les avoués auxquels la loi de 1893 avait imposé l'obligation de requérir les inscriptions qu'elle exigeait.

C. — Tutelle

La tutelle légale étant de droit, son existence résultera suffisamment et par voie de déduction des rapprochements des mentions de naissance d'enfants encore en âge de minorité, de la mention du décès de l'un des époux. Le bulletin et la mention en marge de l'acte de naissance paraissent inutiles.

Ce ne sera qu'en cas de tutelle déférée par le père ou la mère ou en cas de tutelle dative qu'une mention devra être faite en regard de l'acte de naissance du tuteur. En cas de tutelle dative, ce sera le greffier du juge de paix qui aura présidé le conseil de famille qui devra envoyer le bulletin pour faire opérer la mention.

Tout bulletin de tutelle devra indiquer la date de la naissance de chacun des pupilles, afin de porter à la connaissance des tiers l'époque à laquelle la tutelle prendra fin et celle à laquelle cesseront ses conséquences.

Au cas de tutelle déférée par le père ou par la mère (art. 397 Code civ.), circonstance qui se présente, d'ailleurs, rarement, le juge de paix du canton qui en aura connaissance soit par l'obligation qui pourra lui être imposée de s'en enquérir, soit lors de la nomination du subrogé-tuteur, soit par une délibération subséquente quelconque, devra en faire dresser un bulletin comme pour les tutelles datives.

En cas de changement de tuteur, nouveau bulletin, nouvelle mention.

D. — Faillite et liquidation judiciaire

La condition du failli non réhabilité entraîne des déchéances, des incapacités, il conviendrait donc qu'elle soit révélée aux tiers. Nous ne croyons pas, toutefois, que le jugement déclaratif de faillite doive faire l'objet d'une mention au tableau complémentaire, ce jugement faisant déjà l'objet d'un bulletin classé au casier judiciaire. La délivrance d'un second bulletin et une mention spéciale feraient un double emploi parfaitement inutile.

Nous croyons plus utile et plus pratique l'établissement, dans chaque chef-lieu d'arrondissement (soit au greffe du Tribunal civil, soit au greffe du Tribunal de commerce), d'un *registre de commerce* où viendront se fixer tous les faits de la vie d'un même commerçant, parmi lesquels, le cas échéant, la faillite et la liquidation judiciaire.

Ce sera là un centre de renseignements des plus sérieux qui permettra aux intéressés de savoir si les personnes avec lesquelles ils sont en rapport font le commerce, quel crédit ils peuvent leur accorder et si leur situation commerciale n'a pas été modifiée.

Aucune raison, avons-nous dit, ne semble s'opposer à l'établissement, en France, d'un semblable registre.

APPENDICE

Création d'un casier civil central à Paris

Dans tout ce qui précède, nous n'avons eu en vue

que les personnes nées sur le territoire français ou, si l'on veut, que les Français de naissance. Mais il est d'autres personnes qui, bien que nées hors du territoire français, ont obtenu le droit d'être traitées à l'égal des Français de naissance, ce sont les étrangers naturalisés. Il en est d'autres qui, comme les Alsaciens-Lorrains nés sur une terre alors française, ont vu leur sol natal passer aux mains d'une nation étrangère. D'autres encore sont nées à l'étranger d'un père français qui a conservé cette qualité ou qui peut la recouvrer s'il l'a perdue.

Il est également important de pouvoir se renseigner sur ces personnes. Mais leur acte de naissance n'existant pas en France, il faudra bien aviser au moyen de parer à cette éventualité. Par analogie de ce qui se passe pour ces mêmes personnes au point de vue judiciaire, on établira au ministère de la justice, parallèlement au casier judiciaire central qui y est installé, un casier civil central.

Dans ce casier viendront se centraliser tous les bulletins concernant les individus nés sur une terre non française; chacun d'eux aura son dossier spécial.

Enfin, des Français résidant en pays étranger voient souvent leur propre état-civil se modifier. Ils s'y marient, leurs enfants y naissent, leurs parents y meurent, etc., etc. Ils peuvent avoir intérêt à ce que ces événements soient mentionnés comme s'ils se fussent accomplis en France. En pareille occurrence des bulletins ne sauraient être dressés comme pour les cas ordinaires. Il y aura cependant lieu de faire quelque chose.

Or, on sait que tous les actes de l'état-civil concernant nos nationaux et reçus en pays étranger sont communiqués, à la fin de chaque année, au ministère des affaires étrangères. Il n'y aura qu'à charger le ministre des affaires étrangères du soin de faire opérer sur le casier civil central tenu au ministère de la justice les mentions nécessaires.

Pour faciliter les recherches et les rendre plus rapides, il sera prescrit à celui qui sera chargé de la tenue du casier central de dresser tous les dix ans une table alphabétique des actes reçus.

§ 2. — DE LA PUBLICITÉ A DONNER AU TABLEAU COMPLÉMENTAIRE

Le système du tableau complémentaire étant établi sur les bases que nous venons d'indiquer, il nous reste à déterminer comment les renseignements qu'il contient seront portés à la connaissance du public.

Deux moyens peuvent être simultanément employés : l'un direct, la communication; l'autre indirect, la délivrance d'extraits conformes au tableau.

A. *Communication directe.* — C'est la faculté accordée aux tiers de consulter eux-mêmes le tableau quand ils le désirent. Ce procedé a été admis dans notre législation, pour la première fois, en 1893, en vue de la publicité du registre sur lequel se trouvent les décisions prononçant l'interdiction ou la nomination d'un conseil judiciaire.

C'est un excellent moyen d'information, mais il

n'est pas à la portée de tout le monde, car il implique le transport au chef-lieu d'arrondissement.

B. *Délivrance d'extraits conformes au tableau complémentaire.* — La délivrance d'extraits constitue le seul mode pratique de publicité du tableau complémentaire d'état-civil. Il faut que, sans se déplacer, on puisse obtenir tous les renseignements concernant la situation juridique d'un individu. De même que lorsqu'on veut employer une personne dans une administration, soit de l'État, soit des particuliers, on réclame la production de son casier judiciaire, de même lorsqu'on veut contracter, faire un acte quelconque avec un tiers, il faut qu'on puisse se renseigner sur son état et sa capacité, sans se déplacer.

Avec notre système du tableau complémentaire, la chose sera des plus faciles; on n'aura qu'à obliger les greffiers à délivrer à toute réquisition un bulletin contenant le relevé de toutes les mentions inscrites en regard de l'acte de naissance. Voudra-t-on savoir par exemple si telle personne est veuve, si elle a des enfants, on s'adressera au greffier du Tribunal de l'arrondissement dont dépend la commune de naissance de la personne dont s'agit et on lui demandera la délivrance d'un bulletin des mentions inscrites en regard de l'acte de naissance.

La délivrance de ce bulletin sera indépendante et distincte de celle de l'acte de naissance, c'est-à-dire que l'acte de naissance d'une part et l'extrait du tableau complémentaire d'autre part seront toujours délivrés séparément.

Quelle sera la force probante de l'extrait du tableau complémentaire? Aura-t-il la force d'un acte authentique? Présentera-t-il les caractères d'authenticité prévus par la loi?

Aux termes de l'article 1317 du Code civil, l'acte authentique est celui qui a été reçu par un officier public ayant le droit d'instrumenter dans le lieu où l'acte a été rédigé et avec les solennités requises.

Il semble qu'ici toutes les conditions se trouvent réunies pour donner aux extraits du tableau complémentaire la force authentique. Nous avons un officier public revêtu d'un caractère officiel : c'est le greffier qui a reçu de la loi le pouvoir et la mission de constater officiellement certains faits, ceux intéressant l'état et la capacité des personnes.

L'extrait, donc, aura la force d'un acte authentique.

En confiant au greffier du Tribunal civil le soin de faire les mentions, on peut être assuré de la bonne et intelligente exécution de la mesure projetée, mais il faut le reconnaître en même temps, ce sera augmenter son travail déjà si important et si assujettissant, dans une proportion considérable.

Le soin méticuleux qui devra être apporté à la recherche des actes, à la constatation de l'identité, à l'inscription des mentions en regard des actes de naissance, au classement des bulletins, etc., nécessitera l'emploi d'un commis supplémentaire dans la grande généralité des sièges. Il serait souverainement injuste d'obliger le greffier à ce surcroît de travail et de dépense matérielle, sans une indemnité correspondante.

Le meilleur moyen de lui donner une rémunération suffisante, sera de le laisser percevoir certains droits à titre d'honoraires. On pourra prendre exemple sur ce qui se passe pour le casier judiciaire. Le greffier chargé de sa tenue a droit, sur les extraits demandés par des particuliers et en vue d'un intérêt privé, à 1 franc d'honoraires répartis de la façon suivante : 0 fr. 25 de rédaction, 0 fr. 50 de recherches et 0 fr. 25 de répertoire. On pourra adopter ce principe de répartition, mais nous estimons que ces chiffres seraient trop élevés pour les extraits du casier civil qui seront demandés très fréquemment. Nous croyons que 0 fr. 50 par extrait et 0 fr. 25 pour les recherches en cas de communication directe seront des chiffres suffisamment rémunérateurs pour le greffier.

Un extrait du tableau complémentaire coûtera donc 0 fr. 60 (le timbre) + 0 fr. 50, soit un total de 1 fr. 10, auquel il y aura lieu d'ajouter 0 fr. 15 centimes de frais de poste quand l'extrait devra être envoyé par ce moyen. Il faudra encore ajouter les frais de légalisation quand ils seront nécessaires. Une simple consultation du casier coûtera seulement 0 fr. 25.

L'installation du registre contenant le tableau complémentaire sera une très minime charge imposée aux communes. Les travaux d'imprimerie pour les bulletins de correspondance ou pour le formulaire délivré aux greffiers représenteront pour l'Etat une dépense peu considérable que compensera largement l'emploi des feuilles de papier timbré à 0 fr. 60 pour la délivrance des extraits (1).

§ 3. — OBJECTIONS AU SYSTÈME DU TABLEAU COMPLÉMENTAIRE. — LEUR RÉFUTATION

A. *Première objection.* — La première objection peut être ainsi formulée : *Donner une publicité aussi étendue à tous les événements de la vie civile de chaque personne, n'est-ce pas porter atteinte à l'intérêt privé?*

Cette objection (2) a été présentée et soutenue au cours de la discussion qui a eu lieu à l'Académie des sciences morales et politiques à la suite du rapport de M. Bérenger sur l'ouvrage de M. Theureau; M. Bérenger, à la fin de son rapport, s'exprime et conclut de la façon suivante : « L'idée du casier est ingénieuse, est-elle acceptable en pratique? Il est permis d'en douter : on peut se demander si cette constatation de la vie civile n'excède pas la limite des droits que l'intérêt social peut s'attribuer sur l'individu. » (*Acad. sc. mor. et polit.*, 1892.)

M. Glasson s'est également élevé avec force contre l'idée de mettre au grand jour la vie de chacun; pour lui, le mal qui résulterait de l'institution à établir en conformité avec cette idée, dépasserait le bien qu'on en attend. Il conclut en disant : « La vie privée doit rester la vie privée. »

---

(1) M. Theureau, dans son travail sur *Les casiers judiciaires et un projet de casiers civils*, estime que l'établissement de son système serait une source de 2 millions et demi de recettes pour le Trésor (p. 187).

(2) Cocat, p. 194.

Que penser de ces raisons? Sont-elles suffisantes pour faire écarter notre système du tableau complémentaire d'état-civil? Nous ne le pensons pas. On s'arme pour réclamer contre toute publicité de l'intérêt des particuliers et des grands principes de liberté.

Mais à ces principes de liberté que l'on met en avant, on peut opposer un principe supérieur qui les domine, l'intérêt général auquel doit se sacrifier l'intérêt particulier, même s'il doit en souffrir. De même qu'au point de vue pénal, lors de la création du casier judiciaire, on ne s'était préoccupé, pour en faire admettre la publicité, que de l'intérêt public qui exigeait que les condamnations encourues par certains individus fussent portées à la connaissance des tiers, de même pour l'établissement de notre tableau complémentaire, nous nous réclamons de cette notion supérieure et demandons la publicité de tous les faits de l'état et de la capacité des personnes.

Nous ne nous immisçons en rien dans la vie des particuliers : les secrets des familles, les changements dans le *modus vivendi* des individus nous sont indifférents s'ils ne correspondent pas à des situations juridiques prévues par le législateur. Les querelles de ménage, le désaccord des époux ne trouvent pas d'écho dans notre institution s'ils n'ont pas abouti à des états déterminés, séparation de corps, séparation de biens, divorce.

Ce que nous voulons, c'est que toutes les fois qu'un fait juridique intéressant l'état ou de la capacité d'un individu, susceptible d'engendrer certains effets à l'égard des tiers vient à se produire, il soit constaté et publié. Quelques personnes pourront se plaindre de cette grande lumière répandue sur leur vie : au nom de la liberte individuelle qu'ils prétendront violée, ils réclameront qu'un voile discret soit jeté sur leur situation réelle, mais au fond de leurs revendications, on ne trouvera que les regrets de ne pouvoir se livrer à leurs manœuvres antérieures et de ne pouvoir plus faire de dupes. Entre la clandestinité des faits touchant à l'état et à la capacité des personnes, — clandestinité préjudiciable aux intérêts de tous, — et la publicité si utile, si nécessaire aujourd'hui, l'hésitation ne saurait se comprendre.

B. *Deuxième objection. — Les effets du système que vous proposez ne pourront se produire que dans trente ou quarante ans.*

Evidemment il est impossible de lui donner un effet rétroactif, car on ne peut porter atteinte aux droits acquis aux tiers; mais est-ce là une raison pour le repousser? Parce qu'une institution ne peut produire ses bienfaits qu'après un certain laps de temps, parce qu'une société ne peut donner de bénéfices qu'après une certaine période, faut-il pour autant écarter cette institution, cette société? Il est certain que l'on ne peut songer à appliquer les mesures proposées à tous les individus vivants à l'heure actuelle; il serait très difficile sinon impossible de retrouver leur lieu de naissance. Mais pourquoi ne pas admettre, comme dans beaucoup d'autres cas, des mesures transitoires? On pourrait d'abord obliger les officiers d'état-civil à mentionner dans tous les actes qu'ils dresseront le lieu de naissance de l'intéressé. Connaissant ce lieu, ils rédigeraient des bulletins pour tous les actes qu'ils recevraient et les feraient parvenir au greffier du Tribunal civil de l'arrondissement de naissance. Celui-ci les classerait par ordre alphabétique, et, pour indiquer sur les registres de naissance, qu'il a entre mains le bulletin d'un événement intéressant l'état ou la capacité d'un individu, il ferait une simple astérisque en marge de l'acte de naissance.

Un autre mode, peut-être plus pratique, consisterait à inscrire les mentions à la fin des registres anciens sur le timbre non utilisé, s'il en existe, augmenté au besoin du nombre de feuilles supplémentaires que nécessiterait l'inscription des mentions.

Il serait même bon de faire un travail rétrospectif, remontant à dix années, par exemple. Lors de la création du casier judiciaire en 1850, le travail rétrospectif a porté sur vingt années antérieures, c'est-à-dire qu'on l'a fait remonter jusqu'en 1830.

CONCLUSION

Ayant étudié le mécanisme du système du tableau complémentaire dont nous souhaitons l'établissement, ayant montré ses conditions d'application et l'inanité des objections que l'on peut formuler contre lui, il nous reste à en indiquer les principaux avantages : ce sera la conclusion de notre travail.

Tout d'abord, en matière de successions, les bienfaits du tableau complémentaire seront des plus appréciables ; grâce à lui, les plus grosses difficultés se trouveront facilement éludées. Aujourd'hui, les recherches dans le but de constituer une généalogie à l'occasion de l'ouverture d'une succession, sont des plus pénibles et demeurent souvent infructueuses. Après avoir découvert l'acte constatant la naissance de celui qui fait le point de départ de l'arbre généalogique, on est arrêté pour remonter au delà ou descendre en deçà. On n'a qu'un anneau de la chaîne que l'on veut suivre. Comment découvrir de qui étaient issus les auteurs de la personne dont on s'occupe ? Comment savoir quels sont ceux qui sont nés d'elle, où et quand ils sont nés, s'ils existent encore ou s'ils sont décédés ?

Et quand on croit être arrivé au but on s'aperçoit, que des similitudes de noms et quelquefois de prénoms font crouler tout l'échafaudage si péniblement élevé. Que de temps perdu ! que de travail inutile ! que de poussière secouée sans résultat !

Avec notre tableau complémentaire, il en sera tout autrement : chaque acte de naissance contenant la date et le lieu de naissance des père et mère, il sera toujours très facile de faire la généalogie d'une famille et de régler les questions de dévolution de succession.

On sait aussi combien, lors d'un décès donnant ouverture à une succession dévolue à des collatéraux, on se trouve embarrassé pour découvrir l'existence, le domicile ou le degré de parenté des héritiers. Après des recherches longues et sans résultat utile, on fait représenter les absents par un notaire, mais alors ce sont des frais, des lenteurs et des incertitudes.

Par la mise en pratique du système proposé, ces inconvénients et ces frais disparaîtront : l'existence de l'héritier résultera du défaut de mention de son décès, la découverte de son domicile sera rendue facile par les mentions de son mariage, de la naissance de ses enfants, etc., etc. Quant au degré de parenté, la justification en sera facile à établir par suite de la possibilité de remonter de naissance en naissance, et de chaque côté de l'échelle, jusqu'à l'auteur commun.

Même au point de vue militaire, notre tableau complémentaire sera utile. En effet, l'inscription du décès d'un jeune homme en marge de l'acte de sa naissance, facilitera singulièrement l'établissement du tableau de recensement au point de vue du service, rendra impossible la fraude en cette matière et évitera aux familles des démarches et des recherches pénibles.

On peut, en maintes circonstances et à tout propos, avoir intérêt à savoir si tel individu est ou non marié, ou si la déclaration qu'il fait de son mariage est véridique ou bien encore si la personne qu'il présente comme son conjoint a réellement cette qualité.

La première question qui se présente quand il s'agit d'entrer en relations d'affaires avec une femme est celle de savoir si elle est célibataire, ou mariée, ou veuve. Si elle est mariée, elle est incapable de traiter valablement sans l'autorisation de son mari, sinon de justice. Si elle est veuve, elle peut être chargée de la tutelle de ses enfants mineurs, cas auquel une hypothèque légale frappe ses biens. Enfin, si elle est célibataire, elle est libre de ses actes à condition qu'elle soit majeure et qu'aucune incapacité résultant des décisions judiciaires ne soit venue la frapper.

Aujourd'hui, il est très difficile d'avoir ces renseignements, de contrôler les déclarations intéressées d'une femme, étant donné qu'il n'existe aucun centre d'information. Avec notre tableau complémentaire, toute difficulté sera aplanie. Plus de recherches infructueuses : il suffira de connaître le lieu de naissance d'une femme pour savoir immédiatement si elle est veuve, mariée ou célibataire.

Les bulletins d'état civil seront, eux aussi, d'une grande utilité. Ayant le caractère d'authenticité voulu par la loi, ils pourront, dans le cas de destruction des deux doubles des registres-minutes, servir à la reconstitution des actes détruits. Un grand nombre des actes de l'état civil de Paris brûlés pendant l'insurrection de 1871 et dont le rétablissement, tout incomplet qu'il est, a coûté tant de soins, de peines et d'argent, auraient pu être reconstitués sur des bases certaines, si des bulletins constatant des naissances, des mariages et des décès survenus à Paris, eussent été établis, puis mentionnés en regard d'actes d'état civil dressés en province.

Les renseignements fournis par les bulletins d'état civil seront encore très précieux pour compléter ceux du casier judiciaire en permettant d'établir l'identité d'un prévenu qui a tout intérêt à laisser ignorer les antécédents qui le gênent.

De plus, les bulletins de décès, en portant à la connaissance des greffiers la mort d'un condamné figurant au casier judiciaire, permettront de retirer de ce casier les bulletins le concernant.

Tels sont les principaux avantages que l'on pourra retirer du tableau complémentaire dans lequel viendront se fixer tous les événements de la vie d'un individu et qui constituera en quelque sorte sa photographie juridique. Que de soucis épargnés, que d'incertitudes levées, que de temps gagné, si d'un seul coup d'œil on pouvait se rendre un compte exact de la situation d'une personne. Il y aurait de ce fait plus de sécurité dans les transactions, plus de facilité et de confiance dans les affaires et surtout plus de célérité dans toutes les opérations.

Nous souhaitons donc que l'attention du législateur s'étant portée sur cette question si intéressante de la publicité personnelle, une loi très générale s'inspirant de quelques idées que nous avons émises dans ce travail puisse être votée à brève échéance.

Vu :

Albert TISSIER.

Vu :

Le Doyen de la Faculté de Droit

de l'Université de Dijon,

E. BAILLY.

Vu et permis d'imprimer :

Dijon, le 8 mars 1900.

Le Recteur de l'Académie,

Ch. ADAM,

Correspondant de l'Institut.

TABLE DES MATIÈRES

DEUXIÈME PARTIE

Etude des Législations étrangères

TROISIÈME PARTIE

Exposé des différents systèmes préconisés pour grouper et publier les faits intéressant l'état et la capacité des personnes.

Dijon, imp Jacquot et Floret

www.ingramcontent.com/pod-product-compliance
Ingram Content Group UK Ltd.
Pitfield, Milton Keynes, MK11 3LW, UK
UKHW021825190726
13853UKWH00003B/1189